Betriebskunde

Grundlagen (Theorie und Beispiele)
und Repetitionsfragen mit Lösungen

Uwe R. Brauchle und Clarisse Pifko

Betriebskunde
Grundlagen (Theorie und Beispiele) und Repetitionsfragen mit Lösungen
Uwe R. Brauchle und Clarisse Pifko

Grafisches Konzept: dezember und juli, Kommunikation und Design (www.dezemberundjuli.ch)
Satz und Layout: Mediengestaltung, Compendio Bildungsmedien
Illustrationen: Rolf Kränzlin
Druck: Mikro + Repro AG, Baden

Redaktion und didaktische Bearbeitung: Clarisse Pifko

Artikelnummer: 4003
ISBN: 3-7155-9028-9
Auflage: 1. Auflage 2002
Ausgabe: N0032
Sprache: DE

Alle Rechte, insbesondere die Übersetzung in fremde Sprachen, vorbehalten. Das Werk und seine Teile sind urheberrechtlich geschützt. Jede Verwertung in anderen als den gesetzlich zugelassenen Fällen bedarf der vorgängigen schriftlichen Zustimmung von Compendio Bildungsmedien AG.

Copyright © 2002, Compendio Bildungsmedien AG, Zürich

Inhaltsverzeichnis

	Vorwort	7
	Einleitung	9
Teil A	**Wirtschaft, Märkte, Unternehmen**	**11**
	Einstieg, Leistungsziele, Schlüsselbegriffe	12
1	Bedürfnisse als Motor der Wirtschaft	14
	Repetitionsfragen	15
2	Vom Bedürfnis zur Nachfrage	16
3	Das Angebot, die Antwort auf die Nachfrage	17
3.1	Die Einteilung der Güter	17
3.2	Die drei Wirtschaftssektoren	18
3.3	Güter entstehen durch die Transformation von Produktionsfaktoren	19
3.4	Das ökonomische Prinzip	21
	Repetitionsfragen	22
4	Haushalte und Betriebe	24
4.1	Arten von Haushalten und Betrieben	24
4.2	Einteilung der Betriebe	24
4.2.1	Einteilung nach der Grösse	24
4.2.2	Einteilung nach Branchen	25
	Repetitionsfragen	26
5	Der Markt: Angebot und Nachfrage	27
5.1	Das Prinzip des Marktes	27
5.1.1	Was ist ein Markt?	27
5.1.2	Das Gesetz von Angebot und Nachfrage	27
5.2	Güter- und Geldströme	30
5.3	Die wichtigsten Märkte im Überblick	30
	Repetitionsfragen	31
6	Der Wirtschaftskreislauf	32
	Repetitionsfragen	33
7	Die Betriebswirtschaftslehre	34
7.1	Thema und Ziel der BWL	34
7.2	Einteilung der BWL	35
	Repetitionsfragen	36

Teil B   Das Unternehmen und seine Umwelt   37

Einstieg, Leistungsziele, Schlüsselbegriffe   38

8   Die Sphären der Unternehmens-Umwelt   41

8.1	Die ökologische Sphäre	41
8.2	Die soziale Sphäre	43
8.3	Die technologische Sphäre	45
8.4	Die ökonomische Sphäre	45
8.5	Die rechtliche Sphäre	47
	Repetitionsfragen	**47**

9   Die wichtigsten Anspruchsgruppen im Unternehmensumfeld   48

9.1	Die Lieferanten	49
9.2	Die Mitarbeiter	49
9.3	Die Kapitalgeber	50
9.4	Die Kunden	50
9.5	Die Konkurrenz	50
9.6	Institutionen im weiteren Umfeld des Unternehmens	51
9.7	Zielkonflikte zwischen den Anspruchsgruppen	52
	Repetitionsfragen	**53**

10   Die Funktionsbereiche des Unternehmens   54

10.1	Finanzierung, Investition, Rechnungswesen	54
10.1.1	Finanzierung	55
10.1.2	Investition	55
10.1.3	Rechnungswesen (RW)	55
10.2	Personalwesen	57
10.3	Organisation	58
10.4	Materialwirtschaft und Produktion	58
10.5	Absatz und Marketing	59
10.6	Unternehmensführung	60
10.6.1	Unternehmenspolitik	61
10.6.2	Das Festlegen langfristiger Ziele	63
10.6.3	Zielentscheidungen	64
10.6.4	Die Formulierung von Unternehmenspolitik und Leitbild	65
10.6.5	Die Konkretisierung der Unternehmenspolitik	67
10.6.6	Die Unternehmenskultur	69
10.6.7	Der Standort	70
	Repetitionsfragen	**72**

11   Ethik im Unternehmen   73

11.1	Einleitung	73
11.2	Die goldene Regel der Ethik	73
11.3	Wie wendet man die goldene Regel der Ethik im Unternehmen an?	74
	Repetitionsfragen	**77**

Teil C Die Organisation 79

Einstieg, Leistungsziele, Schlüsselbegriffe 80

12 Organisation 81

12.1	Was ist Organisation?	81
12.1.1	Die Aufbauorganisation	82
12.1.2	Die wichtigsten Formen der Aufbauorganisation	83
12.1.3	Die Stellenbeschreibung	88
12.1.4	Die Ablauforganisation	89

Repetitionsfragen 91

Teil D Marketing 93

Einstieg, Leistungsziele, Schlüsselbegriffe 94

13 Die Entwicklung einer Marketingstrategie 97

13.1	Grundsätzliches	97
13.2	Markt- und Konkurrenzanalyse	98
13.2.1	Analyse von Märkten und Teilmärkten	98
13.2.2	Kritische Erfolgsfaktoren	102
13.3	Der Aufbau einer Marketingstrategie	102
13.3.1	Die Wahl attraktiver Marktsegmente	102
13.3.2	Die Positionierung der eigenen Leistungen	104
13.3.3	Strategiearten	105

Repetitionsfragen 110

14 Marktforschung 111

14.1	Einleitung	111
14.2	Arten	111
14.3	Methoden der Primärmarktforschung	112
14.3.1	Befragungen	112
14.3.2	Beobachtung	112
14.3.3	Tests	112
14.4	Absatzprognosen	113

Repetitionsfragen 114

15 Die Marketinginstrumente 115

15.1	Einführung	115
15.2	Produkt- und Sortimentspolitik	116
15.2.1	Gestaltung der Produktqualität	117
15.2.2	Design und Styling	120
15.2.3	Verpackung	121
15.2.4	Marke	122
15.2.5	Kundendienst	124
15.2.6	Sortimentspolitik	125
15.3	Preispolitik	126
15.3.1	Welche Grössen bestimmen den Preis?	126
15.3.2	Preisanpassungsstrategien	130
15.4	Distributionspolitik	132

15.4.1	Absatzkanäle	132
15.4.2	Absatzmittler	133
15.4.3	Organisation	135
15.5	Kommunikationspolitik	137
15.5.1	Werbung	137
15.5.2	Persönlicher Verkauf	140
15.5.3	Verkaufsförderung	142
15.5.4	Public Relations (PR, Öffentlichkeitsarbeit)	144
	Repetitionsfragen	**147**

Teil E Präsentation 151

Einstieg, Leistungsziele, Schlüsselbegriffe 152

16 Präsentation 154

16.1	Aufgaben bei der Planung und Durchführung der Präsentation	154
16.2	Zielgruppe	156
16.2.1	Wie erkennt man die Zielgruppe?	156
16.2.2	Wie bekommt man die notwendigen Informationen über die Zielgruppe?	157
16.3	Präsentationsinhalte	157
16.3.1	Das Sammeln des Stoffs	158
16.3.2	Die drei Phasen der Präsentation	158
16.4	Präsentationsformen	161
16.4.1	Wie abstrakt ist die Darstellung?	161
16.4.2	Die Motivation	162
16.4.3	Vortrag	163
16.4.4	Diskussionen	164
16.5	Medien	165
16.5.1	Standardhilfsmittel zur Visualisierung	165
16.5.2	Der Einsatz von Computern	169
16.5.3	Visuelle Darstellung von Zahlen: Diagramme	170
16.5.4	Visuelle Darstellung von Texten	173
16.5.5	Die organisatorische Vorbereitung	175
16.5.6	Die Organisation grösserer Präsentationsveranstaltungen	178
	Repetitionsfragen	**182**

Teil F Anhang 187

Antworten zu den Repetitionsfragen 188

Stichwortverzeichnis 206

Lernwelt «Wirtschaft & Gesellschaft» 211

Vorwort

Liebe Studierende
Liebe Unterrichtende

Ganz herzlich willkommen in unserer Lernwelt «W&G». Wir möchten Sie gerne bei Ihrer Lern- und Lehrarbeit im Fach Wirtschaft und Gesellschaft (W&G) unterstützen.

An wen richtet sich die Lernwelt «W&G»?

Die Lernwelt «W&G» orientiert sich am Reformlehrplan der kaufmännischen Grundausbildung (RKG). Vorkenntnisse sind nicht vorausgesetzt. Wir richten uns deshalb an Studierende und Unterrichtende

- der kaufmännischen Berufs- und Berufsmaturitätsschulen,
- der Handelsschulen,
- der Maturitätsschulen im Fach Wirtschaft und Recht,
- der höheren Berufsbildung,
- von Ausbildungsgängen in der Erwachsenenbildung.

Dank zahlreicher Beispiele, Grafiken, Abbildungen und Übungen mit ausführlich kommentierten Lösungen eignet sich die Lernwelt «W&G» auch für das Selbststudium.

Was ist die Lernwelt «W&G»?

Wir möchten Ihnen die Arbeit möglichst erleichtern. Auf den ersten Blick geschieht dies ganz konventionell durch Lehrmittel und Übungsbücher zu betriebswirtschaftlichen, volkswirtschaftlichen und juristischen Fragen.

Die Lernwelt «W&G» ist aber viel mehr, nämlich ein Netzwerk von Lehr- und Lerninstrumenten aus drei Komponenten:

- Das **Lehrbuch «Grundlagen»** befasst sich mit der Vermittlung des Grundlagenwissens und ist deshalb die optimale Ergänzung zum Unterricht. Die Texte sind in einfacher Sprache gehalten, wichtige Zusammenhänge sind sorgfältig erklärt, zahlreiche Grafiken, Beispiele und Übungen mit ausführlich kommentierten Lösungen ermöglichen eigenständiges Arbeiten und eine zielgerichtete Vor- und Nachbereitung des Unterrichts.
- Die **Toolbox** ist der Werkzeugkasten für die Studierenden, insbesondere für die Prüfungsvorbereitung. Sie enthält eine Kurztheorie, weitere Übungen mit ausführlich kommentierten Lösungen sowie ein Glossar, in dem die wichtigen Fachbegriffe erklärt sind. Sie kann ergänzend zum Lehrbuch eingesetzt werden, leistet aber auch allein nützliche Dienste, z. B. als Auffrischung und Kurzrepetition vor dem Einstieg in höhere Berufsbildungen und als Quelle von zusätzlichem Übungsmaterial.
- Der Lehr- und Lernserver www.compendio.ch ist in eine Abteilung für Studierende und für Unterrichtende unterteilt.

Studierende finden darauf unentgeltlich weitere Lernhilfen und Informationen.

Unterrichtende erhalten Zugriff auf Unterrichtsmaterialien (z. B. Folien) und auf ausgearbeitete Vorschläge für Gruppenarbeiten, Lernaufgaben und Puzzles, die alle auf die Inhalte des Lehrbuchs abgestimmt sind. Diese Ausarbeitungen können heruntergeladen und je nach individuellen Bedürfnissen bearbeitet werden. Zusätzlich enthält der Server Vorschläge und Material für die Erarbeitung von Fragen mit Aktualitätsbezug im Unterricht.

Wer steht hinter der Lernwelt «Wirtschaft & Gesellschaft»?

Die erfahrenen Lehrmittelentwickler von Compendio Bildungsmedien haben die Lernwelt «W&G» zusammen mit ausgewiesenen Fachleuten und Kennern der kaufmännischen Berufsbildung konzipiert und realisiert.

Dank gebührt allen, die mit Rat und Tat am Konzept und an der Ausarbeitung mitgewirkt haben. Ganz speziell möchten wir uns bedanken bei Dieter Notter, Urs Schifferle, Thomas Altorfer von der Wirtschaftsschule KV Baden-Zurzach, die uns ihre Erfahrungen und ihr beeindruckendes Unterrichtsmaterial aus dem Pilotversuch RKG zur Verfügung gestellt und uns bei der Ausarbeitung des Materials tatkräftig unterstützt haben. Unser Dank geht auch an Claudia Zürcher, Mitglied der operativen Projektleitung RKG von der Frey Akademie, für die aufmerksame Begleitung des Projekts aus methodisch-didaktischer Sicht.

Zürich, im März 2002

Andreas Ebner, Unternehmensleiter
Thomas Hirt, Verantwortlicher «Entwicklung»

Einleitung

Das vorliegende Buch bietet Ihnen einen Einstieg in die Welt der Betriebswirtschaftslehre. Die Betriebswirtschaft ist Teil unseres täglichen Lebens. Wir begegnen ihr bei der Arbeit, beim Einkaufen und auch in der Freizeit. Nach der Lektüre dieses Buchs werden Ihnen die betriebswirtschaftlichen Zusammenhänge klar sein und Sie werden in der Lage sein, das Gelernte anzuwenden.

Was lernen Sie in diesem Buch?

Das Buch vermittelt zunächst eine **Übersicht über die Wirtschaft.** Sie erfahren:

- was die Wirtschaftstätigkeit überhaupt bedeutet und bezweckt,
- welche Wirtschaftseinheiten es gibt,
- was Märkte sind,
- wie wirtschaftliche Kreisläufe entstehen und
- was Thema und Ziel der Betriebswirtschaftslehre sind.

Nach dieser Übersicht wenden wir uns den **Unternehmen und ihrer Umwelt** zu:

- In welchen Sphären entfaltet das Unternehmen seine Tätigkeit?
- Was sind die wichtigsten Anspruchsgruppen im Unternehmensumfeld?
- Welche Funktionsbereiche gibt es im Unternehmen?
- Welche Bedeutung hat die Ethik für das moderne Unternehmen?

Der dritte Teil des Buchs befasst sich mit der **Organisation** des Unternehmens. Dabei geht es um folgende Fragen:

- Wie sollen die betrieblichen Tätigkeiten aufgebaut werden?
- Welche Formen der Aufbauorganisation gibt es?
- Wie erstellt man eine Stellenbewerbung?
- Wie sollen die betrieblichen Prozesse so gestaltet werden, dass die Gesamtaufgabe optimal erreicht wird?

Danach behandelt das Buch das Thema **Marketing.** Marketing ist eine Denkhaltung, bei der der Kunde im Mittelpunkt steht. Wir beschreiben:

- was Marketing ist,
- welche Aufgaben es löst,
- wie eine Marketingstrategie entwickelt wird,
- was man unter Marktforschung versteht und wie sie durchgeführt wird,
- welche Marketinginstrumente es gibt und
- wie ein optimaler Marketing-Mix erstellt wird.

Schliesslich befasst sich der letzte Teil des Buchs mit der **Präsentation.** Sie erfahren:

- welche Aufgaben bei der Planung, Vorbereitung und Durchführung einer Präsentation anfallen,
- wie die Präsentationsinhalte aufbereitet werden sollten,
- welche Formen der Präsentation es gibt und
- welche Medien man bei Präsentationen einsetzen kann.

Wie profitieren Sie persönlich von diesem Buch?

Sie erwerben ein solides Verständnis für die wirtschaftlichen Zusammenhänge in der Wirtschaft und im Unternehmen. Dieses Verständnis ist für die Ausübung jeder Tätigkeit von Vorteil. Nicht zuletzt profitieren Sie auch ganz privat, indem Sie in kaufmännischen Belangen viel besser Bescheid wissen werden.

Wir wünschen Ihnen viel Spass und Erfolg beim Studium dieses Buchs!

Zürich, im März 2002

Uwe R. Brauchle
Clarisse Pifko

Teil A Wirtschaft, Märkte, Unternehmen

Einstieg, Leistungsziele, Schlüsselbegriffe

Zum Einstieg

Peter ist als kaufmännischer Angestellter in einem grossen international tätigen Chemiehandelsunternehmen tätig. Er ist seit fünf Jahren verheiratet und hat einen dreijährigen Sohn. Peter engagiert sich stark in seinem Job. Aus diesem Grund verspürt er auch das Bedürfnis nach Ferien, Erholung und Ruhe. Er kommt in seiner täglichen Mittagspause bei einem Reisebüro vorbei und sieht das breite und bunte Angebot von Ferienreisen. Peters Bedürfnis nach Ruhe und Erholung kann das Reisebüro erfüllen. Eine Flugreise nach Griechenland ist für 1 200 Franken pro Person zu haben. Seine Frau ist von der Ferienidee nicht begeistert. Sie würde lieber ein neues Auto kaufen.

Was lernen Sie?

- Sie können Bedürfnisse beschreiben und wissen, wie sich das Bedürfnis zur wirtschaftlich relevanten Nachfrage entwickelt.
- Sie lernen die verschiedenen Arten von Gütern und die drei Wirtschaftssektoren kennen.
- Sie können wirtschaftliche Zusammenhänge erklären. Die Unternehmen sind wesentliche Teile der Wirtschaft. Um Unternehmen zu verstehen, muss ihre Stellung im Gesamtrahmen begriffen werden.
- Sie erfahren, was Wirtschaften im eigentlichen Sinn ist, warum überhaupt gewirtschaftet wird, was Märkte sind und wie der Wirtschaftskreislauf entstehen kann.
- Sie können die Unterschiede zwischen Volkswirtschaftslehre und Betriebswirtschaftslehre und die Schwerpunkte der beiden Gebiete erklären.

Welche Leistungsziele bearbeiten Sie?

	Leistungsziel	Lernschritte
☐	Kaufleute umschreiben die wichtigsten Ziele des wirtschaftlichen Handelns.	• Bedürfnis, Nachfrage, Angebot • Einteilung der Güter • Die 3 Wirtschaftssektoren • Die Produktionsfaktoren • Das ökonomische Prinzip • Das Prinzip des Marktes • Das Gesetz von Angebot und Nachfrage
☐	Kaufleute stellen einem Dritten den Wirtschaftskreislauf mit seinen Elementen Haushalte, Unternehmen, Staat, Bankensystem und Ausland dar und erklären ihn grafisch vollständig.	• Die Akteure der Wirtschaft • Einteilung der Betriebe • Geld- und Güterströme zwischen den Akteuren der Wirtschaft

Schlüsselbegriffe

Bedürfnisse, Bedarf, Nachfrage, Angebot, Wirtschaftsgüter, materielle Güter, immaterielle Güter, Konsumgüter, Investitionsgüter, Verbrauchsgüter, Gebrauchsgüter, Primärsektor, Sekundärsektor, Tertiärsektor, Produktionsfaktoren, ökonomisches Prinzip, private Haushalte, öffentliche Haushalte, Warenhandel, Grosshandel, Einzelhandel, Gross-, Mittel-, Kleinbetriebe, Branche, Markt, Markt-Preismechanismus, Güterströme, Geldströme, Absatzmärkte, Beschaffungsmärkte, Wirtschaftskreislauf, Betriebswirtschaftslehre, Volkswirtschaftslehre, allgemeine Betriebswirtschaftslehre, spezielle Betriebswirtschaftslehre

1 Bedürfnisse als Motor der Wirtschaft

Bedürfnisse sind die Ursache des Wirtschaftens. Alle Tätigkeiten des Menschen haben ihre Wurzeln in Bedürfnissen, die nach Befriedigung drängen. Ein Bedürfnis ist ein Gefühl des **Mangels** (z. B. Hunger und Durst), verbunden mit dem Wunsch, den Mangel zu beseitigen (durch Essen von Nahrung).

Die meisten Bedürfnisse lassen sich durch **Güter** oder **Dienstleistungen** befriedigen und sind damit wirtschaftlich interessant (Hunger lässt sich durch Nahrungsmittel stillen, der Wunsch nach Gesundheit durch ärztliche Beratung). Es gibt aber auch Bedürfnisse, die wirtschaftlich uninteressant sind, z. B. das Bedürfnis nach Freiheit oder nach Ruhe. Die freie Zeit kann die Wirtschaft nicht anbieten, wohl aber eine durch Reisen, Sport, Unterhaltung usw. «erfüllte» freie Zeit.

Es gibt einige **grundlegende** Bedürfnisse, die **alle** Menschen haben (das Bedürfnis nach Nahrung, nach Schutz vor Kälte usw.), und daraus abgeleitet viele einzelne Wünsche, die individuell, kulturell und situativ geprägt sind (Europäer essen gern Brot, Asiaten sind keine Brotliebhaber; junge Menschen trinken mehr Cola als ältere). **Wie** der Einzelne seine Bedürfnisse befriedigt, hängt von verschiedensten Grössen ab – von der Kultur, in der er lebt, von seinem sozialen und persönlichen Lebensumfeld, von den Produkten, die er bereits kennt, von Gewohnheiten, der Mode usw. Manchmal erwacht der Wunsch nach einem Produkt erst, wenn es dieses gibt (z. B. der Wunsch nach einem CD-Player oder nach einer neuen Schokolade).

Fazit: Das **gleiche Grundbedürfnis** lässt sich durch **verschiedene Güter** befriedigen. Und: Bedürfnisse/Wünsche **verändern** sich ständig.

Es gibt **Grundbedürfnisse** wie **Wohnung, Kleidung** und **Nahrung**. Sind diese Grundbedürfnisse befriedigt, strebt der Mensch nach höheren Bedürfnissen wie **Sicherheitsbedürfnisse**, soziale **Bedürfnisse, Bedürfnisse** nach **Wertschätzung** und nach **Selbstverwirklichung**. Hat man eine Bedürfnisart erreicht, bemüht man sich um die nächste.

Der Psychologe A. H. Maslow hat die Bedürfnisse in Form einer Pyramide dargestellt.

[1-1] Die Bedürfnispyramide nach A. H. Maslow

Es gibt **Einschränkungen,** die die Bedürfnisse in Bahnen leiten. Diese Einschränkungen sind **meistens finanzieller Natur,** sie können aber auch **ethisch,** **moralisch** oder **gesetzlich** bedingt sein.

Bei der Geschichte in unserem Einstieg könnte die Einschränkung darin bestehen, dass die finanziellen Mittel für die Ferien nicht vorhanden sind oder für die Befriedigung von anderen wichtigen Bedürfnissen benötigt werden.

Bedürfnisse sind Gefühle des Mangels verbunden mit dem Wunsch, den Mangel zu beseitigen. Bedürfnisse werden durch Güter und Dienstleistungen befriedigt. Dabei werden zuerst die Grundbedürfnisse, dann die höheren Bedürfnisse angestrebt.

Repetitionsfragen

1

Eine Hilfstruppe aus verschiedenen Nationen leistet gemeinsam Hilfe bei der Suche nach Überlebenden nach einem Erdbeben. In der Mittagspause essen die Europäer ein Sandwich, die Helfer aus dem asiatischen Raum eine Schale Reis. Wie interpretieren Sie diesen Unterschied?

6

A hat ein kleines Auto gekauft, um zur Arbeit zu fahren. Sie freut sich über den neuen Komfort. Nach einer Weile entdeckt sie das Autofahren als Sport und beginnt, Geld für einen rassigen Wagen zu sparen. Das Beispiel zeigt etwas, das für Bedürfnisse sehr charakteristisch ist – was?

2 Vom Bedürfnis zur Nachfrage

Wir haben bereits gesagt, dass nicht jedes Bedürfnis wirtschaftlich interessant ist. **Drei** Bedingungen müssen erfüllt sein, damit Bedürfnisse für die Wirtschaft interessant werden:

- Das Bedürfnis muss mit einem Gut (mit etwas, das hergestellt werden kann) befriedigt werden können.
- In der Wirtschaft geht es immer um **knappe** Güter. Die so genannten freien Güter wie Tageslicht, Luft, Wasser usw. sind beliebig verfügbar. Die Natur bietet sie uns unentgeltlich an.
- Wirtschaftlich interessant sind Bedürfnisse zudem nur, wenn jemand bereit ist, für ihre Befriedigung **Geld** auszugeben und auch über das nötige Geld dazu verfügt (**Kaufkraft**).

Nur wenn diese drei Bedingungen erfüllt sind, wird das Bedürfnis zur **wirtschaftlichen Nachfrage,** d. h., die Unternehmen werden aktiv, um die gewünschten Güter zu produzieren.

Zusammengefasst: Ein **Bedürfnis** wird zum **Bedarf,** wenn es sich im Wunsch nach bestimmten Gütern konkretisiert. **Nachfrage** entsteht, wenn **Kaufkraft** dazukommt.

Nachfrage = Bedarf + Kaufkraft

3 Das Angebot, die Antwort auf die Nachfrage

Viele unserer Bedürfnisse lassen sich mit Gütern und Dienstleistungen befriedigen, und die meisten von uns verfügen auch über die Kaufkraft, um ihren Grundbedarf zu decken. Damit wird es für die Betriebe attraktiv, zu produzieren und ihre Güter und Dienstleistungen anzubieten. Als wichtige Akteure der Wirtschaft stehen sich also gegenüber:

[3-1] Produzenten und Konsumenten sind die wichtigsten Akteure der Wirtschaft

3.1 Die Einteilung der Güter

Die Betriebe produzieren die vielfältigsten Güter und Dienstleistungen. Man teilt sie in verschiedene Gruppen ein.

Merken Sie sich die **Einteilung der Wirtschaftsgüter,** sie gehört zum wirtschaftlichen Grundwissen:

- Die **materiellen oder Sachgüter** sind stofflich, aus Material hergestellt und physisch fassbar (Nahrungsmittel, Maschinen, Textilien usw.). Man unterscheidet in dieser Gruppe weiter zwischen Konsum- und Investitionsgütern:
    - Die **Investitionsgüter** (auch Produktionsgüter oder Input-Güter) werden während **längerer Zeit** zur Produktion neuer Güter verwendet.
    - Die **Konsumgüter** dienen privaten Zwecken. Man unterscheidet hier **Verbrauchsgüter** und **Gebrauchsgüter.**
        - **Verbrauchsgüter** existieren nach dem Gebrauch nicht mehr. Typische Verbrauchsgüter: Nahrungsmittel, Kosmetika, Medikamente usw.
        - **Gebrauchsgüter** dienen während längerer Zeit der gleichen Bedürfnisbefriedigung. Typische Gebrauchsgüter sind Staubsauger, Waschmaschinen, Autos, Fahrräder usw.

- Die zweite grosse Gruppe von Gütern sind die **immateriellen Güter:** Dienstleistungen und Rechte.
    - **Dienstleistungen:** Diese haben in den letzten 40 Jahren enorm an wirtschaftlicher Bedeutung gewonnen. Produktion und Verbrauch fallen zeitlich oft zusammen. Man kann Dienstleistungen daher nicht auf Vorrat produzieren und lagern.
    - **Rechte:** Von besonderer wirtschaftlicher Bedeutung sind hier die Patente (Recht an einer Erfindung). Sie können als Lizenz verkauft werden; der Lizenznehmer erhält damit das Recht, die Erfindung zu nutzen. Als weitere Rechte können genannt werden: Urheberrechte, Baurechte usw.

[3-2] Die Einteilung der Güter

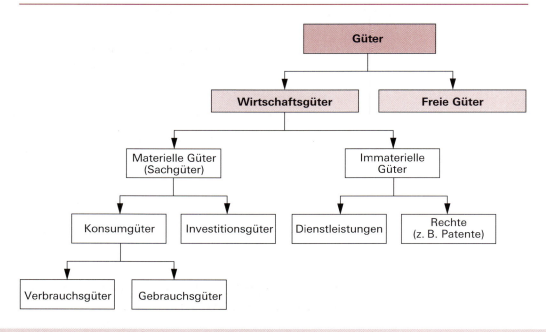

Bei den Wirtschaftsgütern, die der Bedürfnisbefriedigung dienen, unterscheidet man Sach- und immaterielle Güter. **Sachgüter** bestehen aus Material und sind fassbar. Es können Investitions- und Konsumgüter sein. Bei den **immateriellen Gütern** gibt es zwei grosse Gruppen: Dienstleistungen und Rechte.

3.2 Die drei Wirtschaftssektoren

Die gesamte Wirtschaft kann in drei grundlegende Wirtschaftssektoren aufgeteilt werden. Man unterscheidet den primären, den sekundären und den tertiären Sektor.

- **Der primäre Wirtschaftssektor** oder **Primärsektor.** Er umfasst alle Betriebe, die Güter **direkt aus der Natur** gewinnen: Landwirtschaft, Fischerei, Bergbau, Rohstoffgewinnung u. a. Die Güterproduktion in diesem Wirtschaftssektor beansprucht meist ein hohes Mass an physischer Arbeitskraft und Zeit – er ist **arbeits**intensiv.
- Zum **Sekundärsektor** gehören alle Betriebe, die Güter aus dem Primärsektor **weiter**verarbeiten: die Industrieproduktion, das Handwerk u. a. (aus Eisenerz und Kohle wird Stahl, aus Stahlblech werden Autokarosserien hergestellt usw.). Der Sekundärsektor bearbeitet Material (Rohstoffe, Hilfsstoffe usw.) – er ist **material-** und **kapital**intensiv, weil moderne Anlagen mit hohen Investitionen verbunden sind.
- Der **Tertiärsektor** umfasst alle Unternehmen, die Dienstleistungen erbringen: die Handelsunternehmen, Banken, Versicherungen, Tourismusbetriebe, Krankenhäuser, Schulen usw. Der tertiäre Sektor hängt weitgehend von den darin tätigen Menschen ab – er ist **personal**intensiv. Hier werden hohe Kosten durch die Weiterbildung und das Anpassen auf neue Technologien im Bereich der Informations- und Kommunikationswirtschaft verursacht.

Man nennt den Tertiärsektor oft auch einfach **Dienstleistungssektor.**

Man kann die Wirtschaft in drei Wirtschaftssektoren einteilen:

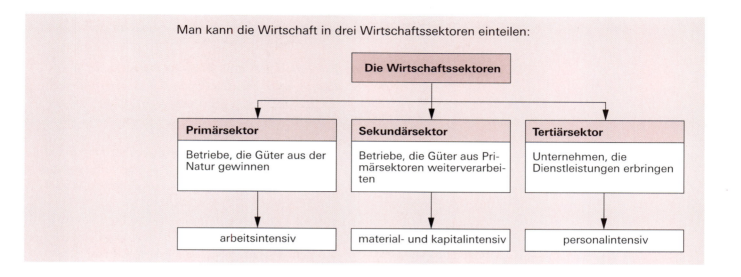

3.3 Güter entstehen durch die Transformation von Produktionsfaktoren

Jede betriebliche Leistung ist das Ergebnis eines Umsetzungsprozesses: Ein **Input** wird zu einem bestimmten **Output** verarbeitet (aus Kupferblech wird eine Dachrinne).

Die Leistungen, die Unternehmen erbringen, sind sehr vielfältig. Die Vielfalt lässt sich aber auf einige grundsätzliche, fast abstrakte Elemente zurückführen:

- Es wird ein **Input** in einen **Output** verarbeitet, transformiert bzw. umgewandelt.
- Der Input besteht aus **vier** Grössen, den **Produktionsfaktoren.**
- Durch die Transformation entsteht ein **Mehrwert.**

[3-3] Güter und Dienstleistungen entstehen durch Transformation der Produktionsfaktoren

Im Folgenden interessieren uns die Produktionsfaktoren näher, die **Input**seite.

An jeder betrieblichen Leistung sind die folgenden vier Grössen beteiligt:

Arbeitskraft, Betriebsmittel, Werkstoffe und Know-how

- Der Produktionsfaktor **Arbeit** umfasst jeden körperlichen und geistigen Aufwand von Menschen, der zur Schaffung von Gütern und Dienstleistungen geleistet wird – die Muskelkraft des Drehers wie das Verhandlungsgeschick eines Verkäufers.
- Zu den **Betriebsmitteln** gehören alle Güter, die **nicht** Bestandteil des Outputs werden – Maschinen, Werkzeuge, Boden, Gebäude und Geld. Der Boden hat eine doppelte wirtschaftliche Bedeutung: Er ist erstens Lieferant von Rohstoffen (Erdöl, Kohle, Kupfer usw.) und damit eine unerlässliche Grundlage der Produktion, und er wird zweitens benötigt, um Gebäude, z. B. eine Fabrik, zu erstellen. Auch Dienstleistungsunternehmen brauchen Boden für Lagerhallen, Ausstellungsräume oder Bürogebäude.
Man bezeichnet die **Betriebsmittel** auch als Produktions- oder Investitionsgüter (in Abgrenzung zu den Konsumgütern) oder einfach als Produktionsmittel. Manchmal

spricht man einfach vom Kapital oder vom Produktivkapital, wenn man das Geld meint, das für die Produktionsmittel aufgewendet wurde und nun in ihnen gebunden ist.

- Der dritte Produktionsfaktor sind die **Werkstoffe:** Roh-, Hilfs- und Betriebsstoffe, Einzelteile usw. Sie werden im Produktionsprozess verarbeitet – der Seidenstoff wird zum Kleid verarbeitet, Holz und Leder zum Sofa. Weil sie regelmässig neu beschafft werden müssen, heissen sie auch Repetierfaktoren.
- Der vierte Produktionsfaktor ist das **Know-how,** das Fach- und Spezialwissen, das heute auf **allen** Gebieten sehr rasch wächst und sich auch ständig wandelt. Man denkt dabei wohl zuerst an technische Fachkenntnisse, aber das Know-how umfasst sehr viel mehr: Können und Wissen in allen Bereichen der Produktion, aber auch im Marketing, in der Mitarbeiterführung, in der Fähigkeit zur Kommunikation. Man unterscheidet betriebseigenes und betriebsfremdes Know-how. Das Know-how (Können, Wissen, Information und Kommunikation) ist ein wesentlicher Erfolgsfaktor für Unternehmen. Oft wird es als Teil des Faktors Arbeit gesehen. Wir weisen es separat aus, wegen seiner besonderen Bedeutung und weil es unabhängig von den gerade arbeitenden Menschen existiert, z. B. als gesammeltes Fachwissen. Fremdes Fachwissen kann in Form von Lizenzen durch das Unternehmen genutzt werden. Hier muss aber beachtet werden, dass es sich um einen zusätzlichen kostenmässigen Aufwand handelt.

Die Unternehmen verwandeln die Produktionsfaktoren durch ihre Tätigkeit in Güter oder Dienstleistungen.

Es gibt folgende vier Gruppen von Produktionsfaktoren:

- Arbeit
- Betriebsmittel
- Werkstoffe
- Know-how

3.4 Das ökonomische Prinzip

Die Unternehmen produzieren und versorgen die Gesellschaft nicht aus Idealismus mit Gütern, sondern um davon zu leben; und um davon zu leben, müssen sie verdienen. Sie verdienen nur, wenn sie **wirtschaftlich** produzieren. Was bedeutet das? Es bedeutet, dass der Output mehr Wert in Geldeinheiten hat als der Input und dass dadurch ein Gewinn entsteht.

Die Unternehmen sind also **gewinnorientiert,** d. h., sie orientieren sich in ihrem Handeln am messbaren ökonomischen Erfolg. Dies wird von einigen Leuten kritisiert. Unternehmen leisten aber durch die Erzeugung von hochwertigen Gütern einen wichtigen Beitrag für die Gesellschaft. Viele Inputgüter eignen sich in ihrem natürlichen Zustand nicht zur Bedürfnisbefriedigung, sondern erst **nach** ihrer Bearbeitung. Das Eisenerz im Boden nützt mir, der ich Auto oder Bus fahren will, erst etwas, wenn es zu Blech bzw. Fahrzeugbauteilen verarbeitet ist. Die Tätigkeit der Unternehmen ist somit auch **gesellschaftsorientiert.**

Das zeigt sich, wenn wir noch etwas weiter über Erfolg und Misserfolg von Unternehmen nachdenken. **Erfolgreiche** Unternehmen verstehen es, so zu produzieren, dass das **Verhältnis** zwischen Input- und Outputwert ihrer Güter **günstig** ist. Sie erzielen dadurch für sich Gewinne und befriedigen zugleich in optimaler Weise die Bedürfnisse der Menschen, die auf dem Markt das höherwertige Produkt willkommen heissen (weil sie es brauchen) und es daher zum angebotenen Preis kaufen. Beide, der Konsument und der Produzent, sind erfolgreich, weil sie beide einen hohen Nutzen haben. Der **Nutzen** ist die verbindende Klammer. Er reguliert das wirtschaftliche Geschehen zum Vorteil **aller** Beteiligten. Beide Beteiligten versuchen ihren Nutzen zu optimieren und diesen zu steigern.

Das **ökonomische** Prinzip ist ein grundlegendes Prinzip des Wirtschaftens. Es heisst auch **Wirtschaftlichkeitsprinzip** und besagt Folgendes:

- Mit **vorhandenen (gegebenen) Mitteln** (Maschinen, Arbeitskräften, Rohstoffen) soll ein **maximales Ergebnis** erzielt werden. Es wird auch als **Maximumprinzip** bezeichnet.
- Ein **gewünschtes Ergebnis** soll mit einem **minimalen** (kleinstmöglichen) Einsatz an **Mitteln** erreicht werden. Es wird auch als **Minimumprinzip** bezeichnet.
- Wenn das Verhältnis zwischen eingesetzten Mitteln und das Ergebnis zwischen In- und Output **möglichst günstig** sein soll, spricht man vom **Optimumprinzip.** So handelt es sich um eine Kombination zwischen dem Maximum- und Minimumprinzip.

Das **ökonomische Prinzip** bedeutet, dass sich das wirtschaftliche Handeln für das Unternehmen lohnen muss.

Es besteht aus folgenden drei Prinzipien:

Repetitionsfragen

11

Nennen Sie drei Bedürfnisse, die wirtschaftlich nicht interessant sind, und begründen Sie Ihre Wahl.

Wirtschaftlich nicht interessante Güter	Begründung

16

Um welche Art von (klassischen) Gütern handelt es sich im Folgenden?

A] Ein bekannter Pianist spielt in einem Wohltätigkeitskonzert.

B] Ein Wasserkraftwerk erzeugt Strom.

C] Ein Ingenieur verkauft seine Pläne für ein neues Solarmobil.

D] Eine Diätköchin kocht für Zuckerkranke.

E] Ein Unternehmen stellt Schokolade für Diabetiker her.

F] Ein Bauunternehmer baut für die Familie X ein Einfamilienhaus und im Auftrag der Firma Y eine grössere Siedlung.

21

Eine Gemüsefarm produziert Tomaten und Bohnen, die vom nahe gelegenen Konservenhersteller verarbeitet werden. Ein Handelsunternehmen verkauft die Konserven. Ordnen Sie die drei Unternehmen den Wirtschaftssektoren zu.

Handschriftliche Notizen: Primärsektor, Sekundärsektor (?), Sektor (Handel)

26

Ein Nähatelier stellt im Auftrag von Kunden exklusive Kleidung her. Nennen Sie für jeden Produktionsfaktor zwei Beispiele.

31

Welche Produktionsfaktoren spielen in den folgenden Unternehmen die zentrale Rolle?

A] Eine Schule, die Journalisten ausbildet — *Know how*

B] Eine Eierfarm — *Betriebsmittel / Know how*

C] Eine Fabrik, die Waschmittel herstellt — *Betriebsmittel / know how*

D] Eine Viehzüchterei — *Betriebsmittel (Boden), know how*

E] Eine Versicherung — *Betriebsmittel (Gebäude), know how, Arbeit*

36

Handschriftliche Notiz: Input güter billiger eingekauft dann Gewinn grösser

Wer produziert wirtschaftlicher – A oder B?

A kauft für Fr. 100.– Mehl, backt Brot und verkauft es für insgesamt Fr. 300.–. ✗

B kauft für Fr. 150.– Mehl, backt Brot und verkauft es für Fr. 300.–.

4 Haushalte und Betriebe

4.1 Arten von Haushalten und Betrieben

Haushalte und Betriebe sind wichtige Akteure der Wirtschaft. Man nennt sie auch Wirtschaftssubjekte. Die Haushalte sind die Hauptnachfrager für Güter, die Betriebe die Produzenten und Anbieter von Gütern oder Dienstleistungen.

Es gibt **private** und **öffentliche Haushalte,** und es gibt auch verschiedene Typen von Betrieben: **privatwirtschaftliche, staatliche** (oder öffentliche) **sowie gemischtwirtschaftliche Betriebe.**

Die Privathaushalte decken ihren Individualbedarf, die öffentlichen Haushalte (Gemeinden, Kantone und der Bund) decken Kollektivbedürfnisse.

Die öffentlichen Betriebe gehören dem Staat (Bundesbahnen, staatliche Fernsehanstalten, Post) oder den Gemeinden (z. B. kommunale Verkehrsbetriebe). Sie bieten (wie die privaten Betriebe) Leistungen an: Die öffentlichen Schulen decken einen grossen Teil des Bildungsbedarfs, die Altersversicherung den Wunsch nach Sicherheit usw. Die privaten Betriebe gehören Privatpersonen und unterstehen anderen rechtlichen Bestimmungen.

Gemischtwirtschaftliche Betriebe gehören teilweise dem Staat oder den Gemeinden, teilweise Privaten wie z. B. die Nationalbank. Viele europäische Fluggesellschaften sind z. B. quasi Staatsbetriebe, aber auch Private haben Kapitalanteile daran.

Haushalte und Betriebe stehen sich als wesentliche Wirtschaftseinheiten gegenüber:

4.2 Einteilung der Betriebe

4.2.1 Einteilung nach der Grösse

A Mögliche Richtgrössen

- Anzahl der Beschäftigten
- Umsatz (Total der verkauften Produkte in Geldeinheiten)
- Bilanzsumme (Vermögen eines Unternehmens)
- Unternehmenswert (Marktwert = Preis, der für das Unternehmen bezahlt würde)
- Gewinn (pro Mitarbeiter oder pro Aktie)

B Was sind Gross-, Mittel- und Kleinbetriebe?

- Grossbetriebe
 Die meisten sind historisch gewachsen und heute international tätig. International tätige Unternehmen gewinnen immer mehr an Bedeutung.
- Klein- und Mittelbetriebe
 Kleinere und mittlere Unternehmen (KMU) sind nach wie vor die wichtigste Stütze der schweizerischen Volkswirtschaft. Mehr als 70 % der Beschäftigten arbeiten in einem KMU.

Die KMU können sich dank ihres Erfindergeistes und ihrer **Flexibilität** schneller auf Veränderungen des Marktes einstellen und so neue Marktchancen besser wahrnehmen. Meist ist die Person des **Unternehmers** die treibende Kraft im KMU; es gibt keine schwerfällige Verwaltung, Entscheidungen werden rasch und situationsbezogen getroffen. Der Unternehmer ist in der Regel ein innovativer, risikobereiter Eigentümer-Unternehmer mit Ideen und Durchsetzungskraft, der engagiert im Geschäft mitarbeitet und den Anschluss an neue Entwicklungen sucht.

4.2.2 Einteilung nach Branchen

Eine Branche wird von Unternehmen gebildet, die gleiche oder ähnliche Produkte für denselben Markt herstellen oder an verschiedenen Produktionsstufen des gleichen Produkts beteiligt sind. Zur Uhrenbranche gehören zum Beispiel die Uhrenhersteller, aber auch die Geschäfte und Organisationen, die Uhren verkaufen.

Das Unternehmen muss sich in seiner Branche **direkt** gegen seine Konkurrenten behaupten. Branchen unterscheiden sich sehr voneinander – in einigen ist der Wettbewerb besonders hart (Autos), in einigen gibt es wenige dominierende Unternehmen, in einigen sind die Eintrittsbarrieren sehr hoch und erlauben nicht vielen, neu in der Branche tätig zu werden (Kernkraftwerkbau erfordert grosses Know-how und hohes Investitionskapital); manchmal ist man in einer Branche auch von wenigen mächtigen Lieferanten (Rohstoffhandel) oder von wenigen mächtigen Kunden abhängig. Jede Branche hat ihre eigene Dynamik, in die sich ein Unternehmen einfügen muss, die es – je nach Marktmacht – aber auch mitgestalten kann. Die wichtigsten Branchen sind: Landwirtschaft, Nahrung, Textil und Bekleidung, Metallverarbeitung, Maschinen und Fahrzeuge, Chemie, Bau, Handel, Banken, Versicherungen und Tourismus.

Eine Branche besonderer Art ist der **Warenhandel.** Er produziert keine Güter, sondern ist **Mittler** von Waren zwischen Produzenten und Käufern. Der Handel ist spezialisiert auf die Beschaffung, Lagerung, Verteilung und den Verkauf von Waren. Seine Leistung besteht in der rationellen Organisation der Güterverteilung und -versorgung. Er streut Güter geografisch, er bietet sie in den Mengen und der Zusammenstellung (Sortiment) an, die der Kunde wünscht, und er tut dies zu günstigen Preisen, weil er Güter in grösseren Mengen einkauft und ihre Verteilung hoch rationell abwickelt. Die Spanne zwischen Einkaufs- und Verkaufspreis, die Handelsspanne oder Marge, ist der Bruttogewinn des Handels, der seine Aufwände decken und einen Unternehmensgewinn einbringen muss.

Der **Warenhandel** ist heute ein dichtes Netz von Geschäftsbeziehungen. Man unterscheidet im Wesentlichen **zwei Handelsstufen:**

- Grosshandel und
- Einzelhandel.

Der **Grosshandel** kauft bei verschiedenen Herstellern ein und verkauft **nur** an Wiederverkäufer; der **Einzelhandel** verkauft direkt an den **Kunden** (ein Einzelhandelsunternehmen kann dabei Hunderte von Mitarbeitern beschäftigen, z. B. ein Warenhaus).

Man kann Unternehmen nach **Umsatz, Gewinn und Anzahl der Beschäftigten in Gross-, Mittel- und Kleinbetriebe** einteilen. Man kann sie auch nach **Branchen** einteilen. Eine Branche wird von Unternehmen gebildet, die gleiche oder ähnliche Produkte für denselben Markt herstellen oder an verschiedenen Produktionsstufen des gleichen Produkts beteiligt sind.

Der **Warenhandel** vermittelt Waren zwischen den Produzenten und den Käufern. Man unterscheidet Gross- und Einzelhandel. Der **Grosshandel** verkauft nur an Wiederverkäufer, der **Einzelhandel** direkt an den Kunden.

Repetitionsfragen

41

Ein Schulkind kauft in der Pause Kaugummi im nahe gelegenen Kiosk und wählt die neue Marke, für die am Vortag im Fernsehen geworben wurde.

Ordnen Sie die Wirtschaftssubjekte, die in diesem Beispiel vorkommen, den besprochenen Typen zu.

46

Was leistet der Warenhandel für den Konsumenten, welchen besonderen Nutzen schafft er?

51

Welche der folgenden Aussagen sind richtig? Kreuzen Sie an:

A] Unternehmen des Primär- und Sekundärsektors sind in der Regel material-, anlage- und energie-intensiver als Unternehmen des Tertiärsektors. ☐

B] Klein- und Mittelbetriebe haben heute immer weniger Chancen in einer Welt der Zusammenschlüsse und der Unternehmenskonzentrationen. ☐

C] Der Warenhandel gehört zum Tertiärsektor; seine Leistung besteht im kundenorientierten Verteilen und Anbieten von Waren. ☐

5 Der Markt: Angebot und Nachfrage

5.1 Das Prinzip des Marktes

5.1.1 Was ist ein Markt?

Der Markt ist der Ort des Güteraustausches. Am Markt begegnen sich die Konsumenten/Nachfrager und die Produzenten/Anbieter von Produkten mit der Bereitschaft, Güter gegen eine andere Leistung (meist Geld) **auszutauschen.** Der Austausch erfolgt, wenn beide Seiten **Wert und Gegenwert** gegeneinander abgewogen haben und den Austausch für **lohnend** erachten.

[5-1] Am Markt treffen sich Angebot und Nachfrage

Der Markt war früher ein **Ort,** an dem man sich traf und miteinander verhandelte. Heute gibt es zwar auch noch solche Märkte, z. B. den Vieh- oder Gemüsemarkt. Aber viele Austauschbeziehungen finden über andere Kanäle statt: Produkte werden im Schaufenster, per Werbespot am Fernsehen, per Versandkatalog oder Internet angeboten; der interessierte Konsument kann per Telefon oder Computer einkaufen, ohne den Hersteller je gesehen zu haben.

Märkte entstehen um Produkte und Dienstleistungen herum. Es gibt den Arbeitsmarkt, auf dem Menschen ihre Berufsqualifikationen und ihre Zeit gegen Bezahlung (Lohn/Gehalt) eintauschen; Finanzmärkte, wo man Geld gegen Zins leihen oder ausleihen kann; Rohstoffmärkte, Warenmärkte für Konsum- und Investitionsgüter usw.

Für das einzelne Unternehmen sind die Absatzmärkte der Prüfstein des Erfolgs. Wenn es ihm gelingt, die Bedürfnisse der Nachfrager zu erfassen und sie durch bedürfnisgerechte und preiswerte Produkte zu befriedigen, ist die Nachfrage nach seinen Produkten oder Dienstleistungen und damit sein Erfolg gesichert, im anderen Fall nicht. Der Markt entscheidet.

Märkte sind heute ungeheuer dynamisch. Im Zentrum dieser Dynamik steht das Wechselspiel von **Angebot** und **Nachfrage** und die in diesem Spiel bestimmende Grösse ist der **Preis.**

5.1.2 Das Gesetz von Angebot und Nachfrage

A Der Markt- oder Preismechanismus

Damit es zum Gütertausch kommt, müssen sich Anbieter und Nachfrager über den **Wert,** d. h. den Preis des zu tauschenden Produkts einigen. Sie verhandeln dazu persönlich oder vergleichen Angebote in Schaufenstern, an Messen, in der Zeitung, am PC. Grundsätzlich bestimmt das **Gesetz von Angebot und Nachfrage** den Preis.

Wir zeigen an einem konkreten Fall, wie die Preise entstehen. In einer Stadt gibt es zwei Gemüsemärkte. Auf beiden werden Äpfel angeboten und nachgefragt:

[5-2] Beispiel zur Entstehung von Preisen

	Markt A	Markt B
Marktsituation (beim Preis Fr. 3.– pro kg):	Angebot: 100 kg Nachfrage: 80 kg	Angebot: 120 kg Nachfrage: 150 kg
Kommentar:	20 kg **Überangebot,** d. h., es gibt zu viele Äpfel im Verhältnis zur Nachfrage.	30 kg **Unterangebot** (Nachfrageüberhang), d. h., es gibt zu wenig Äpfel im Verhältnis zur Nachfrage.
Folgen:	1. Der **Preis** wird **sinken,** denn die Anbieter sind gezwungen, sich gegenseitig zu unterbieten, wenn sie ihre Äpfel verkaufen wollen. 2. Sinkt der Preis, so **steigt** die **Nachfrage.** 3. Die Preise sinken und die Nachfrage steigt, bis es zum **Ausgleich von Angebot und Nachfrage** (bzw. deren Mengen, d. h. 100 kg) kommt.	1. Der **Preis** wird **steigen,** denn die Anbieter werden merken, dass sie ihre Ware auch zu einem höheren Preis absetzen können. 2. Steigt der Preis, so **sinkt** die **Nachfrage.** 3. Die Preise steigen und die Nachfrage sinkt, bis es zum **Ausgleich von Angebot und Nachfrage** (bzw. deren Mengen, d. h. 120 kg) kommt.

Bemerkung

Zum **Ausgleich** bei der ursprünglichen Angebotsmenge kommt es nur, wenn die Anbieter ihre Äpfel an jenem Tag absetzen wollen oder müssen, d. h., wenn nicht verkaufte Äpfel bis zum nächsten Markttag unverkäuflich wären.

Der Markt- oder Preismechanismus ist ohne weiteres nachvollziehbar. Was genau steckt aber hinter diesem von **unsichtbarer Hand** gesteuerten Ausgleich von Angebot und Nachfrage? Schauen wir uns den Markt A noch einmal etwas genauer an: Wieso unterbieten sich die Anbieter, sobald sie merken, dass sie ihre Äpfel nicht zum gegebenen Preis absetzen können? Weil die Anbieter wissen, dass die Konsumenten bei ihnen kaufen, wenn sie den Preis senken, denn Konsumenten sind **Nutzenmaximierer.** Sie versuchen, mit ihrem Geld so viele Bedürfnisse wie möglich zu befriedigen. Wenn sie Äpfel für Fr. 2.50 statt Fr. 3.– kaufen, haben sie den Nutzen ihrer Fr. 3.– vergrössert, die verbliebenen Fr. –.50 können sie zur Befriedigung anderer Bedürfnisse verwenden.

Kurz: Das Verhältnis von **Angebot und Nachfrage bestimmt den Preis.** Ein **Überangebot** (Nachfragemanko) führt dazu, dass die Preise sinken, ein Unterangebot (Nachfrageüberhang; Knappheit) zu einem **Preisanstieg.** Man bezeichnet den Preis deshalb auch als **Knappheitsindikator** und den Anpassungsprozess als **Markt- oder Preismechanismus.**

Das Gesetz von Angebot und Nachfrage hat aber nicht nur kurzfristige Wirkungen auf das Preisgefüge von Märkten, es wirkt sich auch langfristig auf die Güterproduktion und damit die Verteilung und Nutzung der Ressourcen (Produktionsfaktoren) aus. Was ist damit gemeint?

B Die Allokation der Ressourcen

Allokation heisst: Verteilung der Ressourcen. Der Marktmechanismus wirkt sich über die Allokation auf den gesamten Produktions- und Wirtschaftsprozess aus. Wir können dies modellhaft an unserem Marktbeispiel erklären:

Marktsituation
Die Preise sinken (von Fr. 3.– auf 2.50 pro kg).

Kommentar
Die Produktion von Äpfeln nimmt damit an Attraktivität ab. Der zu erzielende Gewinn wird durch die Preisreduktion zu gering; einzelne Anbieter müssen sogar Verluste einstreichen, da ihre Produktionskosten höher sind als ihr Verkaufserlös.

Folgen
1. Viele der Anbieter sind nicht mehr bereit, Äpfel zu produzieren. Sie pflanzen lieber etwas anderes an (im Extremfall gar nichts). 2. Die Produktionsmittel (Ressourcen), d. h. Arbeitskräfte, Kapital, Boden, Betriebsmittel, werden damit für andere Produkte verwendet, die letztlich den Bedürfnissen der Nachfrager besser entsprechen.

Es gilt also auch die **Umkehrung des Gesetzes** von Angebot und Nachfrage: **Sinkende Preise senken das Angebot und erhöhen die Nachfrage. Steigende Preise erhöhen das Angebot und senken die Nachfrage.**

Die Preise haben eine wichtige **Signalfunktion.** Sie bewirken zweierlei:

- Dass das Angebot sich an der Nachfrage ausrichtet – und nicht umgekehrt. Damit wird ein höherer Zweck erfüllt: die Befriedigung menschlicher Bedürfnisse. Die Wirtschaft hat sich danach zu richten, wenn sie ihre Funktion erfüllen (und Geld verdienen) will. Der Konsument entscheidet.
- Die Bedürfnisse und damit die Nachfrage können sich jederzeit und kurzfristig ändern. Umstellungen der Produktionsprozesse sind aber in der Regel eine **langfristige** Angelegenheit. Unternehmen müssen Marktsignale daher früh erfassen und richtig interpretieren, damit sie die nötigen Weichenstellungen nicht verpassen. Wir sagten, dass wir den Markt als Modell erklären. In der Wirklichkeit ist das Kräftespiel nicht immer so frei. Kartelle und Subventionen (staatliche Zuschüsse, die zu künstlichen Preisen führen) schränken den Marktmechanismus oft ein.

Am Markt treffen sich **Anbieter** und **Nachfrager.** Es gibt viele Märkte, die um bestimmte Produkte entstehen.

Die Marktbeziehungen sind **Austauschbeziehungen.** Zum Austausch, meist von Gütern gegen Geld, kommt es, wenn sich das Geschäft für beide Seiten **lohnt,** d. h., wenn der **Wert oder Nutzen** des angebotenen Guts für den Nachfrager den zu leistenden **Gegenwert** (meist den zu zahlenden Preis) aufwiegt.

Das **Gesetz von Angebot und Nachfrage** steuert den Markt. Es hat kurzfristige und langfristige Wirkungen:

Aktuelle Marktsituationen werden durch den **Markt- oder Preismechanismus gesteuert,** d. h., der Preis wird durch das Verhältnis von Angebot und Nachfrage bestimmt. Ist das Angebot grösser als die Nachfrage, so sinkt der Preis und die Nachfrage steigt. Im umgekehrten Fall steigt der Preis, und die Nachfrage geht zurück. Der Preis- oder Marktmechanismus führt zum Ausgleich des momentan auf dem Markt bestehenden Angebots und der Nachfrage.

Der Markt- oder Preismechanismus regelt aber auch den Gang der Wirtschaft durch **Steuerung (Allokation) des Ressourceneinsatzes.** Kurzfristig ist nur der Preis variabel, längerfristig aber auch die Menge. Das Gesetz vom Markt- und Preismechanismus gilt daher auch in seiner Umkehrung: Sinkende Preise senken (längerfristig) das Angebot, steigende Preise erhöhen es. Das bedeutet: Umverteilung der knappen Ressourcen in Produktionsbereiche, die für die Bedürfnisbefriedigung der Konsumenten von grösserem Nutzen sind.

5.2 Güter- und Geldströme

Durch die Austauschbeziehungen zwischen Anbietern und Nachfragern auf dem Markt entstehen Güter- und Geldströme. Die folgende Grafik zeigt diesen wirtschaftlichen Kreislauf:

[5-3]   Auf dem Markt gibt es Geld- und Güterströme zwischen Anbietern und Nachfragern

Die Geld- und Güterströme sind **wert**mässig gleich gross, der Marktmechanismus stellt den Ausgleich zwischen ihnen her.

Wir werden im nächsten Kapitel sehen, dass das gesamte wirtschaftliche Geschehen als Kreislauf von Geld und Gütern verstanden werden kann.

Die **Märkte** lösen **Geld**- und **Güterströme** zwischen den Wirtschaftseinheiten aus. Der Geldstrom entspricht dem zu den Marktpreisen bewerteten Güterstrom.

5.3 Die wichtigsten Märkte im Überblick

Aus der Sicht der Unternehmen kann man die Märkte in zwei Gruppen einteilen, in die **Absatz**- und die **Beschaffungsmärkte.**

Auf den **Beschaffungsmärkten** werden die Produktionsfaktoren eingekauft. Die wichtigsten sind:

- Der Arbeitsmarkt (Markt für Arbeitsleistungen)
- Der Investitionsgütermarkt (für Maschinen, Werkzeuge usw.)
- Der Bodenmarkt (für Grundstücke, Gebäude)
- Die Rohstoffmärkte (z. B. für Kupfer, Kaffee usw.)
- Der Halbfabrikatemarkt und die Märkte für Hilfsstoffe
- Die Dienstleistungsmärkte (vor allem für Bank- und Versicherungsdienstleistungen)
- Der Finanzmarkt für Geldmittel. Dieser wird weiter unterteilt in den Kapital- und Geldmarkt. Auf dem Kapitalmarkt treffen sich Angebot und Nachfrage für mittel- und langfristige Kapitalien; auf dem Geldmarkt werden kurzfristige Mittel gehandelt.

Auf den **Absatzmärkten** (auch Waren- oder Gütermärkten) bieten die Unternehmen ihre Güter und Dienstleistungen an. Man benennt einen bestimmten Markt meist nach dem angebotenen Produkt (der Nahrungsmittelmarkt, der Babynahrungsmarkt, der Tierfuttermarkt usw.).

Die Märkte lassen sich auch geografisch gliedern. Man unterscheidet zwischen dem Weltmarkt, nationalen und regionalen Märkten, wobei sich die regionalen Märkte beliebig weiter unterteilen lassen.

Aus der Sicht des Unternehmens sind Märkte entweder **Beschaffungsmärkte** für die Produktionsfaktoren oder **Absatzmärkte** für die eigenen Produkte. Märkte lassen sich **geografisch** gliedern oder nach den gehandelten **Gütern** in einen Waren-, Boden-, Arbeits- oder Finanzmarkt. Jedes Unternehmen muss vor allem die Märkte beobachten und bearbeiten, die für seine Tätigkeit von Bedeutung sind.

Repetitionsfragen

56

Was gehört zu einem Markt? Tragen Sie die wesentlichen Merkmale zusammen.

61

Wer etwas verkaufen will, muss sich Gedanken über den Preis machen. Welche Überlegungen beeinflussen die Preisvorstellung eines Stoffverkäufers?

66

Nach welchen Überlegungen entscheiden die Konsumenten/Nachfrager am Markt?

71

Die auf bestimmten Märkten ausgetauschten Güter und die dafür bezahlten Preise haben oft einen speziellen Namen. Wie heissen sie auf dem Arbeits-, dem Finanz- und dem Bodenmarkt?

Markt	Ausgetauschtes Gut	Preis
Arbeitsmarkt		
Finanzmarkt		
Bodenmarkt		

2

Die Papierfabrik X arbeitet mit modernen Anlagen und wenig Personal. Das Zahnlabor Y arbeitet ebenfalls mit modernsten Geräten und einigen hoch qualifizierten Fachleuten. Welche Märkte müssen die beiden besonders beachten?

6 Der Wirtschaftskreislauf

Wir haben uns bisher mit den Unternehmen und den Haushalten befasst. Jetzt erweitern wir die Optik auf das Wirtschaftsganze. Wir beginnen bei dem, was wir kennen: Unternehmen produzieren Güter und tauschen sie gegen Geld. Um etwas produzieren zu können, müssen die Produktionsfaktoren verfügbar sein (ebenfalls gegen Geld). So entstehen zwei Geld- und Güterströme zwischen den Wirtschaftseinheiten: den Haushalten und den Unternehmen.

[6-1] Güter- und Geldströme zwischen Haushalten und Unternehmen

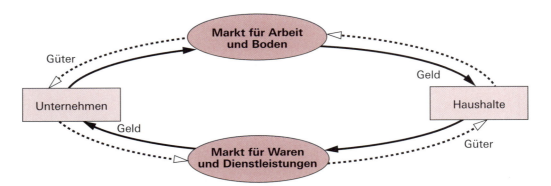

Zum oberen Teil der Grafik: Die **Haushalte** stellen den Betrieben die **Produktionsfaktoren** Boden und Arbeit zur Verfügung. Die Vermittlung erfolgt auf den Märkten für Boden und Arbeit. Die Haushalte bekommen von den Unternehmen Geld dafür; über den Boden- und Arbeitsmarkt fliessen also Geldströme von den Unternehmen zu den Haushalten.

Unterer Teil der Grafik: Die **Unternehmen** produzieren Waren und Dienstleistungen, die von den Haushalten gekauft werden. Das Geld, das die Haushalte dafür ausgeben, erzeugt einen Geldstrom, der über den Markt für Waren und Dienstleistungen zu den Unternehmen fliesst.

Die Haushalte verwenden nicht ihr gesamtes Einkommen für den Konsum. Sie **sparen** einen Teil für grössere Anschaffungen und als Sicherheit gegen Unvorhergesehenes. Damit kommt eine weitere Grösse ins Spiel: die **Banken.** Auch der **Staat** spielt im Wirtschaftsleben eine grosse Rolle.

Die Grösse **Bank** symbolisiert **alle** Kreditinstitute und auch die Zentralbank (= National-, Notenbank), die bestimmt, wie viel Geld in einer Volkswirtschaft im Umlauf ist.

Der **Staat** hat eine grosse wirtschaftliche Bedeutung

- als **Hoheitsträger,** der für alle gültige Gesetze erlässt, Steuern erhebt usw.,
- als Ersteller und **Anbieter** von Leistungen (Sicherheit, Gesundheit, Bildung, Ruhe und Ordnung) und
- als **Nachfrager** von Produktionsfaktoren für seine Betriebe.

Der Staat hat seinen eigenen Haushalt und seine Betriebe.

Die Haushalte geben also nicht ihr ganzes Geld für den Konsum aus, sie sparen auch. Die Banken nehmen die Spargelder entgegen und arbeiten mit dem Geld, indem sie es gegen Zinsen an Kreditnehmer z. B. Unternehmen ausleihen. Unternehmen benötigen ja Kapital als Produktionsfaktor für Investitionen – in Maschinen, Material usw. Die Sparer erhalten von den Banken Geld in Form von Zinsen. Verfolgen Sie die dadurch entstehenden Geldströme in der folgenden Grafik.

[6-2] Geldstrom mit der Bank über den Finanzmarkt

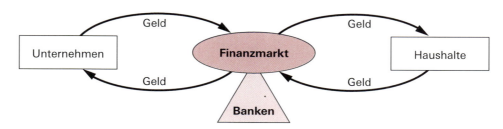

Über den **Finanzmarkt** fliessen Geldströme von den Haushalten (Sparern) zu den Banken und von den Banken zu den Unternehmen (Kreditnehmer).

Anderseits fliesst Geld in Form von Zinsen von den Unternehmen zu den Banken und von den Banken zu den Haushalten. Auch Unternehmen können sparen und Haushalte können Kredite (z. B. Hypotheken) bei den Banken aufnehmen – auch das führt zu Geldströmen.

Der Wirtschaftskreislauf zeigt die enge Verflechtung der wirtschaftlichen Beziehungen und macht deutlich, dass es sich immer um Austauschbeziehungen handelt. Jede Grösse ist im Netz dieser Beziehungen mit den anderen Grössen verbunden. Veränderungen an einer Stelle des Netzes wirken sich früher oder später auf alle anderen Stellen aus.

Die wichtigsten **Akteure** der Wirtschaft sind:

- Die **Haushalte**
- Die **Unternehmen**
- Die **Banken**
- Der **Staat**

Sie treffen sich auf den **Märkten,** wo sie Güter und Dienstleistungen gegen Geld **austauschen** und dadurch **Geld- und Güterströme** in Gang setzen (volkswirtschaftlicher Kreislauf). Ihre Verflechtung ist sehr eng. Veränderungen an einer Stelle des Netzes wirken sich daher meist auf alle anderen Stellen aus.

Repetitionsfragen

7

Wie wirken sich steigende Löhne oder wachsende Arbeitslosigkeit auf Geld- und Güterströme aus?

7 Die Betriebswirtschaftslehre

7.1 Thema und Ziel der BWL

Die BWL ist eine Wirtschaftswissenschaft, und die Wirtschaftswissenschaften gehören zu den Sozialwissenschaften. Die Sozialwissenschaften untersuchen menschliches Verhalten, die Wirtschaftswissenschaften besonders das Verhalten im Geschäftsbereich, beim Austausch von Wirtschaftsgütern.

[7-1]   Die Unterschiede zwischen BWL und VWL

BWL	VWL
Thema: Wirtschaftliches Handeln im einzelnen Betrieb – beschreiben, erklären und durch Entscheidungshilfen und Modelllösungen unterstützen (zur besseren Zielerreichung).	**Thema:** Das wirtschaftliche Handeln eines ganzen Volkes, d. h. das Zusammenspiel aller Einrichtungen und Verfahren zur Güterproduktion und -verteilung einer Nation und die sich daraus ergebenden ökonomischen Grundsatzfragen der Einkommensverteilung, des Wachstums, der Konjunkturentwicklung usw.
Schwerpunkt: Das ökonomische Gleichgewicht im einzelnen Betrieb. Seit ca. 1900.	**Schwerpunkt:** Generelles Gleichgewicht. Älter als die BWL.

Recht – Wirtschaft – Arbeitswissenschaft usw.

Zwischen BWL und VWL gibt es viele Schnittstellen: Das einzelne Unternehmen kann nie völlig losgelöst von der gesamtwirtschaftlichen Situation eines Landes oder der Weltwirtschaft gesehen werden.

Schwerpunkte der VWL

Die Volkswirtschaftslehre beschäftigt sich mit dem Wirtschaftsgeschehen eines **ganzen Landes.** Sie verfolgt die Dynamik der Wirtschaft über lange Zeitperioden hinweg und sucht nach den tieferen Ursachen für Veränderungen, um daraus Empfehlungen ableiten zu können, wie die Gesamtwirtschaft gesteuert werden soll. Sie ist auf die **ganze Wirtschaft** eines Landes, einer Region oder einer Ländergemeinschaft wie z. B. der EU gerichtet und wird daher auch **Nationalökonomie** genannt.

Schwerpunkte der BWL

Die Betriebswirtschaftslehre behandelt die Aktivitäten der **einzelnen Unternehmen** und die Austauschbeziehungen auf den Märkten. Sie untersucht vor allem die privatwirtschaftlichen und öffentlichen Unternehmen. Als Theorie erforscht sie die Zusammenhänge und Gesetzmässigkeiten betrieblicher Abläufe und Entscheidungen, als angewandte Wissenschaft interessiert sie sich für die Optimierung dieser Abläufe. Sie beschäftigt sich damit, wie sich die Produktion optimieren lässt, wie ein effizientes Marketing entwickelt wird und welche Überlegungen bei der Wahl des Unternehmens-Standorts anzustellen sind.

> Die **VWL** beschäftigt sich mit der Wirtschaftstätigkeit eines **ganzen Volkes,** die **BWL** mit der eines **einzelnen Betriebs.**
>
> Die BWL hat zum Ziel, Tatsachen und Zusammenhänge zu erfassen, zu ordnen und zu erklären und Modelllösungen für eine erfolgreiche Wirtschaftstätigkeit anzubieten.

7.2 Einteilung der BWL

[7-2] Die zwei Arten von BWL

A Die allgemeine BWL

Sie befasst sich mit Abläufen und Problemen, die jedes Unternehmen zu lösen hat, unabhängig davon, welchem Wirtschaftszweig es angehört und wie es rechtlich organisiert ist. Man unterscheidet:

- **Primäre** Funktionen (Materialwirtschaft, Produktion, Absatz, Marketing)
- **Sekundäre** Funktionen (Finanzierung, Investition, Rechnungswesen, Personal, Organisation) und die übergeordnete Gesamtsteuerung oder Unternehmensführung

Die **primären** Funktionen dienen **direkt** der Herstellung und Verteilung der Produkte, die sekundären sind Voraussetzung dafür.

B Die spezielle BWL

Sie baut auf den Erkenntnissen der allgemeinen BWL auf und erweitert sie durch Spezialwissen zu den einzelnen Wirtschaftszweigen. Ein Unternehmen, das Elektrogeräte herstellt, hat andere Aufgaben zu lösen als eine Apotheke oder ein Seilbahnbetrieb. Es gibt z. B. die spezielle BWL für Banken, Versicherungen, Industrie, Handel etc.

> Man unterscheidet in der Betriebswirtschaftlehre die **allgemeine BWL** und die **spezielle BWL**. In der allgemeinen BWL geht es um Fragen, die alle Unternehmen betreffen, in der speziellen BWL um branchenspezifische Fragen.

Repetitionsfragen

12

Welchem wirtschaftswissenschaftlichen Gebiet ordnen Sie diese Fragestellungen zu?

A] Soll der Staat Branchen unterstützen, die in wirtschaftlichen Schwierigkeiten stecken?

B] Lassen sich die Dienstleistungen von Hotelbetrieben rationalisieren, ohne dass die Kunden negativ davon berührt werden?

C] Zahlt sich betriebliche Weiterbildung aus, wie lässt sich dies messen?

Teil B Das Unternehmen und seine Umwelt

Einstieg, Leistungsziele, Schlüsselbegriffe

Zum Einstieg

Nach dem Chemie-Unfall in Schweizerhalle sagte ein Verwaltungsratsmitglied der Ciba-Geigy: «Mir ist mit einem Schlag klar geworden, dass zwischen Öffentlichkeit und chemischer Industrie ein Vertrauensbruch entstanden ist, der mich im Ausmass überrascht hat. Mir wurde zudem bewusst, dass es für die Zukunft unseres Unternehmens und der gesamten Chemie mindestens so wichtig ist, von Öffentlichkeit und Gesellschaft akzeptiert zu werden, wie qualitativ hoch stehende Produkte herzustellen.»

Was lernen Sie?

- Das Unternehmen ist Teil seiner Umwelt. Es wird von dieser Umwelt beeinflusst und übt auf diese Einfluss aus.
- Das Unternehmen ist im Spannungsfeld Ökonomie–Ökologie tätig. Einerseits muss es Gewinne erzielen, andererseits muss es den ökologischen Anliegen Rechnung tragen, die Kosten verursachen können.
- Die gesellschaftliche Sphäre beinhaltet das soziale, das kulturelle und das politische Umfeld des Unternehmens.
- Jedes Unternehmen hat Anspruchsgruppen, deren Interessen berücksichtigt werden müssen.
- Das Unternehmen lässt sich in Funktionsbereiche gliedern wie Rechnungswesen, Personal, Organisation, Materialwirtschaft und Produktion. Absatz und Marketing und Unternehmensführung.
- Das Rechnungswesen dient der Dokumentation und als Führungsinstrument.
- Die Unternehmenspolitik legt die Ziele und Absichten des Managements fest. Sie wirkt nach innen und nach aussen.
- Das Unternehmen entwickelt aus einer Vision langfristige Ziele. Diese sind wirtschaftlich und nicht-wirtschaftlich.
- Das Leitbild ist die Kurzfassung der Unternehmenspolitik.
- Die Unternehmenspolitik wird in einem Business-Plan konkretisiert.
- Die Unternehmenskultur enthält alle Denk- und Verhaltensweisen des Unternehmens. Sie charakterisieren das Unternehmen. Sie bestimmen seinen Ton im Umgang mit der Aussenwelt und mit den Mitarbeitern.
- Die Wahl des Standorts ist von bestimmten Kriterien abhängig.
- Die goldene Regel der Ethik besagt, dass man im Umgang mit anderen ethische Grundsätze anwenden soll. Das Unternehmen kann die goldene Regel der Ethik anwenden im Umgang mit Partnern und Konkurrenten, mit Mitarbeitenden und in seiner Preis-, Produkt-, Kunden- und Kommunikationspolitik.

Welche Leistungsziele bearbeiten Sie?

	Leistungsziel	Lernschritte
☐	Kaufleute handeln im Alltag im Spannungsfeld zwischen Ökonomie und Ökologie verantwortungsbewusst.	• Was ist Ökologie? • Umweltgerechte Wirtschaftstätigkeit • Recycling • Entsorgung
☐	Kaufleute unterscheiden die soziale, ökonomische, ökologische und technologische Umwelt.	• Ökologische Sphäre • Soziale Sphäre • Technologische Sphäre • Ökonomische Sphäre • Rechtliche Sphäre
☐	Kaufleute können den Einfluss der verschiedenen Anspruchsgruppen (Mitarbeiter, Konkurrenz, Kapitalgeber, Kunden, Lieferanten, Institutionen) auf die Unternehmung aufzeigen.	• Lieferanten • Mitarbeiter • Kapitalgeber • Kunden und Konkurrenz • Staat • Arbeitgeber- und Mitarbeiterorganisationen • Medien • Bildungseinrichtungen • Interessengruppen • Kirchen, Vereine • Ausland
☐	Kaufleute beschreiben Zielkonflikte der Unternehmung mit den Anspruchsgruppen und den Umweltsphären.	• Unterschiedliche Interessen der einzelnen Anspruchsgruppen • Konflikte zwischen einzelnen Umweltsphären
☐	Kaufleute kennen die Phasen der Leistungserbringungsprozesse wie zum Beispiel Beschaffung und Produktion.	• Rechnungswesen • Personal • Organisation • Materialwirtschaft • Produktion • Absatz und Marketing • Unternehmensführung
☐	Kaufleute handeln in Beruf und Alltag nach ethischen Grundsätzen.	• Erklärung der goldenen Regel der Ethik • Anwendung im Umgang mit Partnern und Konkurrenten • Anwendung im Umgang mit Mitarbeitern • Ethik in der Produkt-, Preis- und Kommunikationspolitik • Umweltschutz

Schlüsselbegriffe

Ökologische Sphäre, Recycling, Wiederverwertung, Weiterverwendung, soziale Sphäre, technologische Sphäre, ökonomische Sphäre, rechtliche Sphäre, Anspruchsgruppen, Lieferanten, Mitarbeiter, Kapitalgeber, Kunden, Zielkonflikte, Finanzierung, Investition, Rechnungswesen, Eigenfinanzierung, Fremdfinanzierung, Personalwesen, Organisation, Materialwirtschaft, Produktion, Absatz, Marketing, Unternehmensführung, Unternehmenspolitik, Vision, Unternehmensphilosophie, wirtschaftliche Ziele, nicht-wirtschaftliche Ziele, Zielentscheidungen, Leitbild, Business-Plan, Unternehmenskultur, Standort, Standortwahl, goldene Regel der Ethik, Produktehaftpflicht, Monopolsituation, oligopolistische Märkte, Lockvogelangebot, Verbundangebote, Ausverkaufsangebote, Umweltschutz

Im ersten Teil dieses Buchs haben wir die gesamtwirtschaftlichen Zusammenhänge behandelt. Jetzt konzentrieren wir uns auf das **Unternehmen. Unternehmen** sind Wirtschaftseinheiten, die **eingebettet** in eine **Umwelt,** ein **Umfeld** sind. Unternehmen und Umfeld sind miteinander verknüpft. Veränderungen im Umfeld verlangen daher oft eine Umstellung oder Neuorientierung der unternehmerischen Aktivitäten; die Unternehmen können aber auch Einfluss auf ihre Umwelt nehmen. Entscheidend für den Erfolg eines Unternehmens ist sicher, wie geschickt es mit Chancen und Risiken aus seinem Umfeld umgeht.

Das Umfeld hat verschiedene **Sphären** und besteht aus verschiedenen **Anspruchsgruppen,** mit denen das Unternehmen in Kontakt steht.

8 Die Sphären der Unternehmens-Umwelt

Unternehmen müssen die **ökologische**, die **soziale**, die **technologische**, die **ökonomische** und die **rechtliche** Entwicklung in ihrem Umfeld beobachten. Sie halten Aussagen dazu oft auch fest, wie in der folgenden Unternehmensvision:

«Novartis will die Zukunft des Unternehmens über das Jahr 2000 hinaus sichern, indem sie ein ausgewogenes Verhältnis zwischen der wirtschaftlichen, der gesellschaftlichen und der ökologischen Verantwortung anstrebt.»

[8-1]   Modell der Unternehmensumwelt

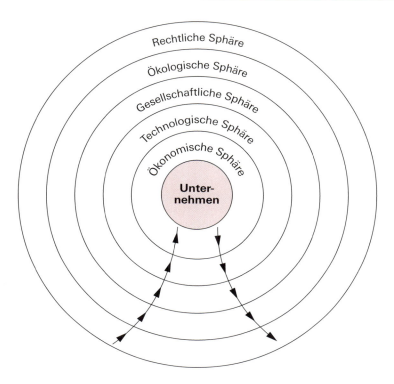

8.1 Die ökologische Sphäre

Ohne Natur gibt es keine Wirtschaft, denn die Natur ist unsere Lebens- und Wirtschaftsgrundlage.

Der technische Fortschritt hat den Menschen in den letzten 100 Jahren dazu befähigt, seine natürliche Umwelt so tief greifend zu verändern wie nie zuvor. Zwar hat er die Natur schon immer genutzt, aber noch nie in der Geschichte so tief greifend und intensiv mit allen Problemen, die daraus resultieren.

Die Wirtschaft nutzt die Natur nicht nur, sie verändert sie auch (Strassen verändern die Landschaft, Abgase die Luft und die Vegetation usw.). Schauen wir uns die Zusammenhänge näher an:

Die Unternehmen verarbeiten Rohstoffe aus der Natur, z. B. Bauxit und Wasserkraft zu Produkten wie Aluminium. Meist entstehen schon während der Produktion unerwünschte Produkte wie Abfälle oder Abwärme, die in die natürliche Umwelt zurückgehen. Weitere Abfälle entstehen **während** und **nach** der Nutzung. Nur ein Teil lässt sich durch **Recycling** (Aufbereitung und Wiederverwertung) erneut in die Produktion zurückführen. Recycling bedingt einen Verwandlungsprozess in ein neues Gut oder geht in ein neues Gut ein. Die Natur wird also **doppelt** belastet: durch den Abbau von Rohstoffen **und** durch Abfälle. Die folgende Grafik veranschaulicht die Zusammenhänge:

[8-2]   Das ökonomische und das ökologische System

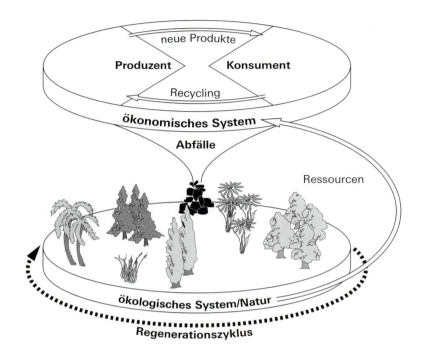

Umweltverträglich produzieren heisst:

- **Achtsamer Umgang mit den natürlichen Ressourcen.** Unternehmen müssen lernen, rohstoff- und energiearm zu produzieren.
- **Reduktion von Emissionen und Abfällen und ihre sachgerechte Entsorgung.** Abwässer reinigen, ehe sie in den ökologischen Kreislauf zurückgehen, Produkte so konzipieren, dass sie leicht entsorgt oder wieder verwertet werden können. Generell soll die Abfallvermeidung Priorität vor der Entsorgung haben.

Das **Recycling** wird gefördert durch:

- **Wiederholte** oder intensivere Nutzung von Produkten (Mehrwegflaschen, gemeinsame Nutzung z. B. von Autos durch mehrere Personen mit Hilfe von Miteigentums- oder Mietsystemen usw.)
- **Wiederverwertung** von Material (Glas, Metalle usw.)
- **Weiterverwendung** von Abfall (alte Autoreifen werden weiterverwendet für Bodenbeläge)

Wenn Rohstoffe **länger** im Wirtschaftskreislauf bleiben, werden Ressourcen geschont und Abfälle vermindert.

Das gestiegene ökologische Bewusstsein der Gesellschaft wirkt sich auf die Unternehmen aus. Sie stehen im **Spannungsfeld Ökonomie und Ökologie.** Einerseits möchten sie möglichst grosse Gewinne erzielen, andererseits müssen sie den ökologischen Anliegen Rechnung tragen. Das kostet zwar unter Umständen einiges, macht sich aber langfristig gesehen in der Regel bezahlt. Was können die Unternehmen tun?

Unternehmen forschen nach umweltfreundlicheren Produktionsformen, berücksichtigen die Entsorgung bereits bei der Produktentwicklung und orientieren die Öffentlichkeit in Ökobilanzen über ihre Leistungen auf diesem Gebiet.

Damit es nicht bei Einzelinitiativen von fortschrittlichen Unternehmen bleibt, greift der Staat ein, z. B. indem er eine Energiesteuer erhebt, die den Energieverbrauch senken soll. Die Einnahmen der Energiesteuer können dann zur Behebung von Umweltschäden verwendet werden.

Der Staat kann auch **Gesetze** erlassen, in denen er umweltschädliche Stoffe verbietet oder Richtwerte und Vorschriften über die Entsorgung aufstellt.

Die Idee einer ökologischen Unternehmensführung besteht darin, Produkte und Produktionsverfahren in einem viel **grösseren** Zusammenhang als bisher zu sehen, also auch ihre **langfristigen** Wirkungen einzubeziehen. Die **Folgekosten,** die Produkte für ihre Entsorgung und die Sanierung ihrer schädlichen Auswirkungen erzeugen, sollen künftig in den **Preis** für das Produkt einkalkuliert werden; der Verursacher soll dafür aufkommen. Bisher wurde die Natur gratis genutzt; die ökologischen Folgen trug die Gesellschaft, nicht der Verursacher. Aber auch diese Idee stösst auf Widerstände bei der Realisierung.

> Das **ökologische System,** die Natur, wird heute vom **ökonomischen System** übermässig genutzt und übermässig durch Abfälle und Immissionen belastet. Eine umweltverträgliche Wirtschaftstätigkeit wird damit zu einer Frage des Überlebens.
>
> In der Wirtschaft gibt es Ansätze für energie-, rohstoff- und abfallärmeres Produzieren, für Recycling und für umweltgerechtes Entsorgen.
>
> Zu den freiwilligen Leistungen werden auch staatliche Eingriffe in Form von Umweltgesetzen und Lenkungsabgaben notwendig.

8.2 Die soziale Sphäre

Man spricht auch von gesellschaftlicher Sphäre. Die Gesellschaft – das sind Menschen, Einzelne, Gruppen, die Öffentlichkeit und ihre Wünsche, Meinungen, Erwartungen sowie die dahinter stehenden **Einstellungen und Werte.**

Das gesellschaftliche Umfeld ist komplex. Es lässt sich in **drei** Hauptaspekte gliedern: **politische, kulturelle** und **soziale Aspekte**.

A Das politische Umfeld

Politik und Wirtschaft sind eng miteinander verflochten.

Jede Volkswirtschaft muss sich an die Rahmenbedingungen halten, die in der Verfassung, in Gesetzen, Verordnungen, Erlassen usw. festgelegt sind. Diese Rahmenbedingungen entstehen durch den politischen Prozess. Sie werden z. B. im Parlament diskutiert und dann in einer verbindlichen Form z. B. als Gesetze festgelegt. Wichtig ist auch die Tätigkeit der Interessenverbände, z. B. von Gewerkschaften und Arbeitgeberverbänden.

B Das kulturelle Umfeld

Die Wirtschaft ist international geworden. Daher müssen sich viele Unternehmen mit der Kultur – den Sitten, Traditionen und Wertvorstellungen – anderer Länder beschäftigen.

Aber auch die Veränderungen der Werte in der eigenen Gesellschaft müssen beobachtet werden.

Unternehmen müssen Bescheid wissen über kulturelle Wertverschiebungen, sie müssen aber auch die **gesamtgesellschaftlichen Grössen** des Umfelds kennen, in dem sie tätig sind oder tätig werden wollen:

- Die **demografische** Entwicklung – wie stark wächst eine Bevölkerung, wie gross ist der Anteil an jungen und älteren Menschen?
- Der **Bildungsstand** – welche Voraussetzungen bringen die Menschen eines Landes oder einer Region mit?
- Die **politische** und **militärische** Lage eines Landes – sind die Verhältnisse **stabil,** langfristig abschätzbar – oder nicht?

C   Das soziale Umfeld

Das kulturelle Umfeld ist der grosse gesamtgesellschaftliche Rahmen; das soziale Umfeld umfasst die mehr kurzfristigen und zum Teil sehr vielfältigen Einstellungen, Lebensstile, Denkweisen von **Einzelnen** und **Gruppen.** Sie äussern sich in dem, was diese Einzelnen oder Gruppen wünschen als Kunden, Mitarbeiter, Sparer usw. Unternehmen sind gezwungen, mit den oft raschen Veränderungen Schritt zu halten und sich auf neue Essgewohnheiten, neue Freizeitinteressen, ein wachsendes Fitnessbewusstsein, wachsende Wünsche nach Selbstverwirklichung, nach Teilzeitarbeit auch für Männer usw. einzustellen.

Die soziale Sphäre kann man in drei Gruppen gliedern:

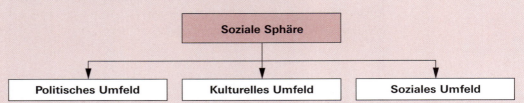

Das **politische Umfeld** wird einerseits durch die Gesetze und wirtschaftspolitischen Massnahmen des Staats geprägt, die Einfluss auf die Wirtschaft haben. Andererseits beeinflussen auch die Unternehmen die politische Meinungsbildung; oft sind ihre Manager auch in den politischen Institutionen vertreten.

Das **kulturelle Umfeld** wird durch Traditionen, Werte einer Gesellschaft und durch demografische Grössen geprägt. Sie können vom Unternehmen nicht beeinflusst werden. Das Unternehmen muss sich an ihnen orientieren.

Das **soziale Umfeld** umfasst die Einstellungen und Lebensstile von Einzelnen und von Gruppen.

8.3 Die technologische Sphäre

Ohne technischen Fortschritt hätte es keine Industrialisierung gegeben.

Unternehmen müssen die technische Entwicklung verfolgen und erfassen, welche Erkenntnisse oder Erfindungen für sie von Bedeutung sein könnten. Sie können sich dabei folgende Fragen stellen:

- Welche Techniken werden **heute** verwendet?
- Gibt es **Innovationen,** Neuentwicklungen, die vor der Einführung stehen?
- Wurden in letzter Zeit **Erfindungen** gemacht, die **ganz** neue Techniken eröffnen könnten?
- Liegen neue **naturwissenschaftliche Erkenntnisse** vor, die nächstens zu neuen Erfindungen führen werden?

Der technische Fortschritt hat uns einen grossen Wohlstand gebracht. Er schafft aber auch Probleme:

- Die Unternehmen stehen unter Innovationsdruck; sie müssen den technologischen Wandel mitmachen, um am Markt bestehen zu können.
- Es wird ständig rationalisiert; dadurch fallen Arbeitsplätze weg; es besteht die Gefahr von Arbeitslosigkeit.
- Die modernen Produktionsverfahren können auch die Umwelt belasten und Stress verursachen.

Hier kommt es darauf an, dass die Technik verantwortungsbewusst genutzt wird, d. h. mit Respekt für Werte wie die Natur, Menschlichkeit und Lebensqualität. Unternehmen setzen sich daher mehr und mehr mit ökologischen und Wertfragen auseinander. Die ökonomische, an Kosten und Produktivität orientierte Denkweise wird dadurch nicht über den Haufen geworfen – sie ist **das** Prinzip der Wirtschaftstätigkeit. Sie wird aber verändert.

> Die technische Entwicklung ermöglicht neue Produkte und neue Produktionsverfahren. Unternehmen müssen ständig Forschung betreiben und Innovationen durchführen.
>
> Der Fortschritt kann auch zu Problemen wie Umweltbelastung, Stress oder Arbeitslosigkeit führen. Unternehmen müssen die Technik verantwortungsbewusst nutzen.

8.4 Die ökonomische Sphäre

Dabei handelt es sich im Wesentlichen um die Wirtschaftlichkeit und die Produktivität des einzelnen Unternehmens. Das Unternehmen muss wirtschaftlich arbeiten, damit es sich gegenüber der Konkurrenz durchsetzen kann.

Das ökonomische Umfeld besteht aus einer **gesamtwirtschaftlichen** Einflusssphäre und einem **Nahbereich.**

A Gesamtwirtschaftliche Einflüsse

Die Wirtschaft ist ein dynamisches System. Veränderungen an einer Stelle wirken sich meist auf andere Teile oder das Ganze aus. Steigen zum Beispiel die Zinsen für Hypotheken, haben die Vermieter von Liegenschaften höhere Kosten. Die Vermieter erhöhen daher die Mieten, um ihre Mehrkosten zu decken.

Die gesamtwirtschaftliche Situation verändert sich in längeren zeitlichen Wellen. Man kann die Entwicklung anhand von bestimmten Indikatoren beobachten. Indikatoren sind Zahlen, die einen wesentlichen Einblick in wichtige Zusammenhänge geben. Aus den Indikatoren lassen sich vorsichtige Prognosen (Vorhersagen) ableiten.

Wichtige **Wirtschaftsindikatoren** sind:

- Höhe der Zinssätze
- Umfang der gesamten Güternachfrage in einem Zeitraum
- Investitionsvolumen der Unternehmen
- Wechselkurse
- Arbeitslosenrate usw.

Die Unternehmen sind abhängig von der gesamtwirtschaftlichen Entwicklung ihres Landes und der Weltwirtschaft. Sie müssen diese in ihre Planung einbeziehen. Durch die Auswertung von Wirtschaftsindikatoren können gesamtwirtschaftliche Prognosen gemacht werden.

B   Das nähere ökonomische Umfeld: Markt und Konkurrenz

Die Märkte sind das eigentliche Aktionsfeld der Unternehmen. Die Unternehmen **gestalten** ihren Auftritt auf dem Markt, ihr Angebot, ihren Kontakt mit den Kunden und Lieferanten, ihr Profil gegenüber den Mitbewerbern und der Konkurrenz. Damit ein Unternehmen die richtigen Entscheidungen treffen kann, muss es die Märkte **beobachten.**

Dabei geht es um folgende Fragen:

- Entwicklungen auf dem Waren-, Dienstleistungs-, Arbeits-, Kapital- oder Rohstoffmarkt
- Eventuelle neue Anbieter auf den eigenen Märkten oder Konzentrationstendenzen
- Eventuelle neue Produkte aufgrund der technischen Entwicklung
- Grösse des eigenen Marktanteils
- Preisentwicklung auf den Absatz- und Beschaffungsmärkten
- Kunden und Konkurrenz; Marktpotenziale, Bedürfnisse der Kunden etc.

Das Umfeld der Unternehmen verändert sich heute deutlich rascher und die Veränderungen in kurzen Zeitabschnitten sind tief greifender als früher. Jedes Unternehmen muss sich ständig mit neuen Chancen und Gefahren auseinander setzen. Früher waren die Unternehmen und Märkte viel stabiler und voraussehbarer. Man produzierte und bot die Ware an; die Kunden kauften, was da war.

Der heutige Konkurrenzkampf im wirtschaftlichen Umfeld der Unternehmen hängt auch mit der steigenden Dynamik, den unterschiedlichen Ansprüchen der Konsumenten und den wechselnden Trends und Modeerscheinungen zusammen. Die Gunst der Kunden zu erhalten und diese auch über längere Zeit zu halten, stellt zusätzliche Anforderungen an das Management und die Unternehmen.

Die Unternehmen sind im Markt tätig. Sie müssen die Märkte immer beobachten. Ihr Erfolg hängt davon ab, wie gut sie mit ihrem Angebot die Wünsche der Kunden erfüllen und sich von der Konkurrenz abheben.

8.5 Die rechtliche Sphäre

Die rechtliche Sphäre hat einen direkten Einfluss auf die Unternehmen und ihre Politik. Sie wird auch als normativer Bereich bezeichnet und umfasst die **Gesetze oder die Verordnungen** des Staates wie zum Beispiel das Arbeitsgesetz, das die Rahmenbedingungen für die Unternehmen und ihre Mitarbeiter schafft. Zu diesen Rahmenbedingungen kommt in der zweiten Ebene auch der Einfluss der Gesamtarbeitsverträge, die mit den Wirtschaftsverbänden und den Mitarbeitervertretern ausgearbeitet wurden. Das Arbeitsverhältnis der Mitarbeiter wird im Arbeitsvertrag geregelt, der auf dem Obligationenrecht beruht.

Ein weiteres Beispiel sind die Steuergesetze. Die Steuern in den einzelnen Kantonen können sehr unterschiedlich sein und spielen bei der Wahl des Standorts des Unternehmens eine wichtige Rolle.

Auch die Beziehungen zu den Wirtschaftspartnern oder zu Mitarbeitern (Aufenthalter, Saisoniers) aus dem Ausland können Einfluss auf den rechtlichen Bereich des Unternehmens haben.

Auch **Regelungen innerhalb des Unternehmens** wie zum Beispiel die Unternehmensverfassung, die Statuten einer Aktiengesellschaft oder interne Weisungen bestimmen die rechtliche Sphäre.

Die rechtliche Sphäre nimmt an Bedeutung zu, weil immer mehr Gesetze und Vorschriften erlassen werden und die Unternehmen beeinflussen. Es gibt zum Beispiel viele Vorschriften über die Entsorgung oder den Energieverbrauch, an denen sich das Unternehmen orientieren muss.

> Die rechtliche Sphäre wird von Gesetzen und Vorschriften geprägt, die das Unternehmen beeinflussen. Es können staatliche, internationale oder betriebliche Vorschriften sein.

Repetitionsfragen

17

Was ist Recycling? Löst es unsere ökologischen Probleme?

22

Was könnten Sie als Konsument zur Abfallverminderung und Ressourcenschonung beitragen?

27

Welchen Umweltsphären ordnen Sie die folgenden Phänomene zu?

A] Die Nachfrage nach Luxusgütern ist in den letzten Jahren gestiegen.

B] Seitdem es Antihaftbeläge in Pfannen gibt, werden kaum noch andere Pfannen gekauft.

C] Eine steigende Zahl von Konsumenten wünscht Kleider aus Naturfasern.

D] Mehr Arbeitnehmer als früher möchten Teilzeit arbeiten.

9 Die wichtigsten Anspruchsgruppen im Unternehmensumfeld

Man kann sich bei der Betrachtung des Unternehmensumfelds auch auf wichtige Personengruppen konzentrieren statt auf Sphären, mit denen das Unternehmen in Kontakt steht.

Bei den Unternehmen und diesen Gruppen gibt es Ansprüche und Erwartungen, die zu einem Ausgleich gebracht werden müssen. Man spricht daher auch von Anspruchsgruppen (englisch: Stakeholders).

[9-1] Die Anspruchsgruppen des Unternehmens

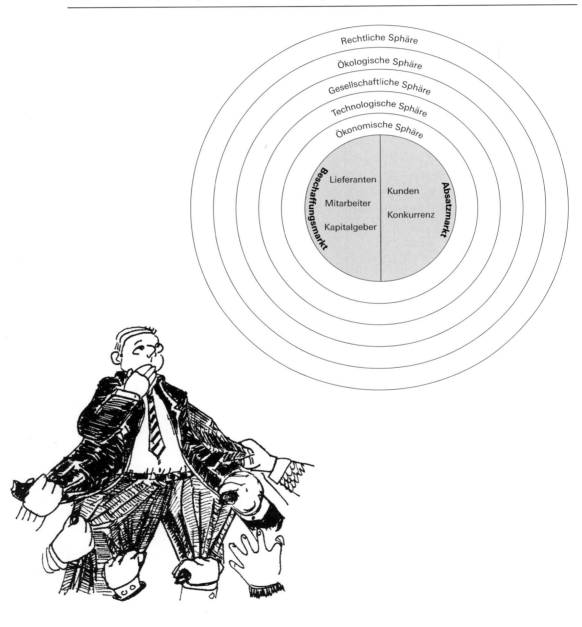

9.1 Die Lieferanten

Die Lieferanten sind an guten Kontakten mit dem Unternehmen interessiert – sie leben ja davon, dass sie ihre Güter verkaufen können. Regelmässige Bestellungen und pünktliche Zahlungen sind weitere Ansprüche, die die Lieferanten an das Unternehmen stellen. Die Zusammenarbeit zwischen den Unternehmen und den Lieferanten ist in den vergangenen Jahren enger geworden. Die Unternehmen arbeiten mit den Lieferanten im Bereich der Forschung und Entwicklung eng zusammen. Beide können dadurch profitieren: Der Lieferant ist sicher, die dem Unternehmen angepasste Leistung zu erbringen, das Unternehmen kann sich auf das Know-how des Lieferanten verlassen und davon profitieren.

Für das Unternehmen stehen bei der Auswahl der Lieferanten vor allem Preise, Qualität, Verlässlichkeit, Pünktlichkeit beim Einhalten der Liefertermine, Flexibilität, Service und grosszügige Garantieleistungen im Vordergrund.

> Die Lieferanten sind eine wichtige Anspruchsgruppe des Unternehmens. Sie erwarten vom Unternehmen regelmässige Bestellungen und eine gute Zahlungsmoral.

9.2 Die Mitarbeiter

Zu Beginn der Industrialisierung setzte man die menschliche Arbeitskraft ein wie eine Maschine. Schon bald musste man erkennen, wie wichtig auch die Berücksichtigung der sozialen Bedürfnisse ist; das Management wurde menschlicher. Auch die Gewerkschaften setzten sich für ein stärkeres Zusammengehen von Unternehmern und Mitarbeitern ein.

Heute weiss jeder Unternehmer, dass hoch motivierte Mitarbeiter sein wichtigstes Kapital sind. Unternehmen investieren daher ein hohes Mass an Mitteln und Energie in die Auswahl, Qualifizierung und Führung ihrer Mitarbeiter und versuchen, die Ziele der Mitarbeiter mit denen des Unternehmens in Übereinstimmung zu bringen.

Der Mitarbeiter hat sich von der abhängigen, gering geschätzten Arbeitskraft zu einem selbstbewussten und hoch geschätzten Arbeitspartner gewandelt. Seine Einstellung zur Arbeit hat sich grundlegend verändert: Er hat neben der Arbeit wichtige eigene Interessen und wünscht sich vor allem Freude an der Arbeit sowie ein hohes Mass an Selbstbestimmung z. B. in der Gestaltung der Arbeitszeit, ausserdem eine gute Bezahlung und Sicherheit des Arbeitsplatzes. In den Beziehungen zu den Mitarbeitern müssen Unternehmen also ebenso sehr auf hohe Arbeitszufriedenheit wie auf hohe Leistungsfähigkeit achten.

Der moderne Mitarbeiter interessiert sich nicht nur für sein persönliches Arbeitsverhältnis, sondern auch für die Produkte und Produktionsmethoden des Unternehmens. Umweltverträglichkeit, ethische Gesichtspunkte, der soziale Wert der Unternehmenstätigkeit und die soziale Einstellung des Unternehmens haben einen wachsenden Stellenwert.

> Die Mitarbeiter haben sich zu selbständigen, selbstbewussten Arbeitspartnern entwickelt. Neben der Existenzsicherung durch einen guten Lohn und gute Sozialleistungen legen die Mitarbeiter auch Wert auf das Arbeitsklima, auf kooperative Führung und eine soziale, ethische und umweltverträgliche Unternehmenspolitik.

9.3 Die Kapitalgeber

Unternehmen können erst tätig werden, wenn sie über Geldmittel verfügen. Die Mittel stammen von Kapitalgebern (Investoren, Banken, Aktionären, Eigentümern), die entweder am Unternehmen als Gesellschafter beteiligt sind oder sich als Aussenstehende nur finanziell daran beteiligen, z. B. Banken durch Kredite. Die aussen stehenden Kapitalgeber bekommen **Zins** für das zur Verfügung gestellte Geld.

Die internen Beteiligten erwarten vom Unternehmen **Gewinnanteile** (Dividenden) und ein Mitspracherecht bei wichtigen Entscheidungen.

Unternehmen können Kapital von am Unternehmen als Gesellschafter Beteiligten wie Eigentümern, Aktionären erhalten oder von Aussenstehenden wie z. B. den Banken. Aussen stehende Kapitalgeber erhalten vom Unternehmen Zinsen, von intern Beteiligten Gewinnanteile.

9.4 Die Kunden

Die **Kunden** sind die wichtigste Anspruchsgruppe von Unternehmen. Sie erwarten Produkte, die auf ihre Bedürfnisse abgestimmt sind, und einen guten Kundendienst. Die Kunden wollen sich mit den Herstellern von Produkten identifizieren können, sie interessieren sich daher mehr und mehr auch für die Art der Produktion, für Entsorgungsfragen usw. Soziale Massnahmen und solche zum Schutz der Umwelt führen meist zu höheren Preisen. Durch sein Kaufverhalten ermöglicht der Kunde die Durchführung solcher Massnahmen.

Die **Kunden** erwarten Produkte, die auf ihre Bedürfnisse abgestimmt sind, und interessieren sich mehr und mehr auch für die Art der Produktion und die Philosophie der Produzenten.

9.5 Die Konkurrenz

Auf den Absatzmärkten umwerben verschiedene Anbieter die Kunden mit oft sehr ähnlichen Produkten. Unsere Märkte sind gesättigt mit hoch stehenden und kundenorientierten Gütern, die Konkurrenz ist gross. Das bedeutet zugleich, dass man sich von der Konkurrenz durch besondere Leistungen oder ein Image abhebt, das Goodwill schafft z. B. durch eine ökologisch orientierte Unternehmensphilosophie oder durch besondere «Menschlichkeit» oder besondere Originalität.

Die Konkurrenz erwartet vom Unternehmen eine faire Zusammenarbeit bei Problemen innerhalb der gleichen Branche.

Jedes Unternehmen ist in den heute übersättigten Märkten gezwungen, sich von der **Konkurrenz** durch besondere Leistungen und ein besonderes Image abzuheben. Die Konkurrenten erwarten vom Unternehmen eine faire Zusammenarbeit.

9.6 Institutionen im weiteren Umfeld des Unternehmens

A Der Staat

Er erlässt **Gesetze,** erhebt **Steuern,** greift **wirtschaftspolitisch lenkend** ein und nimmt so Einfluss auf die Unternehmen. Ausserdem tritt er als **Anbieter** von öffentlichen Gütern (Strassen, Krankenhäusern usw.) und Dienstleistungen (Post, Schulen usw.) sowie auch als **Käufer** auf den Märkten auf, wo er in Konkurrenz mit den privaten Unternehmen treten kann. Der Staat unterstützt einzelne Bereiche mit seiner Subventionierungspolitik. Er erwartet vom Unternehmen das Befolgen der Gesetze und die Bezahlung der Steuern.

B Die Arbeitgeber- und Mitarbeiterorganisationen (Sozialpartner)

Sie sorgen für den kollektiven Ausgleich von Mitarbeiter- und Arbeitgeberinteressen und die Erhaltung des Arbeitsfriedens. Im Zentrum stehen Lohnverhandlungen und die Festlegung von Gesamtarbeits-/Tarifverträgen. Weitere Themen sind die Arbeitsplatzgestaltung, Arbeitszeitregelungen, die Gleichbehandlung von Mann und Frau am Arbeitsplatz und die Humanisierung der Arbeit. Die Arbeitgeberorganisationen vertreten die Interessen der Unternehmerseite, die Mitarbeiterorganisationen oder Gewerkschaften die der lohnabhängigen Mitarbeiter.

C Die Medien (Presse, Radio, Fernsehen)

Sie prägen die Meinung der Öffentlichkeit entscheidend und können dadurch Veränderungen im Kaufverhalten, in den Erwartungen der Mitarbeiter, in den gesellschaftlichen und sozialen Einstellungen usw. auslösen.

D Die Bildungseinrichtungen (Hochschulen, Fachhochschulen und Berufsschulen)

Der Bildungsstand eines Landes ist für die Unternehmen von zentraler Bedeutung. Gut ausgebildete Arbeitskräfte sind eine Voraussetzung für hoch stehende Produkte und Leistungen. Je besser der Bildungsstand, desto leichter ist es für Unternehmen auch, ihre Mitarbeiter gezielt weiter zu qualifizieren. Die höheren technischen Lehranstalten sind zudem Stätten der Technologieentwicklung; viele Projekte werden in Kooperation mit Unternehmen realisiert, so dass hier zahlreiche Wechselwirkungen im Gang sind, die von den Unternehmen mitgestaltet werden können, die aber auch auf sie zurückwirken. Die Bildung ist entscheidend für den Fortschritt und die Zukunft eines Landes und einer Volkswirtschaft.

E Die Interessengruppen

Typische Interessengruppen sind die **Verbände.** Der Wirteverband nimmt die Interessen des Gastgewerbes wahr, der Industrieverband die der Industriebranche usw. Sie beeinflussen u. a. die politische Meinungsbildung. Die politischen **Parteien** dagegen sind Institutionen des politischen Lebens; sie wirken im Parlament am Gesetzgebungsprozess mit. Die Parteien vertreten Programme, z. B. wirtschaftsfreundliche oder sozial orientierte, die umfassende Konzepte für das gesellschaftliche Zusammenleben sind und über Einzel- oder Gruppeninteressen hinausgehen. In den Parteien wirken Interessenvertreter aber vielfach aktiv mit. Daneben gibt es viele **kleinere Gruppen,** die sich für bestimmte **Interessen** einsetzen: für die Konsumenten, für ökologische Anliegen (WWF), für die Frauen usw., und Initiativgruppen, die sich spontan bilden z. B. zur Reinerhaltung eines Gewässers, gegen den Bau einer Industrieanlage.

F Kirchen, Vereine

Diese Anspruchsgruppen üben einen Einfluss im kulturellen und im moralischen Bereich auf das Unternehmen aus. Sie können sich zum Beispiel gegen bestimmte Verfahren wie die Gentechnologie einsetzen.

Vereine sind Zusammenschlüsse von Personen, die ein gemeinsames Ziel verfolgen, z. B. die Förderung von Sportarten, Frauenvereine etc.

G Das Ausland

Dem Ausland, einerseits als Konkurrent, andererseits als Massstab der wirtschaftlichen Betrachtung, kommt immer mehr Bedeutung zu. Die internationale Verflechtung, die unterschiedlichen Gehalts- und Kostenstrukturen bilden einen für die Unternehmen wesentlichen Einflussfaktor.

> Auch Institutionen im weiteren Umfeld des Unternehmens haben Ansprüche an das Unternehmen. Es gibt folgende:
>
> - Den Staat
> - Die Arbeitgeber- und Mitarbeiterorganisationen
> - Die Medien
> - Die Bildungseinrichtungen
> - Interessengruppen
> - Kirchen und Vereine
> - Das Ausland

9.7 Zielkonflikte zwischen den Anspruchsgruppen

Es lassen sich nicht immer alle Ziele gleichzeitig erreichen. Oft verunmöglicht die Verwirklichung eines Ziels die Verwirklichung eines anderen.

Beispiele
- Wendet man in der Produktion der Güter zum Beispiel umweltschonende Verfahren an, steigen die Kosten. Das Unternehmen wird einen Teil der höheren Kosten auf die Preise überwälzen. Der Wunsch des Kunden nach umweltschonenden Verfahren führt also zu höheren Preisen und verunmöglicht seinen Wunsch nach billigen Produkten.
- Die Mitarbeiter erwarten vom Unternehmen hohe Löhne und gute Sozialleistungen. Solche Zahlungen schmälern den Gewinn. Die Kapitalgeber sind andererseits an hohen Gewinnen interessiert.

> Die unterschiedlichen Ziele der verschiedenen Anspruchsgruppen lassen sich nicht immer gleichzeitig erreichen. Oft entstehen daher Zielkonflikte.

Repetitionsfragen

32

Nennen Sie 4 Anspruchsgruppen, die für ein Fabrikationsunternehmen wichtig sind, und begründen Sie Ihre Wahl.

Anspruchsgruppe	Begründung
Lieferanten	Rohstoffe liefern
Mitarbeit	Maschinen bedienen
Kund	Der das Produkt kauft (Konsument)
Konkurrenz	Anregung um noch bessere Produkte zu produzieren

37

Ordnen Sie die in der Tabelle aufgeführten Forderungen einer der folgenden Anspruchsgruppen zu:

A] Lieferanten

B] Mitarbeiter

C] Kapitalgeber

D] Kunden

E] Konkurrenz

F] Institutionen

Forderungen der Anspruchsgruppe	Anspruchsgruppe
Eine grosse Auswahl an Produkten	Kunden
Einhaltung der Gesetze	Institution
Gute Sozialleistungen	Mitarbeiter
Faire Zusammenarbeit bei gemeinsamen Problemen	Konkurrenz
Hohe Gewinne	Kapitalgeber
Regelmässige Bestellungen	Lieferanten

10 Die Funktionsbereiche des Unternehmens

Das Unternehmen ist eine zentrale Grösse des Wirtschaftssystems. Es erstellt Güter und Dienstleistungen und befriedigt damit menschliche Bedürfnisse. Es besteht aus folgenden Teilen:

- **Rechnungswesen:** Es erfasst alle Transaktionen des Unternehmens mit Dritten (z. B. Materialeinkäufe, Lohnzahlungen) und auch alle betrieblichen Abläufe (z. B. in der Produktion) in Form von Zahlen. Die Zahlen lassen sich Geldwerten zuordnen, mit denen der Geschäftserfolg, die Leistungsfähigkeit des Unternehmens usw. messbar werden.
- **Personal, Führung, Organisation:** die Pflege und Betreuung der Mitarbeiter und die Zuordnung von Menschen zu Aufgaben
- **Materialwirtschaft und Produktion:** Produktion ist Materialtransformation; vor der Produktion kommt immer die Materialbeschaffung und -bewirtschaftung.
- **Absatz und Marketing:** Verkauf der Produkte und Bearbeitung der Märkte
- **Unternehmensführung:** die Gesamtleitung und Entwicklung des Unternehmens

In der BWL nennt man diese Elemente **betriebliche Funktionen.**

10.1 Finanzierung, Investition, Rechnungswesen

Wenn man das Thema auf einen ganz einfachen Nenner bringen will, kann man sagen, es geht um das Geld (bzw. die in Geldwert ausdrückbaren Güter), das **im** Unternehmen sowie **zwischen** dem Unternehmen und Dritten fliesst. Der Funktionsbereich Finanzen ist dafür zuständig, diese Geld- und Güterflüsse zu erfassen und zu überwachen. Er soll jederzeit den vollen Überblick über die vorhandenen Mittel, über Schulden und Vermögen des Unternehmens haben.

Der Finanzbereich versorgt sämtliche Stellen im Unternehmen, vor allem aber die Unternehmensleitung, mit Daten. Ohne diese sind fundierte Planungs- und Führungsentscheidungen nicht denkbar.

10.1.1 Finanzierung

Die **Beschaffung** des nötigen Kapitals heisst **Finanzierung**.

Im Zusammenhang mit der Finanzierung stellen sich folgende grundlegende Fragen:

- Wie viel Kapital braucht das Unternehmen für welchen Zeitraum?
- Woher kommt das Kapital? Wird es vom Unternehmen selber erwirtschaftet oder kommt es von aussen?
- Welche Rechtsstellung haben die Kapitalgeber (Eigen- oder Fremdkapitalgeber)?
- Für welchen Zweck (Expansion, Rationalisierung, Diversifikation) wird das Kapital beschafft?

Unternehmen haben nach der **Rechtsstellung** der Kapitalgeber zwei Möglichkeiten, Kapital zu beschaffen:

[10-1]   Finanzierungsarten

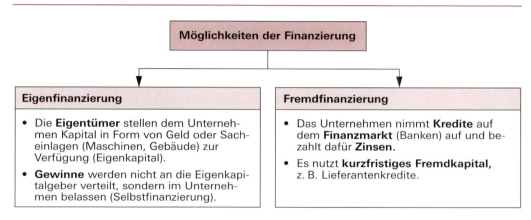

Die **Aufgabe** der Finanzierung besteht aber nicht nur darin, das Unternehmen mit dem nötigen Kapital zu versorgen; sie wacht auch über das **finanzielle Gleichgewicht;** ein Unternehmen muss jederzeit zahlungsfähig sein, d. h. seinen Verpflichtungen nachkommen, und sollte Polster haben, um mögliche Verluste durch Eigenkapital auffangen zu können.

10.1.2   Investition

Das **Investieren** ist eng mit der Finanzierung verknüpft. **Finanzieren** ist **Mittelbeschaffung**, **Investieren** ist **Einsatz dieser Mittel.** Konkret bedeutet Investieren, das Unternehmen so mit Vermögenswerten (Gebäuden, Maschinen, Labors, Fahrzeugen, Materialvorräten usw.) auszustatten, dass es optimal arbeiten kann. Investitionsentscheidungen haben eine weit reichende Bedeutung, sie sollen tragbar und rentabel sein.

10.1.3   Rechnungswesen (RW)

Das RW hat **zwei** Grundaufgaben: Es dokumentiert die finanziellen Transaktionen des Unternehmens und es ist **Planungs-, Führungs- und Kontrollinstrument.**

A Die Dokumentationsaufgabe des RW

Das Rechnungswesen erfasst sämtliche finanziellen Transaktionen (Einnahmen und Ausgaben) des Unternehmens und wertet dieses Datenmaterial in Form einer **Bilanz,** einer **Erfolgsrechnung** und einer **Kapitalflussrechnung** aus.

Die Bilanz wird auf einen bestimmten Zeit**punkt** erstellt (Bilanz per 31. Dezember JJJJ), die Erfolgs- und Kapitalflussrechnung für eine bestimmte Zeit**dauer** (Erfolgsrechnung vom 1. Januar JJJJ bis 31. Dezember JJJJ). Die **Bilanz** zeigt die **Bestände** an Vermögen sowie Eigen- und Fremdkapital (z. B. Schulden bei Lieferanten, Guthaben bei Kunden).

Die **Erfolgsrechnung** weist aus, welche **Aufwendungen** für die Geschäftstätigkeit entstanden sind (z. B. Ausgaben für Löhne, Materialeinkauf, Abnützung von Maschinen) und wo **Erträge** erwirtschaftet wurden (z. B. Einnahmen aus dem Verkauf von Produkten). Die Differenz zwischen Aufwand und Ertrag ergibt den **Erfolg** (Gewinn oder Verlust) einer Geschäftsperiode.

Die **Kapitalflussrechnung** zeigt, wie sich die Bestände im Lauf einer Periode **verändert** haben (woher die Finanzen kommen – aus Verkäufen, Krediten usw.) und wohin sie flossen (in Investitionen, Schuldenrückzahlungen usw.). Diese drei Rechnungen sind vor allem für den **Auftritt** des Unternehmens gegenüber der Öffentlichkeit wichtig.

B Das RW als Führungsinstrument

Das RW erfasst nicht nur Einnahmen, Ausgaben und Bestände, sondern das ganze Unternehmen in Form von Zahlen, d. h., es erarbeitet Messwerte, die exakt Einblick in das betriebliche Geschehen geben und zeigen, wie dieses Geschehen in ökonomischer Weise zu steuern ist (Führungsinstrument). Zu diesem Zweck wird das Datenmaterial der Finanzbuchhaltung erweitert und in speziellen Rechnungen weiterverarbeitet. So wird der ganze **Betrieb,** d. h. die gesamte Leistungserstellung, mit Hilfe von Zahlen erfasst. Es werden Zukunftsschätzungen gemacht **(Planungsrechnung)** und **Kennzahlen** berechnet, mit denen sich Schwachstellen aufdecken, Kontrollen und andere wichtige Spezialrechnungen durchführen lassen.

Zuständig für **diese** Rechnungen sind: das **betriebliche Rechnungswesen** (auch Betriebsbuchhaltung oder Kostenrechnung) samt **Kalkulation,** die **Planungsrechnung** und die **Statistik.**

Ein gut ausgebautes RW gibt auf alle wichtigen unternehmerischen Fragen in Form von Zahlen Auskunft:

- Wie gesund ist das Unternehmen, wie stark ist seine Ertragskraft, wie gut seine Zahlungsfähigkeit?
- Welche Kosten verursachen bestimmte Produkte/Dienstleistungen, welche Erträge bringen sie?
- Sind die Verkaufspreise realistisch kalkuliert?
- Wie dürften Kosten und Nutzen eines neuen Projekts sein?
- Ist es sinnvoll, bestimmte Leistungen (z. B. EDV-Anwendungen) selbst zu erbringen, oder wäre es besser, sie an Dritte zu delegieren (Outsourcing) usw.?
- Lässt sich die Anschaffung einer vollautomatisierten Fertigungsstrasse betriebswirtschaftlich verantworten?

Der Finanzbereich des Unternehmens lässt sich in drei Unterbereiche gliedern:

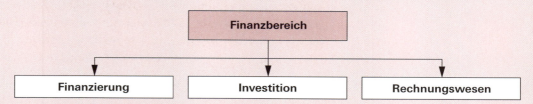

Die **Finanzierung** ist die Beschaffung des notwendigen Kapitals. Dabei kann das Unternehmen das Kapital durch Eigen- oder Fremdfinanzierung oder durch Aussen- oder Innenfinanzierung beschaffen.

Unter **Investition** versteht man den Einsatz der Mittel.

Das **Rechnungswesen** hat zwei Hauptaufgaben: Es dokumentiert die finanziellen Tätigkeiten des Unternehmens und es ist ein Führungsinstrument.

10.2 Personalwesen

Die Mitarbeiter (das Humanpotenzial oder die Humanressourcen) sind die wichtigste Ressource des Unternehmens, denn hoch motivierte und qualifizierte Mitarbeiter sind ein Wettbewerbsvorteil, der nicht ohne weiteres nachgemacht werden kann.

Zu den Aufgaben gehören die **Planung, Suche, Auswahl, Anstellung und Einführung** neuer Mitarbeiter, die **Betreuung, Weiterbildung und Entwicklung** des bestehenden Mitarbeiterstamms sowie **Versetzungen, Beförderungen, Pensionierungen** und **Entlassungen.** Die Personalaufgaben lassen sich in fünf Punkten zusammenfassen: Personalbedarfsermittlung, Personalbeschaffung, Personalentwicklung, Personalerhaltung und Personalfreistellung.

Ausserdem erarbeitet das Personalwesen **umfassende Instrumente** für die **Leistungsbeurteilung,** für eine systematische **Weiterbildung** und **Personalentwicklung,** für die **Personalführung,** die **Lohnfindung, Arbeitszeitregelungen,** eine motivierende **Sozialpolitik** usw. Und es ist, in enger Zusammenarbeit mit der Unternehmensleitung, auch wesentlich verantwortlich für die **Unternehmenskultur** und damit für die Sinnvermittlung, die Identifikation der Mitarbeiter mit ihrer Arbeit und ihre Bindung an das Unternehmen.

Die **übergeordneten** Ziele einer modernen Personalwirtschaft sind:

- hohe **Arbeitszufriedenheit** der Mitarbeiter bei
- hoher **Leistungsfähigkeit** und
- **Sicherung** der Arbeitsplätze.

Die Mitarbeiter sind die wichtigste Ressource des Unternehmens. Das Personalwesen sorgt dafür, dass genügend Mitarbeiter mit den benötigten Qualifikationen zur Verfügung stehen und dass die Mitarbeiter so weitergebildet, gefördert und geführt werden, dass sie mit hoher Motivation tätig sind.

10.3 Organisation

Die Organisation gliedert das Unternehmen in Aufgaben und Stellen, die bestimmte Aufgaben zu erledigen haben; sie legt Tätigkeitsabläufe, Über- und Unterstellungen, Kompetenzen, Verantwortlichkeiten, Dienst- und Informationswege fest. Sie gliedert damit das Unternehmensganze in überschaubare und funktionsfähige Einheiten.

Es gibt zwei Arten der Organisation: die Aufbau- und die Ablauforganisation.

Die **Aufbauorganisation** legt die Struktur der Tätigkeiten fest, die **Ablauforganisation** sorgt für den reibungslosen Ablauf der Tätigkeiten.

Es gibt unterschiedliche Formen der Organisation wie zum Beispiel Einlinien- oder Mehrlinienorganisation. Sie werden in **Organigrammen** grafisch dargestellt.

Wir kommen im Teil C dieses Buchs nochmals ausführlich auf das Thema Organisation zurück.

> Die Organisation schafft eine Struktur von Aufgaben und regelt Tätigkeitsabläufe so, dass eine optimale Koordination in der Zusammenarbeit von Menschen und Stellen im Unternehmen möglich wird.

10.4 Materialwirtschaft und Produktion

A Materialwirtschaft

Die Aufgaben der Materialwirtschaft sind: das **Beschaffen** (Einkauf), **Lagern, Verteilen** (interne Transporte von den Lagern zu den Orten der Produktion) aller benötigten Materialien und Bauteile und das **Entsorgen** von Abfällen.

[10-2]   Die Aufgaben der Materialwirtschaft

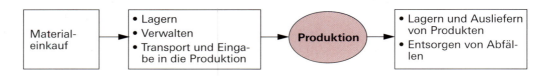

Der Einkauf erfolgt über die Beschaffungsmärkte; im Zentrum steht der Kontakt mit den Lieferanten – es werden Preise, Liefertermine, Zahlungsmodalitäten usw. ausgehandelt.

In grösseren Unternehmen sind oft tausende von Materialtypen und Materialteilen (Schrauben, elektronische Bauteile usw.) zu bewirtschaften. Die Optimierung des Einkaufs und der Lagerhaltung ist hier eine besondere betriebswirtschaftliche Aufgabe, denn Lager sollen nicht zu gross sein, da sie Geld binden. Sie dürfen aber auch nicht zu klein sein, weil die Produktion auf lückenlosen Materialnachschub angewiesen ist.

> Die Materialwirtschaft stellt die für die Produktion benötigten Materialien und Bauteile in der richtigen Menge und Qualität, zur richtigen Zeit und am richtigen Ort bereit.
>
> Dabei muss sie Beschaffungs-, Lager-, Transport-, Verteilungs- und Entsorgungsaufgaben lösen.

B Produktion (Transformation)

In der Produktion werden die verschiedensten Materialien be- und verarbeitet, werden Bauteile montiert – hier entstehen die Produkte, die das Unternehmen anbietet. Unter Transformation versteht man die Umformung von Produkten oder Dienstleistungen.

Der Funktionsbereich Produktion hat in den produzierenden Unternehmen eine grosse Bedeutung, weil die Investitionen für Produktionsanlagen heute mit **sehr hohen Kosten** verbunden sind.

Wirtschaftlichkeit ist dabei ein zentrales Ziel und bedingt eine sehr gute Planung und Optimierung der eingesetzten Mittel: so wenig Abfälle und Ausschuss wie möglich, hohe Auslastung von Maschinen, Hotelbetten usw., eine optimale Abstimmung von Arbeitskräften und Betriebsmitteln. Zugleich muss die Produktion **flexibel** sein, damit sie sich den Märkten anpassen kann.

> Die Aufgabe der Produktion ist die Herstellung der Güter in der nötigen Qualität und Menge, zu den festgelegten Terminen. Die Produktion muss wirtschaftlich sein und systematisch geplant und gesteuert werden.

10.5 Absatz und Marketing

Der Erfolg eines Unternehmens hängt davon ab, wie genau es auf die **Bedürfnisse seiner Kunden** eingehen kann.

Marketing ist eine Grundhaltung, die den **Kunden** in den **Mittelpunkt** stellt und **sämtliche** Anstrengungen des Unternehmens auf ihn ausrichtet, auch die Entwicklung von neuen Produkten, die Organisation des Unternehmens, die Schulung der Mitarbeiter, ihre Führung usw.

Die Bedürfnisse der Kunden werden in einer Marktanalyse erhoben. Jedes Unternehmen muss besondere Fähigkeiten aufbauen, mit denen es sich gegenüber den Kunden und der Konkurrenz profilieren kann. Aufgrund der Kundenbedürfnisse und der eigenen Fähigkeiten wird die Marketingstrategie erstellt. Sie legt fest, wie das Unternehmen im Markt vorgehen wird. Aus der Marketingstrategie lässt sich der optimale Marketing-Mix ableiten. Darunter versteht man den marktgerechten Einsatz der Marketinginstrumente.

Die folgende Aufstellung gibt eine Übersicht über die Marketinginstrumente:

[10-3]   Übersicht über die Marketinginstrumente

Produkt- und Sortimentspolitik	Preis- und Konditionenpolitik	Verteilungs- und Absatzpolitik (Distribution)	Kommunikations- und Informationspolitik
Was wird angeboten?	Zu welchem **Preis** wird das Produkt angeboten?	**Wo** und über welche **Kanäle** wird angeboten?	**Wie** wird der Kunde informiert und überzeugt?
Qualität, Eigenschaften eines Produkts, Erscheinung, Styling Verpackung Name (Marke) Garantie- und Serviceleistungen usw.	Preishöhe Preisdifferenzierung Rabattregelungen Zahlungs-, Liefer- und Kreditbedingungen usw.	Direktverkauf an die Kunden oder indirekt via Handel Verteildichte, Standorte Transport Lagerbestände usw.	Werbemassnahmen Öffentlichkeitsarbeit (Public Relations PR) Persönlicher Verkauf Verkaufsförderung usw.

Die Aufgabe von Absatz/Marketing ist die Vermarktung der produzierten Güter und Dienstleistungen durch den Einsatz der vier klassischen Marketinginstrumente:

- Produktpolitik
- Preispolitik
- Distributionspolitik
- Kommunikationspolitik

Diese Instrumente werden im Marketing-Mix aufeinander abgestimmt.

10.6   Unternehmensführung

Sie ist den besprochenen Funktionen **übergeordnet** und verantwortlich für die Gesamtkoordination und -steuerung des Unternehmens. Die Unternehmensführung hat **zwei** grundlegende Aufgaben:

- Sie bestimmt die längerfristigen **Unternehmensziele.**
- Sie **koordiniert** die einzelnen Funktionsbereiche auf diese Ziele hin.

Heute müssen die Unternehmen ihre Ziele auch auf die Ansprüche ihres Umfelds (soziale, ökologische Ziele usw.) abstimmen. Häufig gibt es Zielkonflikte, die nicht immer einfach zu lösen sind. Diese grundlegenden Entscheidungen sind Sache des obersten Managements. Hat man sich auf Ziele und Werte geeinigt, werden sie in einer **Unternehmenspolitik** formuliert. Mit ihr ist die **grundsätzliche** Marschrichtung festgelegt. Die für Dritte (Mitarbeiter, Lieferanten usw.) wichtigen Informationen werden im **Leitbild** publiziert.

Damit die Unternehmenspolitik praktisch umgesetzt werden kann, ist sie in Form einer **Unternehmensstrategie** zu konkretisieren. Daraus sollen die Prioritäten und künftigen Tätigkeitsschwerpunkte des Unternehmens klar hervorgehen. Ausgangspunkt für die Konkretisierung ist eine **Analyse** des Unternehmens (der eigenen Stärken und Schwächen) und seines Umfelds. Die Unternehmensstrategie zeigt, wie zu handeln ist **(Massnahmen)** und wie die verfügbaren **Mittel** einzusetzen sind.

Auf einer nächsten Konkretisierungsstufe werden daraus **Vorgaben** in Form von Zahlen (über Gewinne, Umsätze usw.) für jeden Unternehmensbereich abgeleitet (für Produktion, Verkauf usw.).

Die Unternehmensleitung plant Strategien nicht nur, sie **überwacht** auch deren Umsetzung und sie greift korrigierend ein, wo dies nötig ist.

Zu den übergeordneten Aufgaben der Unternehmensleitung gehören auch **Richtlinien** für die **Personalführung** und die **Organisation**.

Unternehmensführung ist die Gesamtleitung eines Unternehmens und umfasst:

- die Ausrichtung des Unternehmens auf gemeinsame Ziele und Werte, die in einer Unternehmenspolitik und einem Leitbild formuliert und in einer Unternehmensstrategie konkretisiert werden,
- die Koordination der verschiedenen Unternehmensbereiche und
- die laufende Kontrolle der Zielerreichung.

10.6.1 Unternehmenspolitik

Jedes Unternehmen muss für sich selbst und für seine Partner Klarheit darüber schaffen, welchen Auftrag es in seinem Umfeld erfüllen will und wie es sich zu den verschiedenen Anspruchsgruppen stellt.

Die Entwicklung einer Unternehmenspolitik ist ein **kreativer** Prozess, der sich auf **Analysen** und **Informationen** stützt, nämlich auf eine Analyse

- des **Unternehmens** (seines Zustandes und seiner Möglichkeiten),
- des **Umfelds** (aktuelle Verhältnisse und künftige Entwicklungen) und
- der gewachsenen Unternehmenskultur **(Werte)**.

Eine erfolgreiche Unternehmenspolitik führt das Unternehmen in eine erfolgreiche Zukunft. Dies setzt voraus, dass man die Ausgangslage genau kennt und eine Vorstellung (Vision) von der Zukunft hat.

Wir bringen einige Beispiele für Visionen:

«Wir wollen in der Schweiz Marktführer für Trockenfrüchte werden.»

«Wir garantieren, weltweit Ersatzteile für unsere Maschinen innerhalb von 24 Stunden zu liefern.»

Oder etwas ausführlicher die Vision des Elektrounternehmens Landis&Gyr:

[10-4]   Visionen bei Landis&Gyr

Willkommen bei Landis&Gyr

Unsere Vision

Wir sind eine weltweite, profitable Firma, die eine Führungsrolle in **selektierten Marktsegmenten** anstrebt. Diese Stellung erreichen und behaupten wir, indem wir dauernden und **ausserordentlichen Kundennutzen schaffen.**

Wir sind uns bewusst, dass **motivierte Mitarbeiter** die wichtigste Basis für unseren Erfolg bilden. Wir widmen uns dem **Schutz unserer Umwelt** sowohl aus ökonomischen Gründen wie auch aus Verantwortungsbewusstsein gegenüber unseren Kindern und Enkelkindern.

Diese Vision prägt unser Denken und bietet uns die Grundlage für alle Aktivitäten in unserem Tätigkeitsfeld.

Streben nach Ausgewogenheit

Mitarbeiter — Kunden

Investoren

[10-5] Etappen auf dem Weg zur Entwicklung einer Unternehmenspolitik

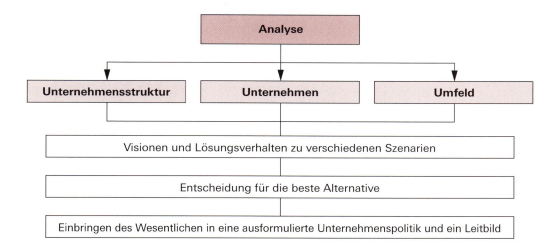

Das Unternehmen formuliert eine Art betriebliche Aussenpolitik,

- in der das Management die **Grundsätze** darlegt, denen es sich verpflichtet, und
- die seinen Partnern **Einblick** in Ziele und Absichten gibt.

Das wichtigste Dokument ist die **Unternehmenspolitik** und ihre Kurzfassung, das **Leitbild**.

Anstelle des Begriffs Unternehmenspolitik wird oft auch von Unternehmensphilosophie, Unternehmensgrundsätzen, Unternehmenskonzept usw. gesprochen. Die Begriffsverwendung ist nicht konsequent. Wir unterscheiden im Folgenden zwischen **Unternehmenspolitik** und **Strategien**. In der Unternehmenspolitik geht es um Absichten und Grundsätze. Strategien dagegen sind **Handlungs**pläne oder **Handlungs**leitlinien, durch die die beschlossenen Ziele erreicht werden sollen.

Die **Unternehmenspolitik** legt die grundlegenden **Ziele und Absichten des Managements** fest. Interne und externe Interessengruppen erhalten Einblick in die Werte und Denkweise der Unternehmensspitze.

10.6.2 Das Festlegen langfristiger Ziele

Die gemeinsame Wertbasis oder Philosophie wirkt sich auf alle weiteren Entscheidungen des Managements aus. Zwei Bereiche sind besonders wichtig:

- Die Festlegung der **langfristigen Unternehmensziele**
- Der Aufbau einer **Unternehmenskultur**

Die **Unternehmensziele** ergeben sich aus den Interessen, die Unternehmen in ihrem Umfeld befriedigen. Als wirtschaftliche Systeme verfolgen sie **eigene** (ökonomische) **Interessen**; darüber hinaus erfüllen sie **weitere,** z. B. gesellschaftliche **Interessen.** Wir können somit **zwei** Zielkategorien unterscheiden:

- Wirtschaftliche Ziele
- Nicht-wirtschaftliche Ziele

A Wirtschaftliche Ziele

Oberstes Ziel eines Unternehmens ist die **Sicherung seiner Existenz;** das Mittel dazu ist die Erhaltung und der Ausbau seiner **wirtschaftlichen Leistungsfähigkeit.** Die wesentlichen Zielfragen sind:

- Welche **Bedürfnisse** befriedigen wir mit unseren Produkten/Dienstleistungen?
- Welche grundlegenden Anforderungen erfüllen unsere **Leistungen** (hinsichtlich Qualität, Preis, Service, Innovation), welche besonderen Vorzüge haben sie, wie unterscheiden sie sich von den Leistungen der Konkurrenz?
- Welche **geografische Reichweite** soll unsere Tätigkeit künftig haben (lokal, national, international, global)?
- Was wollen wir **quantitativ** erreichen:
    - Welche **Marktstellung** streben wir an (Marktanteil, neue Märkte)?
    - Welche **Gewinnziele** verfolgen wir (Umsatzrentabilität, Rentabilität des Gesamt- und des Eigenkapitals) und wie werden Gewinne verwendet (Grad der Reinvestition)?
    - **Finanzwirtschaftliche** Ziele (Kreditwürdigkeit, Liquidität, Kapitalstruktur usw.)
- Welche Macht, welches **Prestige** streben wir an (Image, politischer und gesellschaftlicher Einfluss)?
- Wie **verhalten** wir uns gegenüber den Marktpartnern (Kunden, Lieferanten, Konkurrenten)? Wie flexibel gehen wir auf Kundenwünsche ein, wie viel Verantwortung übernehmen wir gegenüber den Verbrauchern durch Aufklärung, Beratung usw.?
- Wie **innovationsorientiert** sind wir? (Streben wir nach einer Stellung ganz vorn oder sind wir eher konservativ, abwartend?)

B Nicht-wirtschaftliche Ziele

- **Soziale Ziele** gegenüber den eigenen Mitarbeitern: soziale Sicherheit, interessante, befriedigende Arbeitsinhalte, persönliche Förderung, partizipative Mitarbeiterführung.
- **Gesellschaftsbezogene Ziele (externe soziale Ziele):** Engagement in Fragen der Freiheit und Entwicklungsförderung (bei international tätigen Unternehmen), im Bereich Bildung, Gesundheit, Wohlstand, Vermögensbildung, Beschäftigung und Infrastruktur, ferner Beiträge zur Förderung von Kunst, Unterhaltung, Sport.
- **Ökologische Ziele:** bewusste freiwillige Verantwortungsübernahme oder Beschränkung auf das gesetzlich Notwendige?
- **Einstellung zum Staat:** abwehrend – neutral – aktiv mitwirkend?

10.6.3 Zielentscheidungen

Das einzelne Unternehmen hat zu entscheiden, wie es seine **Prioritäten** setzt und welche **Standards** es für die einzelnen Ziele festlegt. Wichtig ist, dass die festgelegten **Ziele zueinander passen.** Spitzenlöhne lassen sich z. B. nur bezahlen, wenn das Unternehmen überdurchschnittlich erfolgreich ist; ein hoher Innovationsgrad setzt qualifizierte Mitarbeiter, eine innovationsfreundliche Führung und Kapitalkraft voraus.

Nur ein widerspruchsfreies **Zielsystem,** in dem die Ziele aufeinander abgestimmt sind, erfüllt die Aufgabe einer Unternehmenspolitik: bei allen ein klares Bewusstsein darüber herzustellen, welches die **obersten** Ziele sind, in welcher **Rangfolge** die übrigen folgen, welcher **Standard** je Ziel anzustreben ist und wie **Zielkonflikte** zu lösen sind. Daraus entsteht ein erkennbares unternehmerisches Profil. Aus einem solchen Zielsystem lassen sich vertikal, über alle Ebenen hinweg, Unterziele für die einzelnen Bereiche, Abteilungen, Gruppen und Stellen ableiten.

Aus den Zielen ergibt sich auch die Planung des **Gesamtpotenzials** (die Dimensionierung von Anlagen, Mitarbeiter-Stab, Kapitalbedarf), wobei sich bei der Zuordnung von Ressourcen oft Zielkorrekturen ergeben. Man nimmt sich z. B. Ziele vor, erkennt bei der Planung ihrer Umsetzung, dass sie zu hoch gesteckt sind, und passt sie an. Leistungen und Ressourcen, leistungswirtschaftliche und finanzwirtschaftliche Ziele sind stets **parallel** zu planen.

Die langfristig gültigen **Ziele** eines Unternehmens leiten sich aus einer **Vision** seiner künftigen Aufgaben und seiner Funktion im Umfeld ab. Die meisten Unternehmen definieren in ihrer Unternehmenspolitik **wirtschaftliche** und **nicht-wirtschaftliche Ziele:**

- Bei den **wirtschaftlichen** Zielen geht es um die Bestimmung der zu erschliessenden Tätigkeit, um die geografische Reichweite der eigenen Tätigkeit, die angestrebte Grössenordnung (Marktanteil, Marktstellung usw.), die Art des Marktauftritts (Image) sowie um Gewinn- und finanzwirtschaftliche Ziele.
- Im **nicht-wirtschaftlichen** Bereich geht es um **soziale, ökologische, gesellschaftliche und kulturelle Ziele** betreffend die Mitarbeiterführung, die Umweltverträglichkeit der eigenen Wirtschaftstätigkeit usw.

Die Ziele sind aufeinander abzustimmen. Es muss klar sein, welche Ziele welche **Priorität** haben und welche **Standards** für sie gelten. Dadurch entsteht erst ein erkennbares **unternehmenspolitisches Profil.**

10.6.4 Die Formulierung von Unternehmenspolitik und Leitbild

Die Unternehmenspolitik als **Dokument** kommuniziert die obersten Unternehmensziele nach innen und nach aussen. Das **Leitbild** ist eine Kurzfassung, in der das Wesentliche auf wenige programmatische Leitsätze reduziert wird.

Die Unternehmenspolitik wendet sich vor allem an die eigenen Führungskräfte und soll daher relativ ausführlich sein. Für die meisten Stakeholder und die Öffentlichkeit genügt eine Zusammenfassung, das **Leitbild.** Im Folgenden stellen wir Ihnen das Leitbild eines Chemieunternehmens vor.

Es beginnt mit einer Vision und nimmt dann zu einzelnen grundsätzlichen Fragen Stellung:

Vision
Wir wollen die Zukunft unseres Unternehmens über das Jahr 2000 hinaus sichern, indem wir ein ausgewogenes Verhältnis zwischen unserer wirtschaftlichen, gesellschaftlichen und ökologischen Verantwortung anstreben.

Verantwortung für den wirtschaftlichen Erfolg auf lange Sicht
Wir erwirtschaften angemessene finanzielle Ergebnisse durch qualitatives Wachstum und ständige Erneuerung einer ausgewogenen Geschäftsstruktur, so dass wir das Vertrauen all jener rechtfertigen, die auf unser Unternehmen bauen – Aktionäre, Mitarbeiterinnen und Mitarbeiter, Geschäftspartner und die Öffentlichkeit. Wir werden unsere langfristige Zukunft nicht durch die Maximierung des kurzfristigen Gewinns gefährden.

Gesellschaftliche Verantwortung
Wir sind ein vertrauenswürdiges, gegenüber der Gesellschaft offenes Unternehmen. Mit unserer Geschäftstätigkeit wollen wir einen sinnvollen Beitrag zur Lösung globaler Probleme und zum Fortschritt der Menschheit leisten.

Wir sind uns unserer Verantwortung bewusst, wenn wir neue Erkenntnisse in Wissenschaft und Technik zur kommerziellen Anwendung bringen. Wir wägen Nutzen und Risiko bei allen Aktivitäten, Verfahren und Produkten sorgfältig ab.

Verantwortung für die Umwelt
Rücksicht auf die Umwelt ist Teil unseres Handelns.

Wir entwickeln Produkte und Verfahren so, dass sie ihren Zweck sicher und mit geringstmöglicher Umweltbelastung erfüllen. Wir machen sparsamen Gebrauch von Rohstoffen und Energie und bemühen uns ständig, Abfälle in jeder Form zu reduzieren.

Es ist unsere Pflicht, unvermeidbaren Abfall unter Einsatz neuester Technologien sicher zu entsorgen.

Es folgen Stellungnahmen zu einzelnen Fragen wie Kundenorientierung, Innovation, Qualität, Rolle im Markt usw.

In einem Abschnitt z. B. wird zum «Qualitativen Wachstum» gesagt: «Wir streben langfristiges, umweltverträgliches Wachstum an, d. h. eine gewinnbringende Weiterentwicklung unseres Geschäftes mit Produkten und Dienstleistungen, die ein vorteilhaftes Verhältnis von Nutzen und Risiko aufweisen und sowohl weniger Rohstoffe und Energie verbrauchen als auch eine geringere Menge Abfall pro Einheit verursachen.»

Im vorhergehenden Beispiel kommt zum Ausdruck, dass das Leitbild aufgrund der Vision entwickelt wird.

Worin unterscheiden sich Vision und Leitbild?

- Die Vision richtet sich nur nach innen an die Führungskräfte und Mitarbeiter des Unternehmens. Das Leitbild richtet sich nach innen und nach aussen an alle Anspruchsgruppen des Unternehmens.
- Die Vision ist prägnant, Leitbilder sind detaillierter.
- Das Leitbild beginnt oft mit der Vision. Die Vision ist also Voraussetzung und Teil des Leitbilds.
- Leitbilder werden immer schriftlich formuliert, Visionen nicht unbedingt.

> In der **Unternehmenspolitik** werden die Leitsätze und obersten Unternehmensziele **schriftlich** formuliert und begründet (hauptsächlich für das Management). Die Kurzfassung, das **Leitbild,** wendet sich nach innen an die Führungskräfte und nach aussen an alle Anspruchsgruppen des Unternehmens.

10.6.5 Die Konkretisierung der Unternehmenspolitik

Von der Vision, die nur eine Richtung oder ein Gedanke ist, muss eine Strategie entwickelt werden. Diese Vision kann ein Gedanke eines zukünftigen Unternehmers sein, der ein Ziel vor Augen hat. Der Weg zu diesem Ziel fehlt ihm noch. Mit der Grundstrategie, der allgemeinen Richtung und dem Unternehmenskonzept, heute **Business-Plan** genannt, wird diese ursprüngliche Vision konkretisiert.

Diese Konkretisierung muss gut geplant werden, damit man nicht später von bösen Überraschungen überrumpelt wird. Konkurse und Unternehmensaufgaben werden meist durch ungenaue und fahrlässige Planung verursacht. Oft fehlt es auch am Verständnis aller Zusammenhänge und am Beschaffen von finanziellen Mitteln.

Wie geht man vor?

Nachdem der Grundgedanke, die Vision geboren worden ist, werden die einzelnen Bereiche im Unternehmen, wie der Leistungsbereich, der Finanzbereich und der Sozialbereich, einer genauen Untersuchung und Beschreibung unterzogen.

[10-6] Konkretisierung der Unternehmenspolitik 1

Unternehmens-bereiche	Leistungsbereich	Finanzbereich	Sozialbereich

Diese drei Bereiche werden nach verschiedenen Gesichtspunkten beleuchtet:

[10-7] Konkretisierung der Unternehmenspolitik 2

Kriterien
Ziel
Mittel
Verfahren

Nun werden die Unternehmensbereiche und Kriterien zusammengeführt und zu einer Matrix vereinigt:

[10-8] Konkretisierung der Unternehmenspolitik 3

Unternehmens-bereiche	Leistungsbereich	Finanzbereich	Sozialbereich
Ziel			
Mittel			
Verfahren			

Nachdem die Matrix entstanden ist, werden die einzelnen Felder ausgefüllt und bearbeitet. So kann z. B. im Finanzbereich folgender Text stehen: «Wir wollen finanziell unabhängig bleiben.»

Was heisst dieser Satz? Finanzielle Unabhängigkeit kann erreicht werden, wenn der Einfluss von Fremdkapitalgebern klein oder unbedeutend ist. Ist der Fremdkapitalanteil gross, wird der Fremdkapitalgeber einen grossen Einfluss auf die Unternehmen ausüben, d. h., er wird seine Interessen wahren und forcieren. Was kann aus dieser Aussage für den Finanzverantwortlichen resultieren? Sehr wenig, denn er weiss noch nicht, wie er diese Vorgabe umsetzen und in welchem Rahmen die Umsetzung erfolgen soll.

Ihm fehlen konkrete Zahlen und Linien, um den Wunsch umsetzen zu können. Eine konkrete Angabe wäre z. B. «Um unabhängig von Fremdkapitalgebern zu sein, darf der Anteil des Fremdkapitals nicht mehr als 40 Prozent der Bilanzsumme im Durchschnitt von drei Geschäftsjahren ausmachen.» So kann der Finanzverantwortliche diesem Wunsch entsprechen und seine Investitionen und Ausgaben planen. In diesem kleinen Fall haben wir aus strategischen Gedanken, operative, d. h. ganz konkrete, Weisungen und Aufträge erteilt. Setzen wir unser Beispiel in unserem Unternehmenskonzept (Business-Plan) um:

[10-9] Business-Plan mit konkreten Angaben für die Ziele des Finanzbereichs

Unternehmens-bereiche	Leistungsbereich	Finanzbereich	Sozialbereich
Ziel		Wir wollen finanziell unabhängig bleiben. Um unabhängig von Fremdkapitalgebern zu sein, darf der Anteil des Fremdkapitals nicht mehr als 40 Prozent der Bilanzsumme im Durchschnitt von drei Geschäftsjahren ausmachen.	
Mittel			
Verfahren			

Nun werden die Mittel und die Verfahren noch definiert und ein kleiner Teil des Business-Plans wird realisiert:

[10-10] Business-Plan mit Angaben über Ziele, Mittel und Verfahren des Finanzbereichs

Unternehmens-bereiche	Leistungsbereich	Finanzbereich	Sozialbereich
Ziel		Wir wollen finanziell unabhängig bleiben. Um unabhängig von Fremdkapitalgebern zu sein, darf der Anteil des Fremdkapitals nicht mehr als 40 Prozent der Bilanzsumme im Durchschnitt von drei Geschäftsjahren ausmachen.	
Mittel		Die finanziellen Mittel werden durch ein Eigenkapital (Aktienkapital) von Fr. 250 000.– bereitgestellt.	
Verfahren		Die Beschaffung des Eigenkapitals (Aktienkapitals) darf nur aus dem familiären Kreis erfolgen.	

Dieses Unternehmenskonzept ist nur für interne Zwecke bestimmt und darf nicht an die Öffentlichkeit getragen werden. Die Konkurrenz ist nämlich daran sehr interessiert, da man daraus die Strategie genau ersehen kann. Um der Öffentlichkeit trotzdem ein Kommunikationsinstrument zur Verfügung zu stellen und gleichzeitig keine Unternehmensgeheimnisse in die Öffentlichkeit zu tragen, hat man das Leitbild geschaffen.

Aufgrund der Vision des Unternehmens wird die Strategie des Unternehmens entworfen. Sie wird im Business-Plan konkretisiert. Die einzelnen Bereiche des Unternehmens werden nach verschiedenen Kriterien durchleuchtet. Dann werden konkrete Ziele für die Bereiche aufgestellt und die Mittel und Verfahren, mit denen sie erreicht werden sollen, werden bestimmt. Der Business-Plan ist nur für interne Zwecke bestimmt.

10.6.6 Die Unternehmenskultur

Wenn das Management eine neue **Unternehmensphilosophie** entwickelt, müssen die neuen Werte im Bewusstsein der Mitarbeiter, in der Unternehmenskultur, verankert werden. Die Unternehmenskultur umfasst alle Äusserungen und Verhaltensweisen des Unternehmens. Jedes Unternehmen hat seine Kultur, d. h., in jedem Unternehmen herrscht ein bestimmter Geist im internen Umgang miteinander und im Kontakt nach aussen. Es gibt starke und weniger ausgeprägte Unternehmenskulturen. Die Unternehmenskultur zeigt sich in der **Einstellung** der Mitarbeiter zur Arbeit, zum Unternehmen, zu seinen Produkten, seiner Führung, seiner Zukunft. Man spürt die Unternehmenskultur, wenn man im Unternehmen ist; es herrscht z. B. ein lockerer, unkonventioneller Ton oder eine formelle, eher steife und distanzierte Atmosphäre und man erkennt sie an Sitten, Gebräuchen, Symbolen, Ritualen usw. Die Art, sich zu kleiden, die Gebäudearchitektur und die Einrichtung von Arbeitsplätzen, die Art, wie Sitzungen abgehalten werden, wie mit Erfolgen und Krisen umgegangen wird, wie Mitarbeiter ausgewählt und befördert werden, ob man sich auch in der Freizeit viel sieht usw., sind Manifestationen der Unternehmenskultur.

Man erkennt die Unternehmenskultur also an wichtigen und auch nebensächlichen Äusserungen; hervorgebracht wird sie durch die im Unternehmen geltenden **Werte.** Diese Werte wachsen meist spontan aus der Geschichte des Unternehmens heraus, aus den Überzeugungen der Gründer und wichtigen Führungskräfte, aus Gewohnheiten, Legenden, Anekdoten usw. Eine besondere Rolle spielen dabei immer die **leitenden** Persönlichkeiten durch ihre Vorbildwirkung. Ihr Naturell, ihre soziale Herkunft, ihr Lebenslauf, ihre Ideale, wichtige Entscheidungen, die sie getroffen haben, können eine Unternehmenskultur entscheidend prägen.

Kulturveränderungen sind schwierig, können aber zukunftsentscheidend sein, denn ohne sie lässt sich kein unternehmenspolitischer Kurswechsel vollziehen. Die neuen Werte müssen kommuniziert und dann durch Schulung gefestigt werden.

> Die **Unternehmenskultur** besteht aus den Überzeugungen, Normen, Denk- und Verhaltensmustern, die sich die Menschen in einem Unternehmen angeeignet haben. Sie bestimmt ihr Zusammenleben **im** Unternehmen und auch ihr Verhalten nach **aussen.**
>
> Unternehmenskulturen entwickeln sich spontan aus **Traditionen und Gewohnheiten,** sie werden aber auch **gezielt verändert,** wenn dies zum Erreichen unternehmenspolitischer Ziele erforderlich ist. Die Verankerung neuer Werte in der Unternehmenskultur ist oft Voraussetzung für die Realisierung einer neuen Unternehmenspolitik.

10.6.7 Der Standort

Die **Wahl** des Standorts ist von grundlegender betriebswirtschaftlicher Bedeutung und daher eine **unternehmerische Entscheidung.** Ein Unternehmen kann **mehrere** Standorte in einem oder mehreren Ländern haben. Unabhängig von der Zahl der Standorte hat ein Unternehmen nur einen **Firmensitz.** Dieser muss **nicht** mit einem der Standorte identisch sein. Der Firmensitz ist der Ort, wo das Unternehmen im Handelsregister eingetragen ist und wo es seinen Gerichtsstand hat. Um den richtigen Standort zu finden, macht das Unternehmen eine Standortanalyse.

Bei der **Standortwahl** gibt es vier Kriterien:

- Arbeitskräfte und Lohnkosten
- Kundennähe
- Infrastruktur
- Steuern, staatliche Auflagen und politisches Umfeld

A Arbeitskräfte und Lohnkosten

Für arbeitsintensiv produzierende Unternehmen sind die Verfügbarkeit von Arbeitskräften und das Lohnniveau von zentraler Bedeutung. Die Lohnkosten sind natürlich auch für Dienstleistungsunternehmen wichtig; für sie spielt aber zusätzlich die Kundennähe eine grosse Rolle, was die Zahl der möglichen Standorte einschränkt.

Viele Unternehmen produzieren daher heute in den Niedriglohnländern Asiens (Taiwan, China, Singapur) oder im ehemaligen Ostblock. Dabei ist entscheidend, ob im Billig- oder Niedriglohnland **qualifizierte** Arbeitskräfte zur Verfügung stehen.

Es geht dabei um einen klassischen Zielkonflikt: Je billiger die Arbeitskräfte sind, desto weniger qualifiziert sind sie in der Regel. Der Konflikt kann gelöst werden, indem das Unternehmen **verschiedene** Standorte wählt.

B Kundennähe

Handels- und Dienstleistungsunternehmen wie Geschäfte, Restaurants, Reisebüros usw., aber auch gewisse Wirtschaftszweige wie Brauereien oder Bauunternehmen sind so **absatzorientiert,** dass sie ihren Standort primär nach diesem Gesichtspunkt wählen müssen.

Es geht hier um die **lokal** optimierte Standortwahl und um ihre richtige landesweite lokale Streuung. Ausschlaggebend sind: Grundstückkosten, Ladenmieten, die Verkehrsverhältnisse und die Parksituation, ökologische Auflagen über Abwässer, Lärm usw.

C Infrastruktur: Verkehrs- und Transportwege

Jedes Unternehmen ist auf **sichere** und **preisgünstige** Transportwege angewiesen; bei einigen steht dabei die Zulieferung von Material im Vordergrund, bei anderen der schnelle Wegtransport der absatzbereiten Produkte. Fast alle Unternehmen sind also heute **transportabhängig,** einige sind es jedoch in besonders hohem Mass: die Ölgesellschaften, der Getreidehandel, Kaffeeröstereien usw. sind von Häfen, vom Binnenschiffsverkehr und von Bahnverbindungen abhängig. Für transportabhängige Unternehmen kann die Verkehrslage zum **wichtigsten** Standortfaktor werden.

Ausser den Transportwegen für **Waren** spielen auch die für **Personen** eine Rolle: Mitarbeiter und Kunden sollen das Unternehmen gut erreichen können und Parkplätze finden. Auch hier kann die Verkehrslage zum wichtigsten Standortkriterium werden.

D Steuern, staatliche Auflagen und politisches Umfeld

Das **Steuergefälle** zwischen in- und ausländischen Standorten ist ein wichtiges Kriterium bei der Standortwahl. Neben der steuerlichen Belastung müssen auch die Menge der gesetzlichen Regelungen, die Währungs- und politischen Verhältnisse, der Kapitalmarkt und die Wirtschaftsfreundlichkeit der Politiker berücksichtigt werden.

Ausser diesen vier klassischen Standortfaktoren können auch die **Kosten für die Materialbeschaffung** ins Gewicht fallen. Rohstoffintensive Unternehmen müssen in der Nähe des Rohstoffs sein oder sich auf sichere, rasche und kostengünstige Transportwege verlassen können.

Weitere **Standortfaktoren** sind Bodenpreise und Bodenverfügbarkeit, der Freizeitwert und andere Qualitäten des Orts.

Der Standort ist der Ort, an dem ein Unternehmen tätig ist. Bei der Standortwahl gibt es vier Kriterien:

- Arbeitskräfte und Lohnkosten
- Kundennähe
- Infrastruktur
- Steuern, staatliche Auflagen und politisches Umfeld

Weitere Kriterien sind:

- Kosten für Materialbeschaffung
- Boden
- Lebensqualität und Freizeitwert eines Standorts

Repetitionsfragen

42

Warum wird das Rechnungswesen als Führungsinstrument bezeichnet? Erläutern Sie dies näher.

47

Zwei Frauen wollen ein Geschäft eröffnen, in dem sie Schmuck aus Indonesien verkaufen. A will eigene Entwürfe mit günstigem Materialverbrauch in grossen Mengen herstellen lassen, damit sie eine gute Marge erzielt. B will von einheimischen Künstlern kaufen und angemessene Preise zahlen, damit diese eine würdige Existenz für sich und ihre Familien aufbauen können. Sie will deren Tradition unterstützen und den Käufern hier wirklich originellen Schmuck anbieten. Eine geringere Gewinnmarge nimmt sie in Kauf.

Zwei Unternehmensphilosophien – ordnen Sie sie den besprochenen Wertausrichtungen zu.

52

Welche der folgenden Aussagen finden Sie richtig?

A] Eine wirklich gute Unternehmenspolitik ist nicht revisionsbedürftig.

B] Eine gute Unternehmenspolitik schafft Sinn, nach innen und nach aussen. Sie definiert den Unternehmenszweck und die bei seiner Verfolgung einzuhaltenden Normen so, dass jede Anspruchsgruppe diese Absichten bejahen und unterstützen kann.

C] Eine überzeugende Unternehmenspolitik wirkt auf die Öffentlichkeit, ohne dass weitere Massnahmen notwendig sind.

D] Die Unternehmenspolitik formuliert Ideale; deren Umsetzung ist Sache der unteren Managementebenen.

11 Ethik im Unternehmen

11.1 Einleitung

Es wird heute viel von Ethik gesprochen. Die Erfahrung zeigt zudem, dass erfolgreiche Unternehmungen in der Regel ethische Grundsätze respektieren.

Das Unternehmen muss die ethischen Grundsätze bestimmen und im Leitbild festhalten. Dadurch sind sowohl die Mitarbeiterinnen und Mitarbeiter **im** Unternehmen als auch die Kunden, Lieferanten und die Geldgeber (Banken, Aktionäre und Obligationäre) **ausserhalb des Unternehmens** über die ethischen Leitlinien genau informiert. Ethikrichtlinien müssen allen Mitarbeitern bekannt sein und von ihnen gelebt werden. Steht zum Beispiel im Leitbild eines Unternehmens, dass Freundlichkeit und Entgegenkommen zu den wesentlichen Eigenschaften des Unternehmens gehören sollen, muss das Verhalten aller Mitarbeiter von der Telefonistin bis zum Generaldirektor von Freundlichkeit geprägt sein. Wichtig ist auch, dass die Geschäftsleitung mit gutem Beispiel vorangeht und die Ethikrichtlinien vorlebt.

11.2 Die goldene Regel der Ethik

Sie kann mit dem bekannten Sprichwort formuliert werden: *«Was du nicht willst, das man dir tut, das füg auch keinem anderen zu!»*

Nicht nur Personen, auch Unternehmen können und sollen ethisch handeln. Zum Unternehmensethikbereich gehören die folgenden **Themen:**

- Umweltschutz/Energie
- Betriebliche Sicherheit
- Gemeinwohl/Sozialverträglichkeit
- Geschäftspraktiken
- Marktleistungsqualität
- Personalentwicklung
- Arbeitsplatzsicherung

> Ethische Grundsätze werden heute in vielen Unternehmen angewendet und fördern ihren Erfolg. Die goldene Regel der Ethik besagt, dass man anderen nichts zufügen soll, das man selber nicht erleiden möchte. Diese Regel kann auch von Unternehmen angewendet werden. Sie müssen die ethischen Grundsätze mit den wirtschaftlichen Zielen in Einklang bringen.
>
> Die ethischen Grundsätze werden im Leitbild des Unternehmens festgelegt. Dadurch sind sie allen Anspruchsgruppen ausserhalb des Unternehmens und allen Mitarbeitern im Unternehmen bekannt. Sie müssen von allen Mitarbeitern gelebt werden.

11.3 Wie wendet man die goldene Regel der Ethik im Unternehmen an?

Die Ethik zeigt sich im Unternehmen an den Werten, an die sich die Unternehmen gebunden fühlen.

A Ethik im Umgang mit Partnern und Konkurrenten

Hier geht es vor allem darum, gegenüber Partnern und Konkurrenten fair zu sein. Im Einzelnen kann sich das in folgenden Verhaltensweisen zeigen:

- Verpflichtungen zur Einhaltung aller massgeblichen Gesetze und Vorschriften
- Keine Beteiligung an kartellrechtswidrigen Preisabsprachen
- Keine Auftragserlangung zum Schaden der Öffentlichkeit
- Ehrlichkeit und Transparenz bei der Vertrags-, Preis- und Rechnungsgestaltung
- Ablehnung illegaler Beschäftigungspraktiken
- Faire Vertragsgestaltung und vertrauensvolle Zusammenarbeit
- Mängelfreie, termingerechte und kundenorientierte Leistungen
- Ethisches Investieren: Dies ist eine relativ neue Anwendungsform der Ethik im Wirtschaftsleben. Es werden Indices geführt, mit denen Firmen bewertet werden, die sich ökonomisch, ökologisch und sozial verantwortlich verhalten. Die Aufnahme der Aktien eines Unternehmens in einen ethischen Fonds ist immer mit einem Image-Gewinn verbunden.

B Ethik im Umgang mit den Mitarbeitenden

Die Mitarbeiterzufriedenheit ist für das Unternehmen wichtig. Nur zufriedene Mitarbeiter setzen sich für das Unternehmen ein.

Das Unternehmen kann die Zufriedenheit der Mitarbeiter mit folgenden Massnahmen fördern:

- Sicherheit am Arbeitsplatz
- Aus- und Weiterbildung auf allen Ebenen des Unternehmens
- Förderung der Eigeninitiative der Mitarbeiter zur Verbesserung aller betrieblichen Belange
- Wertschätzung und Schutz der Persönlichkeit aller Mitarbeiter, unabhängig von Herkunft, Geschlecht und Stellung im Unternehmen

C Ethik in der Produktpolitik

Bei der **Herstellung von Gütern** sollen Unternehmen Risiken wie zum Beispiel bei der Verwendung von giftigen Stoffen oder von gefährlichen Maschinen vermeiden.

Bei der **Wahl der Produkte** können ethische Grundsätze angewendet werden. Es können beispielsweise Produkte erfunden werden, die aus Abfallmaterialien hergestellt werden, oder man kann auf Herstellverfahren umstellen, die keine gefährlichen Stoffe benötigen. Produkte können auch so konstruiert und entwickelt werden, dass ihre Entsorgung problemlos funktioniert. Das Produkt sollte den **Angaben des Herstellers** über die Lebensdauer der Produkte oder den Reparaturdienst entsprechen. Werden diese Angaben in der Praxis nicht eingehalten, ist der Kunde unzufrieden und wird nächstes Mal ein anderes Produkt kaufen. Wenn z. B. ein Hersteller verspricht, dass seine Kühlschränke innerhalb von 10 Stunden repariert oder ersetzt werden, wird der Kunde verärgert sein, wenn das Gerät erst in einer Woche repariert wird.

Es gibt Gesetze über die **Produktehaftpflicht** des Unternehmens. Man kann diese **Verantwortung** aber auch weiter auslegen. Unternehmen können zum Beispiel von sich aus auf die Herstellung von Zigaretten verzichten oder wegen Verbrennungsgefahr keine Feuerwerkskörper verkaufen. Sie orientieren sich dann bei der Produktauswahl am Wohl der Gesellschaft und bieten Produkte an, die die Lebensqualität der Gesellschaft steigern.

D Ethik in der Preispolitik

Monopolsituationen sollten nicht ausgenützt werden. Man spricht von einem Monopol, wenn ein Anbieter den Markt beherrscht. Der freie Wettbewerb funktioniert nicht. Der Anbieter kann seine Stellung ausnützen und die Preise diktieren.

Auch in **oligopolistischen Märkten** gibt es keinen freien Wettbewerb. Es sind Märkte, die von mehreren Anbietern beherrscht werden. Die Anbieter regeln die Preise untereinander durch Preisabsprachen, durch Mengenzuteilungen oder durch Preisbindung, d. h., dass der Hersteller den Detaillisten nur beliefert, wenn dieser sich an einen bestimmten Verkaufspreis hält.

Solche Preis- und Mengenabsprachen verletzen sowohl gesetzliche Bestimmungen als auch ethische Grundsätze.

E Ethik in der Kundenpolitik

Um möglichst viel verkaufen zu können, versucht man häufig den Kunden zu manipulieren.

Dabei wendet man folgende Massnahmen an:

- **Lockvogelangebote:** Der Kunde wird mit einem besonders günstigen Preis für ein Produkt in den Laden gelockt. Dieses Produkt gibt es oft nur in einer bestimmten, nicht attraktiven Ausführung. Der Anbieter hofft, dass der Kunde andere Produkte kauft, wenn er sich im Laden befindet.
- **Verbundangebote:** Zwei Produkte werden zusammen angeboten. Produkt A kostet normalerweise Fr. 65.–, Produkt B Fr. 25.–. Im Verbund kosten sie Fr. 70.–. Das ist zwar günstig, aber eigentlich braucht der Kunde nur eines der beiden Produkte. Er kauft also etwas, das er gar nicht braucht.
- **Ausverkaufsangebote:** Durch günstige Preise sollen die Kunden zum Kauf motiviert werden. Oft handelt es sich um speziell für den Ausverkauf hergestellte Produkte von schlechter Qualität.

Wenn der Kunde nicht über die Hintergründe dieser Angebote informiert ist, fühlt er sich hintergangen. Ein Unternehmen, das Wert legt auf ethische Grundsätze, wird daher solche Praktiken vermeiden.

F   Ethik in der Kommunikationspolitik

Kommunikation ist für die Unternehmen wichtig, denn die Kunden müssen ja wissen, welche Produkte und Dienstleistungen das Unternehmen anbietet. Kommunikationsinstrumente sind Werbung, Public Relations und Verkaufsförderung.

Hier sind ethische Verhaltensregeln sehr wichtig. Die Kommunikation soll vollständig und wahr sein und keine Bluffs enthalten.

Man sollte zum Beispiel nicht behaupten, dass man ein bestimmtes Kleidungsstück nicht nachbestellen kann, nur damit der Kunde etwas kauft. Sieht der Kunde das Kleidungsstück ein paar Tage später im Schaufenster, fühlt er sich hereingelegt und kauft nächstes Mal in einem anderen Geschäft ein.

G   Umweltschutz

Das Unternehmen kann folgende Massnahmen in der Umweltpolitik ergreifen:

- Sparsamer Umgang mit Ressourcen
- Energiesparen durch neue Techniken, Verfahren und Werkstoffe

> Die Ethik kann im Unternehmen im Umgang mit Partnern, Konkurrenten, Kunden und Mitarbeitern angewendet werden. In der Produktpolitik geht es um die Wahl der Produkte und Herstellungsverfahren. Eine faire Preispolitik, Vermeiden von Manipulationen der Kunden, eine vollständige und wahre Kommunikation und der Umweltschutz sind weitere ethische Grundsätze, an denen sich das Unternehmen orientieren kann.

Repetitionsfragen

57

Patricia Dumm hat im Ausverkauf einen günstigen Pullover gekauft. Zu Hause stellt sie fest, dass die Ärmel viel zu lang sind. Sie kann den Pullover nicht tragen.

A] Welcher ethische Grundsatz wurde hier verletzt?

B] Welche Folgen wird dieses Erlebnis bei Patricia Dumm vermutlich haben?

62

In der folgenden Tabelle haben wir Massnahmen des Unternehmens aufgeführt, bei denen ethische Grundsätze angewendet wurden. Tragen Sie in der Tabelle ein, um welche Grundsätze es sich dabei handelt.

Massnahme des Unternehmens	Ethischer Grundsatz
Das Unternehmen geht keine Preisabsprachen ein.	
In der Produktion werden nur Stoffe verwendet, die die Gesundheit nicht gefährden.	
Einmal jährlich werden alle Maschinen auf ihre Sicherheit überprüft.	
Es werden nur energiesparende Geräte verwendet.	
Es gibt keine Lockvogelangebote.	

Teil C Die Organisation

Einstieg, Leistungsziele, Schlüsselbegriffe

Zum Einstieg

Barbara und Vanessa führen gemeinsam eine Boutique. Sie läuft gut, so dass die beiden Inhaberinnen beschliessen, selber zu produzieren. Dazu stellen sie drei Schneiderinnen ein. Andere Boutiquen interessieren sich für die modischen Kleidungsstücke. Barbara und Vanessa beliefern sie durch einen dafür angestellten Chauffeur. Eine neue Mitarbeiterin erstellt die Rechnungen und macht die Buchhaltung. Letztens kam es wegen der vielen Aufträge und des damit verbundenen Termindrucks zu Fehlern. Bestellungen wurden nicht ausgeführt, gelieferte Ware nicht fakturiert.

Barbara und Vanessa beschliessen, ein Organigramm zu erstellen und sich genau zu überlegen, wie sie ihren Betrieb am besten gliedern sollen. Aufgrund des Organigramms wollen sie dann die Abläufe optimal einrichten.

Was lernen Sie?

- Die Organisation des Unternehmens befasst sich mit der Struktur der Tätigkeiten – der Aufbauorganisation – und mit den Abläufen im Unternehmen – der Ablauforganisation.
- Organigramme sind grafische Darstellungen der Organisationstypen. Wir lernen die wichtigsten Organisationstypen kennen.
- Die Stellenbeschreibung schafft Klarheit über die Stelle. Sie sollte folgende Punkte regeln: Bezeichnung der Stelle, Aufgaben, Verantwortung, Kompetenzen, hierarchische Stellung, Stellvertretung.

Welche Leistungsziele bearbeiten Sie?

	Leistungsziel	Lernschritte
☐	Aufgrund der Beschreibungen von Unternehmen aus verschiedenen Branchen erstellen Kaufleute ein einfaches Organigramm.	• Begriff Organisation • Aufbauorganisation • Einlinienorganisation • Stab-Linien-Organisation • Mehrlinienorganisation • Funktionale Organisation • Spartenorganisation • Matrixorganisation • Projektorganisation • Ablauforganisation
☐	Kaufleute beurteilen eine einfache Stellenbeschreibung.	• Inhalt der Stellenbeschreibung • Sinn der Stellenbeschreibung

Schlüsselbegriffe

Organisation, Aufbauorganisation, Ablauforganisation, Organigramm, Einlinienorganisation, Stab-Linien-Organisation, Mehrlinienorganisation, funktionale Organisation, Spartenorganisation, Matrixorganisation, Projektorganisation, Stellenbeschreibung, Flussdiagramm

12 Organisation

Unternehmen **haben** eine Organisation und **sind** eine Organisation. Sie müssen eine Organisation **haben,** um effizient zu funktionieren, das heisst: Die zu lösenden Aufgaben sind zu gliedern. Sie werden in Teilaufgaben unterteilt und koordiniert. Die Informationswege und Entscheidungsprozesse sind zu regeln, Zuständigkeiten, Verantwortung und Macht sind zu verteilen. Anderseits **sind** Unternehmen Organisationen, weil sie soziale Systeme sind, die gemeinsame Ziele verfolgen.

12.1 Was ist Organisation?

Organisation ist das Ordnen von Aufgaben und Abläufen zur effizienten Zielerreichung. Da in einer Organisation **mehrere** Menschen gemeinsam ein Ziel anstreben, sind ihre Tätigkeiten zu gliedern und aufeinander abzustimmen.

- Wie lässt sich die **Gesamtaufgabe** eines Unternehmens in sinnvolle **Teil**aufgaben gliedern, die von einzelnen Menschen erfüllt werden können?
- Wie werden die Teilaufgaben **koordiniert** und zueinander in Beziehung gesetzt, wie sehen die Arbeitsabläufe aus, die daraus entstehen? Wer hat wo, wann, was zu tun und welche Kompetenzen und Verantwortlichkeiten sind mit bestimmten Aufgaben verbunden?

Organisieren heisst: eine **Struktur** für das Unternehmen festlegen und den **Fluss** von Arbeitstätigkeiten und **Abläufen** in die richtigen Bahnen lenken. Die Organisationslehre unterscheidet entsprechend zwischen **Aufbau- und Ablauforganisation:**

[12-1] Unterscheidung Aufbauorganisation/Ablauforganisation

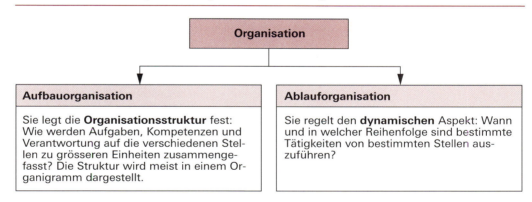

Organisieren heisst auch: **Regeln** für das Abwickeln von Tätigkeiten zu entwickeln. Die Regeln sollen helfen, Arbeiten in optimaler Weise (effizient) zu erledigen. Die Frage ist dabei, wie dicht und detailliert diese Regelungen sein sollen. Zu viele Regeln ersticken die Kreativität der Mitarbeiter, zu wenige führen zu chaotischem, ineffizientem Handeln.

Ganz allgemein lässt sich sagen: **Generelle Regelungen** führen zu einer **Entlastung.** Bei festgelegten Arbeitsabläufen muss man nicht jedes Mal neu überlegen, man hält sich an das definierte Schema. Generelle Regelungen fördern die **Stabilität** einer Organisation, sie können aber auch zu Erstarrung und Unflexibilität führen.

Organisation heisst Ordnen von Aufgaben und Arbeitsabläufen. Die **Aufbauorganisation** ordnet Stellen bestimmte Teilaufgaben zu, die **Ablauforganisation** gliedert die Arbeitsabläufe.

12.1.1 Die Aufbauorganisation

Das Grundelement der Aufbauorganisation ist die **Stelle.** Jede Stelle ist zuständig für die Erledigung bestimmter Teilaufgaben im Unternehmen. Sie ist **nicht** dasselbe wie ein Arbeitsplatz; wenn der Verkäufer Roth das Unternehmen verlässt und Frau Kessler die Stelle übernimmt, hat sich an den Aufgaben der Stelle nichts geändert.

Es gibt **leitende, beratende** und **ausführende** Stellen:

- Die **leitenden** Stellen heissen **Instanzen;** hier ist die Übereinstimmung von Aufgabe, Kompetenz und Verantwortung besonders wichtig.
  Kompetenzen sind die mit der Stelle verbundenen Rechte z. B. das Recht, die Arbeit der Unterstellten zu kontrollieren. Der Stelleninhaber muss auch die Verantwortung für die mit seiner Stelle verbundene Aufgabe übernehmen. Er hat Rechte und Pflichten. Hat er zwar eine anspruchsvolle Aufgabe, aber nicht die Kompetenz diese durchzuführen, kann er die Aufgabe gar nicht ausführen. Andererseits nützt es auch nichts, wenn jemand Kompetenzen erhält, aber die Aufgabe nicht erfüllen kann. Wenn ein Stelleninhaber z. B. das Recht hat, die Arbeit der Unterstellten zu kontrollieren, aber nichts von deren Arbeit versteht, wird seine Tätigkeit dem Unternehmen nicht viel nützen. Aufgabe, Kompetenz und Verantwortung müssen also übereinstimmen.
  Jede leitende Stelle beinhaltet vier Funktionen: **Planen, Entscheiden, Anordnen** (z. B. Aufträge erteilen) und **Kontrolle** (der ausgeführten Aufträge). Organisatorisch wichtig ist die **Leitungs- oder Kontrollspanne,** d. h. die Zahl der ausführenden Stellen, für die eine einzelne Instanz verantwortlich ist.
- **Beratende** Stellen bezeichnet man in der Organisationslehre als **Stabsstellen.** Sie sind Hilfsorgane zur Entlastung der Instanzen.
- Die **ausführenden** Stellen erfüllen die Aufträge der Instanzen im Rahmen der ihnen zugeordneten Aufgaben.

Einzelne Stellen bewirken aber noch nichts, entscheidend ist ihr Zusammenwirken. Die **Organisationsstruktur** eines Unternehmens zeigt, wie die Stellen zu grösseren, hierarchisch gegliederten Einheiten (meist **Abteilungen**) zusammenzufügen sind. Abteilungen lassen sich nach **Funktion** (Produktion, Rechnungswesen usw.), nach **Produkten** und Produktgruppen (Süsswaren, Getränke usw.), nach **Abnehmergruppen** (Grossverteiler, Einzelhandel) oder auch nach **regionalen** Gesichtspunkten (Absatz Europa, Übersee usw.) gliedern.

Eine weitere aufbauorganisatorische Grundfrage ist die nach der **Zentralisation** oder **Dezentralisation** von Aufgaben.

- Die **dezentrale** Aufgabenerledigung fordert die einzelnen Mitarbeiter stärker, weil sie unterschiedliche Aufgaben zu erfüllen haben; sie ist aber auch herausfordernd und motivierend durch den interessanten Arbeitsinhalt; sie entlastet den Verwaltungsapparat, birgt aber die Gefahr von Doppelspurigkeiten und mangelnder Übersicht.
- Die **zentrale** Aufgabenzusammenfassung ist oft schwerfälliger, benötigt mehr formelle Regeln und schafft mehr untergebene, ausführende Stellen; sie kann aber sehr effizient sein und lässt sich leichter steuern.

Die Aufbauorganisation entsteht durch Zerlegen der Gesamtaufgabe des Unternehmens in Teilaufgaben und durch Zusammenfassen von zusammengehörenden Teilaufgaben zu Stellen. Gruppen von Stellen werden zu Abteilungen zusammengefasst. Jede Abteilung wird mit Instanzen, ausführenden Stellen und bei Bedarf auch mit Stabsstellen ausgerüstet.

Die Gesamtheit aller Stellen und ihre Anordnung ergibt die Organisationsstruktur des Unternehmens.

12.1.2 Die wichtigsten Formen der Aufbauorganisation

Die Organisationsformen werden im **Organigramm** grafisch dargestellt. Rechtecke stehen dabei für Instanzen, Kreise für ausführende Stellen und Dreiecke für Stabsstellen; die Verbindungslinien zeigen die Unterstellungsverhältnisse.

Die verschiedenen Organisationstypen entstehen durch

- eine unterschiedliche **Stellenbildung** (am häufigsten nach Funktionen oder nach Produkten [Sparten/Divisionen]) und durch
- unterschiedliche Formen der **Leitung** bzw. Unterstellung (Einlinien-, Mehrlinien- oder Stab-Liniensystem).

A Die Einlinienorganisation

Sie ist die straffste Form der Organisation. Die Aufträge werden konsequent von oben nach unten erteilt, d. h., jede Instanz darf nur von einer übergeordneten Stelle Weisungen empfangen.

[12-2] Einlinienorganisation

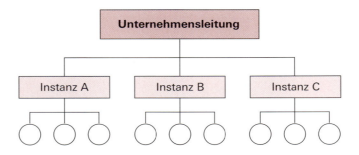

Vorteile: Klarheit des Dienstwegs, klare Kompetenzen und Verantwortlichkeiten.

Nachteile: Überlastung der oberen Instanzen, lange Dienstwege, Schwerfälligkeit. Sie eignet sich daher eher für kleine Unternehmen; da die Verantwortungsdelegation nach unten meist gering ist, sinkt die Motivation – die Mitarbeiter sind nur ausführend tätig und haben wenig Gelegenheit, Vertrauen in ihre Fähigkeiten zu gewinnen.

B Die Stab-Linien-Organisation

Sie ist eine Einlinienorganisation, bei der die Instanzen durch Stäbe, spezialisierte Fachleute mit Detailwissen, unterstützt werden. Stäbe haben **keine** Weisungsbefugnisse, sie **beraten** die Linieninstanzen nur bei der Entscheidungsvorbereitung und unterstützen sie bei der Überwachung der Planerfüllung.

Typische Aufgaben für eine Stabsstelle sind zum Beispiel die Rechtsberatung oder die Planung einer neuen Geschäftsaktivität.

[12-3] Stab-Linien-Organisation

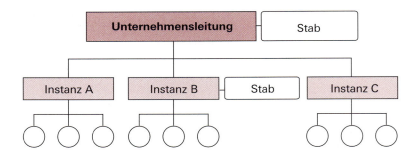

Vorteile: klarer Dienstweg, Entlastung der Linie, höhere Effizienz als beim reinen Liniensystem.

Nachteile: Macht der Stäbe durch ihren Informationsvorsprung; Kompetenzkonflikte zwischen Stab und Linie; Gefahr, dass es insgesamt zu viel Planung und zu wenig Entscheidung gibt; ferner: Die Trennung von Planen und Entscheiden kann zu Fehlentscheidungen führen, wenn die Stäbe Entscheidungen manipulieren und bestimmte Lösungen favorisieren (selbst aber nicht die Verantwortung dafür übernehmen müssen) oder wenn die Stäbe zu sehr von theoretischen Annahmen ausgehen, ohne die Praxis zu kennen.

C Die Mehrlinienorganisation

Bei der Mehrlinienorganisation führen mehrere Linien zu den untergeordneten Stellen, d. h., es können mehrere Vorgesetzte Weisungen erteilen, nicht nur ein Vorgesetzter wie bei der Einlinienorganisation.

[12-4] Mehrlinienorganisation

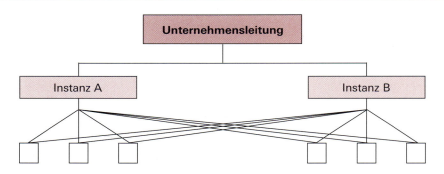

Vorteile: Eine Spezialisierung im Unternehmen wird möglich. Die Wege sind direkt und dadurch schneller.

Nachteile: Die untergeordneten Stelleninhaber sind mehreren Vorgesetzten unterstellt.

D Die funktionale Organisation

Sie ist die in kleinen und mittleren Unternehmen am stärksten verbreitete Organisationsform. Die Weisungs- und Kommunikationswege sind im Liniensystem organisiert, die Abteilungen nach Funktionsbereichen gegliedert, z. B. in einen technischen, einen kaufmännischen und den Absatzbereich oder in Produktion, Marketing und Verkauf, Personal usw. Oft werden die Funktionen auch weiter unterteilt, z. B. so:

[12-5] Funktionale Organisation

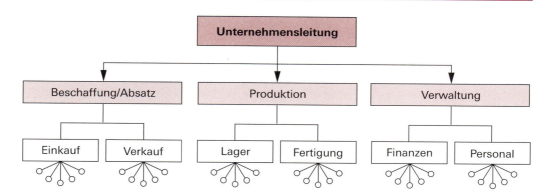

Vorteil: starke Betonung des Sachverstands und des Fachwissens.

Nachteile: Wenn das Unternehmen komplexer wird (z. B. wenn mehrere Produktelinien entwickelt werden), wird die funktionale Organisation unübersichtlich und die Instanzen werden durch die vielfältigen Planungs-, Koordinations- und Kontrollaufgaben überfordert; Neigung zur Überschätzung der eigenen Funktion und mangelnde Gesamtschau; Grenzen werden auch spürbar, wenn bereichsübergreifend zusammengearbeitet werden soll, z. B. zwischen Marketing und Produktion, bei der Entwicklung oder Verbesserung von Produkten.

E Divisionale oder Spartenorganisation

Viele grössere Unternehmen sind heute so diversifiziert (verschiedene Produkte und Geschäftszweige), dass eine Organisation nach Produktgruppen bzw. Produktlinien, Abnehmergruppen oder Regionen zweckmässiger ist als eine funktionale Organisation.

[12-6] Divisionale Organisation

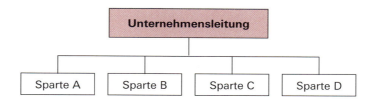

Die Spartenorganisation bringt Übersicht in diese Vielfalt durch die Schaffung von autonomen **Geschäftseinheiten,** die von **einer** für jede Einheit verantwortlichen Leitung betreut werden.

Alle **primär** für die Leistungserstellung notwendigen Funktionen (Beschaffung, Produktion usw.) werden den einzelnen Sparten zugeordnet; die **sekundären** Funktionen werden Zentralabteilungen zugeordnet, die die Spartenleiter und die Gesamtleitung unterstützen. Diese zentralen Abteilungen haben Weisungsbefugnisse:

[12-7] Spartenorganisation

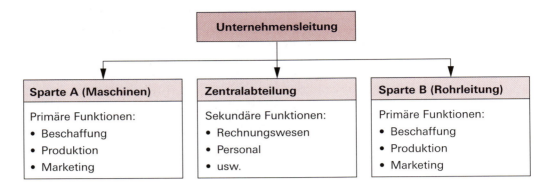

Profit-Centers sind eine Form der Spartenorganisation. Die einzelnen Abteilungen (Divisionen) sind für ihren **Gewinn** verantwortlich. Das Ziel, das dem Profit-Center vorgegeben wird, ist eine Gewinngrösse, die es unter Einhaltung bestimmter Bedingungen wie Qualität der Produkte, Serviceleistungen zu erreichen hat.

Vorteile: Grosse, komplexe Unternehmen werden durch Aufspaltung in Teilsysteme (Divisionen/Sparten) steuerbar, grosses Verantwortungsgefühl des Spartenleiters für **seine** Sparte, dadurch hohe Effizienz; hohe Flexibilität durch kürzere Kommunikationswege und grössere Frontnähe.

Nachteile: Abgrenzungsprobleme, Doppelspurigkeiten, Rivalität (statt Kooperation) zwischen den Sparten, erschwerte Ausrichtung der Sparten auf eine übergeordnete Philosophie, hoher Bedarf an qualifizierten Mitarbeitern.

F Matrixorganisation

Sie ist eine **Mehrlinienorganisation,** das heisst, dass die Mitarbeiter von mehreren Vorgesetzten Weisungen erhalten. Die Stellenbildung erfolgt auf der gleichen hierarchischen Stufe nach zwei oder mehreren Kriterien gleichzeitig, z. B. nach Produkten, Funktionen oder Regionen. Die Kriterien sind gleichwertig.

[12-8] Matrixorganisation

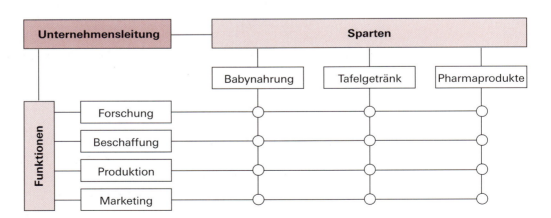

Das Problem der Matrixorganisation liegt in der Abgrenzung von Aufgaben, Kompetenzen und Verantwortung zwischen den hierarchisch gleichgestellten Instanzen, z. B. dem Produktionsleiter und dem Leiter der Sparte Babynahrung. Eine häufige Abgrenzung lautet: Der für ein Produkt verantwortliche Spartenleiter nimmt sämtliche Interessen seines Produkts wahr. Er entscheidet darüber, welche Qualität es haben muss, wie es auszusehen hat, verpackt sein muss usw.; der Produktionsmanager ist zuständig für die Realisierung der gewünschten Qualität, der Marketingmanager für Design, Verpackung, Werbung usw. Wenn die Zusammenarbeit gut ist, ist diese Organisationsform sehr erfolgreich, weil die besten Leute ihr Fachwissen auf jedes Produkt anwenden.

Vorteile: hohe Nutzung von Spezialwissen und dadurch erhöhtes Innovationspotenzial bei gleichzeitig hoher Flexibilität; rasche Reaktionsmöglichkeit, bereichsübergreifende Entscheidungen; hohe Identifikation der Beteiligten mit den erarbeiteten Lösungen, was zu qualitativ guten Umsetzungsergebnissen führt.

Nachteile: Kompetenzkonflikte, die lähmen können; Machtkämpfe, hohe Anforderungen an die Kooperationsfähigkeit der Mitarbeiter.

G Projekt- oder Teamorganisation

Sie unterscheidet sich von den bisher besprochenen Formen, weil sie meist nicht ein Unternehmen als Ganzes strukturiert, sondern nur **vorübergehend,** d. h. von Fall zu Fall für die Planung und Realisierung grösserer Vorhaben eingesetzt wird. Die Mitarbeiter des Projektteams werden aus der üblichen Organisationsstruktur herausgelöst und einem Projektleiter unterstellt. Leiter und Team können **voll- oder nebenamtlich** tätig sein.

Vorteile: Unterschiedlichstes Wissen kann zusammengeführt werden, kurze Kommunikationswege, hohe Kreativität (wenn das Team gut funktioniert), Flexibilität (je nach Bedarf werden Fachleute aus ihren Tätigkeiten herausgeholt und zusammengebracht).

Nachteile: meist erheblicher Zeitaufwand, der grösser ist, als wenn ein Einzelner das Projekt bearbeitet; Gefahr von zu vielen Kompromissen, wenn das Projektteam nicht gelernt hat, wirklich konstruktiv zusammenzuarbeiten.

Die Aufbauorganisation legt das Stellengefüge des Unternehmens fest. Sie zeigt, wie die verschiedenen Stellen zusammenwirken und nach welchen Kriterien sie zu Einheiten zusammengefasst werden. Je nach Anordnung entstehen verschiedene Organisationsstrukturen.

Gemäss der Unterstellung gibt es

- das Einliniensystem, in dem die Weisungen nur von oben nach unten und umgekehrt fliessen,
- das Mehrliniensystem, bei dem eine Stelle mehreren Leitungsstellen unterstellt ist,
- das Stab-Linien-System, bei dem zur Linie beratende Stäbe dazukommen.

Die Stellengliederung ist möglich nach

- betriebswirtschaftlichen Funktionen → **funktionale Organisation** (Beschaffung, Produktion, Verkauf),
- Produkten, Abnehmern, Regionen; → bei der **Spartenorganisation** werden autonome Geschäftseinheiten gebildet, die weitgehend selbständig tätig sind,
- Kombination mehrerer Kriterien → **Matrixorganisation,**
- Kompetenzen von Fachleuten aus verschiedenen Unternehmensbereichen → **Projekt- oder Teamorganisation.**

12.1.3 Die Stellenbeschreibung

A Inhalt

Die Stellenbeschreibung muss folgende Punkte enthalten:

- Bezeichnung der Stelle
- Aufgaben: kurze Beschreibung der Aufgaben
- Verantwortung: Aufgaben, für die der Stelleninhaber verantwortlich ist
- Kompetenzen: Zuständigkeiten und Befugnisse des Stelleninhabers
- Hierarchische Stellung: Bezeichnung der Stellung in der Organisationsstruktur des Unternehmens (Vorgesetzter, Unterstellte)
- Stellvertretung

Die Stellenbeschreibung wird dem Mitarbeiter zu Beginn seiner Arbeitsaufnahme übergeben und nochmals mit ihm besprochen, damit man sicher ist, dass die Aufgaben, Verantwortung und Kompetenzen richtig verstanden worden sind. Sie wird vom Vorgesetzten und vom Mitarbeiter zum Zeichen des gegenseitigen Einverständnisses unterzeichnet.

Eine Stellenbeschreibung soll nicht zu stark ins Detail gehen, weil sich im Verlauf der Zeit gewisse Tätigkeiten oder Aufgaben verändern können.

Beispiel einer Stellenbeschreibung

Bezeichnung: Kundenberaterin

Aufgaben: den Kunden sach- und fachgerecht optimal bedienen. Im Einzelnen:

- Gemäss den vorgegebenen Richtlinien kann sie in fachlichen Fragen kompetent Entscheidungen treffen.
- Sie erledigt die damit verbundenen Korrespondenzen selbständig.
- Sie trägt mit ihren Ideen dazu bei, dass Arbeitsabläufe optimiert werden.
- Sie führt und verwaltet die Kundenkartei.
- Sie kennt die notwendigen EDV-Programme und kann damit erfolgreich umgehen.
- Die Kundenberater unterstützen sich gegenseitig im Team.

Verantwortung: Sie ist verantwortlich dafür, dass die Kunden schnell und zuverlässig die gewünschten Leistungen erhalten.

Kompetenzen: Sie ist verantwortlich dafür, dass die Kunden schnell und zuverlässig die gewünschten Leistungen erhalten, und ist zuständig für sämtliche mit ihren Aufgaben verbundenen administrativen Tätigkeiten.

Hierarchische Stellung: übergeordnete Stelle: Abteilungsleiter Kundendienst

Untergeordnete Stelle: keine

Stellvertretung: Kundenberater/in aus dem Team

Ort und Datum:

Unterschrift des Vorgesetzten:

Unterschrift der Stelleninhaberin:

B Wem dient die Stellenbeschreibung?

Dem Mitarbeiter

- Er weiss, was er zu tun hat.
- Er weiss, wie er seine Leistung zu erbringen hat.
- Er erhält Sicherheit und Unabhängigkeit.
- Er weiss, was von ihm verlangt wird.
- Er kennt seine Kompetenzen; das wirkt sich auf ihn motivierend aus.

Dem Vorgesetzten

- Er erhält damit eine Führungshilfe.
- Er kann sich entlasten, weil seine Mitarbeiter ihre Aufgaben kennen.
- Er kann sich verstärkt den übergeordneten Zielen widmen.
- Die Stellenbeschreibung hilft ihm beim Mitarbeitergespräch und bei der Qualifikation.
- Er kann die Stellenbeschreibung als Unterlage für das Verfassen von Inseraten verwenden.

Dem Unternehmen

- Es weiss, wer für welche Aufgaben oder Ziele zuständig und verantwortlich ist.
- Die Stellenbeschreibung ist ein Kontrollmittel für die ISO-Zertifizierung.
- Bei wirtschaftlichen Veränderungen kann das Unternehmen rasch und effizient handeln.

Eine Stellenbeschreibung muss folgende Punkte enthalten:

- Bezeichnung der Stelle
- Aufgaben
- Verantwortung
- Kompetenzen
- Hierarchische Stellung
- Stellvertretung

Sie dient dem Mitarbeiter, dem Vorgesetzten und dem Unternehmen, indem sie Klarheit über die Aufgabe, Verantwortung, Kompetenzen, organisatorische Stellung und die Anforderungen einer Stelle schafft.

12.1.4 Die Ablauforganisation

Bei der Ablauforganisation geht es um die Gestaltung der wichtigen **Arbeitsprozesse.** Sie legt in den wesentlichen Linien fest, wie die in der Aufbauorganisation definierten Teilaufgaben zu verrichten und aufeinander abzustimmen sind, so dass am Ende das Gesamtziel erreicht wird.

Arbeitsabläufe werden festgelegt

- nach ihrem **Inhalt: Was** ist zu tun (z. B. Werbekampagnen durchführen)? Und **wie** ist dies zu tun? Welchen Beitrag leisten die verschiedenen Stellen und wie werden ihre Beiträge Text, Bild usw. miteinander verkettet, damit gute Kampagnen entstehen?
- nach **zeitlichen** Bedingungen: Wann, in welcher Reihenfolge, wie oft sind einzelne Tätigkeiten auszuführen? In der Produktion geht es z. B. um die Minimierung von Durchlaufzeiten und eine optimale Kapazitätsauslastung.

- nach **räumlichen** Bedingungen: Wo werden zusammenhängende Stellen angesiedelt, damit die zwischen ihnen ablaufenden Tätigkeiten optimal erledigt werden können?
- nach **beteiligten** Stellen: Welche Stellen sind für welche Arbeitsabläufe in welcher Phase zuständig?

Die Arbeitsabläufe sind der Aufbauorganisation anzupassen – oder umgekehrt; entscheidend ist, dass beide gut aufeinander abgestimmt sind.

Abläufe kann man grafisch als **Flussdiagramme** darstellen. Je nach Ablauf gibt es dabei verschiedene Formen. Der Ablauf der Auftragsbearbeitung in einem Buchverlag könnte so dargestellt werden:

[12-9] Abläufe im Buchverlag als Flussdiagramm

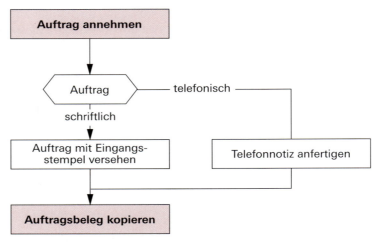

Im Verlag können die Aufträge schriftlich oder telefonisch erteilt werden. Beim schriftlichen Auftrag existiert bereits ein Auftragsbeleg, beim telefonischen Auftrag muss er erst erstellt werden. Die Sachbearbeiterin schreibt eine Telefonnotiz und leitet diese genauso weiter wie den schriftlichen Auftrag des Kunden. Danach gibt es keine weiteren Unterschiede mehr im Ablauf. Telefonisch und schriftlich eingegangene Aufträge werden in der Folge völlig gleich behandelt.

Die Ablauforganisation legt in den wesentlichen Linien fest, welche Tätigkeiten in welchen Arbeitsschritten von welchen Stellen wann und wo zu verrichten sind, damit sinnvolle Abläufe entstehen. Ziel ist die Erfüllung der Gesamtaufgabe.

Repetitionsfragen

72

Ordnen Sie das folgende Organigramm einem der besprochenen Organisationsmuster zu und erklären Sie es kurz:

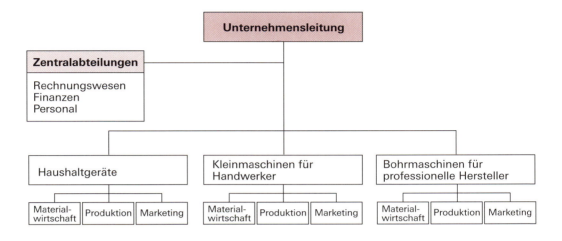

4

Welche Organisationsform beschreibt das folgende Organigramm?

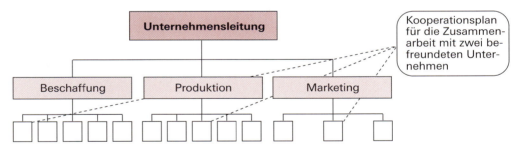

9

Das folgende Organigramm zeigt eine Stab-Linien-Organisation. Beschreiben Sie, wie sie funktioniert.

67

Die Personalsachbearbeiterin hat folgende Stellenbeschreibung für die Sekretärin des Geschäftsleiters verfasst:

Bezeichnung der Stelle:	Sekretärin
Aufgabe:	Erledigung aller administrativen Aufgaben für den Geschäftsleiter und Erledigung von zentralen Aufgaben für den ganzen Betrieb
Kompetenzen:	• Korrespondenz und Ablage nach Angaben des Geschäftsleiters • Kann Büromaterial selbständig bestellen
Hierarchische Stellung:	• Übergeordnete Stelle: Geschäftsleiter • Untergeordnete Stelle: keine
Stellvertretung:	Telefonistin

Lesen Sie die Stellenbeschreibung durch. Enthält sie alle notwendigen Angaben? Falls dies nicht der Fall ist, ergänzen Sie die fehlenden Angaben.

Teil D   Marketing

Einstieg, Leistungsziele, Schlüsselbegriffe

Zum Einstieg

Der Garagist Daniel Ammacher hat diesen Winter sensationell billige Winterreifen angeboten. Zu seiner grossen Verwunderung machten nur wenige Kunden von seinem Angebot Gebrauch. D. Ammacher sieht sich bei den anderen Garagen im Ort um und fragt seine Kunden, warum sie das günstige Angebot nicht genutzt haben. Er erkennt, dass er die günstigen Reifen nur verkaufen kann, wenn er sie auch montiert. Da er seine Garage im Einmannbetrieb führt, konnte er diese Leistung nicht anbieten. Für die nächste Wintersaison will er einen Mitarbeiter einstellen, um die Wünsche der Kunden voll erfüllen zu können.

Was lernen Sie?

- Marketing ist eine Unternehmensphilosophie und bedeutet, dass das Unternehmen sich auf die Kunden ausrichten muss.
- Das Unternehmen muss eine langfristige **Marketingstrategie** entwickeln.
- Die Marktforschung liefert die für das Marketing notwendigen Daten.
- Es gibt vier Marketinginstrumente: Produkt-, Preis-, Distributions- und Kommunikationspolitik.

Welche Leistungsziele bearbeiten Sie?

	Leistungsziel	Lernschritte
☐	Kaufleute legen für einen vorgegebenen Fall typische Produkt- bzw. Marktziele vor. Sie können wesentliche Konflikte innerhalb dieser Ziele und gegenüber den Anspruchsgruppen sowie der Umwelt beschreiben.	• Entwicklung der Marketingstrategie • Markt- und Produktziele • Kritische Erfolgsfaktoren • Marktsegmente • Positionierung • Strategiearten
☐	Kaufleute beschreiben für typische Unternehmungen das direkte oder indirekte Absatzverfahren. Sie begründen die Wahl.	• Was ist Distribution? • Absatzkanäle • Absatzmittler – Arten • Hersteller und Arbeitsmittler • Organisationsformen des Absatzes
	Kaufleute erhalten einen Fall zum Marketing mit Produkten oder Dienstleistungen, die ihnen grundsätzlich bekannt sind. Sie entwickeln dazu wirkungsvolle Strategien unter Einsatz des Marketing-Mix.	• Produkt- und Sortimentspolitik • Preispolitik • Distributionspolitik • Kommunikationspolitik

Schlüsselbegriffe

Marktziele, Produktziele, Marktanalyse, Konkurrenzanalyse, Marktpotenzial, Marktvolumen, Marktanteil, Marktsegment, Absatzkanäle, Absatzmittler, kritische Erfolgsfaktoren, Marketingstrategie, strategische Erfolgsposition (SEP), Positionierung, Kundenbedürfnisse, Umsatz, Nische, Horizontalisierung, Vertikalisierung, Image, Marktdurchdringung, Markterweiterung, Sortimentserweiterung, Diversifikation, Differenzierung, Marktführer, Markt-mitläufer, Marktherausforderer, Marktforschung, Primärmarktforschung, Sekundärmarktforschung, Panel, Produktpolitik, Sortimentspolitik, Grundnutzen, Zusatznutzen, Nebennutzen, Produktinnovation, Produktlebenszyklus, Produktmodifikation, Produktelimination, Produktpersistenz, Design, Styling, Verpackung, Marke, Kundendienst, Sortimentsbreite und -tiefe, Preispolitik, Preisfestlegung, Preisanpassung, Konditionenpolitik, Distributionspolitik, Einzelhandel, Grosshandel, Franchise-Organisation, Kommunikationspolitik, persönlicher Verkauf, Verkäuferschulung, Messen, Direktverkauf, Verkaufsförderung (Sales Promotion), Consumer Promotion, Merchandising, Werbung, AIDA-Formel, Public Relations, Sponsoring

Marketing ist eine Denkhaltung. Die Unternehmen richten **sämtliche** Aktivitäten am Markt aus. Nicht, was z. B. die Ingenieure intern für interessant erachten, soll das Handeln bestimmen, sondern was die **Kunden** brauchen und wünschen. Ihre Bedürfnisse werden systematisch durch Marktforschung untersucht und ständig verfolgt, damit man rascher als die Konkurrenz auf sie eingehen kann.

Die folgende Grafik gibt Ihnen einen Gesamtüberblick über das Unternehmen und zeigt die Bedeutung und die Sichtweise des Marketing.

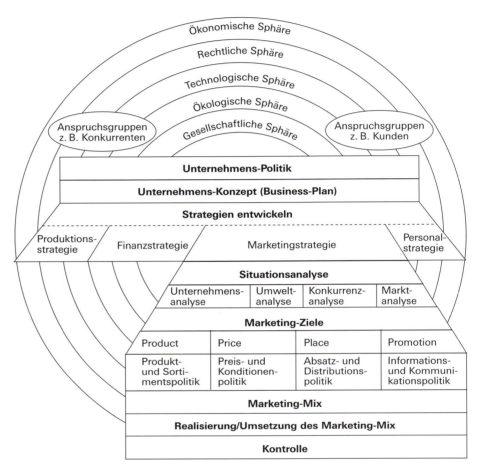

Die Grafik veranschaulicht den Einfluss der verschiedenen Unternehmenssphären und der Anspruchsgruppen, von denen wir nur die zwei für das Marketing wichtigsten – Kunden und Konkurrenz – eingezeichnet haben. Die Unternehmung verfolgt verschiedene Strategien:

- Um eine sinnvolle Marketingstrategie zu entwickeln, muss eine Situationsanalyse über die Umwelt, das Unternehmen, die Konkurrenz und den Markt erfolgen. Die notwendigen Daten dafür erhält man von der Marktforschung.
- Nachdem die Strategie entwickelt worden ist, wird der Einsatz der Marketing-Instrumente vorgenommen. Der dosierte Einsatz der Marketinginstrumente muss in Abstimmung mit dem Marketing-Ziel erfolgen. Dies ergibt den Marketing-Mix.
- Anschliessend folgt die Realisierung und danach die Kontrolle. Das Unternehmen untersucht den Erfolg der eingesetzten Marketing-Instrumente und prüft, welche Korrekturen evtl. noch notwendig sind.

> Marketing ist eine Denkhaltung, bei der die Unternehmen alle Aktivitäten am Markt ausrichten. Im Mittelpunkt stehen die Bedürfnisse der Kunden.

13 Die Entwicklung einer Marketingstrategie

13.1 Grundsätzliches

Die Marketingstrategie muss sich der **Unternehmensstrategie** unterordnen. Ihre Zielsetzungen sind verbindlich für **alle** Funktionsstrategien (Marketing, Produktion, Personal usw.). Zwischen Unternehmens- und Marketingstrategie besteht eine besondere Beziehung. Die beiden gehen von ähnlichen Analysen aus und formulieren z. T. ähnliche Ziele. Die Aussagen der Unternehmensstrategie sind dabei **allgemein,** die der Marketingstrategie sind funktionsbezogen und handwerklich.

Die Marketingstrategie hat auch eine Vorrangstellung gegenüber den übrigen Funktionsstrategien, weil von ihren Zielsetzungen abhängt, was die übrigen Bereiche zu leisten haben, z. B. Entwickeln eines neuen Produktetypus oder Herstellen kleiner, aber flexibler Serien.

Im Kern geht es bei der Marketingstrategie darum, drei Grössen aufeinander abzustimmen:

- Die Bedürfnisse der Kunden
- Die eigenen Stärken
- Die Leistungen der Konkurrenz

Ein Unternehmen wird langfristig erfolgreich sein, wenn es einen Nutzen für die Kunden schaffen kann, den die Konkurrenz in dieser Weise nicht leisten kann, und damit die finanziellen Mittel verdient, die seinen Fortbestand sichern. Es muss also erkennen, auf welchen Märkten es Kundengruppen gibt, denen es etwas **Besonderes** bieten kann.

Aus den Bedürfnissen der Kunden werden die Markt- und Produktziele abgeleitet.

Bei den **Marktzielen** geht es um:

- Marktsegmente
- Gliederung des Marktes
- Marktstellung in diesen Märkten oder Marktsegmenten (z. B. in Form des Marktanteils)
- Marktvolumen
- Marktpotenzial

Bei den **Produktzielen** klärt man folgende Punkte ab:

- Art der Produkte
- Sortimentstiefe oder -breite
- Qualitätsniveau

Zwischen den einzelnen Zielen kann es zu **Konflikten** kommen. Bei der Sortimentsgestaltung möchte das Unternehmen einerseits ein möglichst einheitliches, wenig gegliedertes Sortiment haben, weil es so hohe Stückzahlen zu günstigen Kosten herstellen kann. Andererseits gewährleistet eine grosse Produkte- und Variantenvielfalt, dass die Bedürfnisse von möglichst vielen Kunden möglichst individuell erfüllt werden. Dieses Problem wird in der Praxis oft gelöst, indem das Sortiment an selbst hergestellten Produkten beschränkt und Lücken durch den gezielten **Zukauf** von Produkten ergänzt werden.

Mit Zielkonflikten zwischen den Anspruchsgruppen haben wir uns bereits im Kapitel 9.7 beschäftigt.

Die Marketingstrategie steckt den Handlungsrahmen ab, indem sie vier grundlegende Entscheidungen trifft:

1. In welchen **Märkten** sind wir tätig?
2. Wer sind unsere Kunden, die wir erreichen wollen, und welche ihrer **Bedürfnisse** erfüllen wir?
3. Mit welchen **Leistungen** tun wir das?
4. Welche quantitativen Ziele setzen wir uns in den einzelnen Märkten? Wollen wir marktführend sein oder uns auf Nischen beschränken?

Die Entscheidung darüber, welche Stellung das Unternehmen insgesamt auf dem Markt einnehmen soll, ist eine Zielsetzung, die das ganze Unternehmen betrifft und die daher in der Unternehmensstrategie festgelegt wird; für die Marketingstrategie ist sie von besonderer Bedeutung.

Die Entscheidungen sind **schriftlich** in einem Strategiepapier festzuhalten, das für alle Mitarbeiter des Marketing verbindlich ist und die Messgrösse für Erreichtes ist.

> Die **Marketingstrategie** ist die Leitlinie, an der sich die Aktivitäten des Marketing ausrichten. Sie zeigt, wie das Unternehmen seine **Leistungen** auf die **Bedürfnisse** der Kunden abstimmen und wie es sich von den Angeboten der **Konkurrenz** unterscheiden kann. Das Unternehmen formuliert Markt- und Produktziele, die sich aus den Kundenbedürfnissen ergeben.

13.2 Markt- und Konkurrenzanalyse

Je genauer ein Unternehmen seine Märkte, und das heisst vor allem seine Kunden und Konkurrenten, kennt, desto besser kann es seinen Platz im Marktgefüge finden.

13.2.1 Analyse von Märkten und Teilmärkten

Man kann in vier Schritten vorgehen:

- Übersicht über den Markt gewinnen
- Kundenanalyse
- Analyse der Absatzkanäle und Absatzmittler
- Analyse der Marketinginstrumente

A Übersicht über den Markt gewinnen

Hier sind drei Aspekte interessant:

- Marktgrösse
- Gliederung des Marktes
- Konkurrenzsituation

Bei der Bestimmung der Marktgrösse sind folgende drei Begriffe wichtig:

- Marktpotenzial
- Marktvolumen
- Marktanteil

Um diese Grössen zu ermitteln, muss das Unternehmen den Markt festlegen. Welche Abnehmergruppe in welchem geografischen Gebiet und für welches Produkt ist gemeint?

Das **Marktpotenzial** ist der maximale oder theoretisch mögliche Absatz eines Produkts in einem Markt.

Das **Marktvolumen** ist die effektiv verkaufte Menge eines Produkts pro Jahr. Es umfasst die **Umsätze** aller Anbieter in einem Markt.

Der **Marktanteil** ist das Absatzvolumen, das ein Unternehmen am Marktvolumen hat.

[13-1]   Marktpotenzial – Marktvolumen – Marktanteil

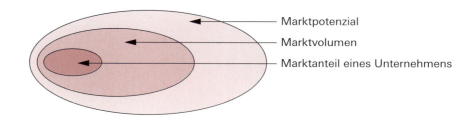

Märkte werden nach der **Produktverwendung** in **Teilmärkte** gegliedert.

[13-2]   Die Gliederung eines Markts in Teilmärkte

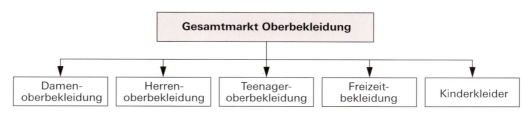

Die Aufgliederung eines Marktes in Teilmärkte erleichtert Übersicht und Entscheidungsfindung. Sie erfolgt nach Gesichtspunkten der Zweckmässigkeit, z. B. nach Produkten wie in unserer Grafik; auch eine Gliederung nach Bedürfnissen bzw. Kundengruppen ist möglich.

Gliederung des Marktes

Welche Kundengruppen mit welchen Bedürfnissen gibt es im Markt? Der Marketingfachmann ist besonders am Auffinden von homogenen Gruppen, **Marktsegmenten,** interessiert. Marktsegmente sind Kundengruppen mit **ähnlichen** Bedürfnissen, z. B. berufstätige Hausfrauen mit kleinen Kindern oder Singles mit überdurchschnittlichem Einkommen, die ihre Freizeit originell gestalten wollen. Marktsegmente sind interessant, weil sie mit dem gleichen Marketing-Mix bedient werden können.

Konkurrenzsituation

Das Unternehmen muss abschätzen können, wie stark und entwicklungsfähig die Konkurrenz ist und wie stark man selbst im Vergleich zu ihr ist. Erst die realistische Einschätzung der Machtverhältnisse macht den Aufbau einer Strategie möglich. Wie wird eine Konkurrenzanalyse durchgeführt?

- Man bestimmt die **wichtigen und mögliche neue Konkurrenten;** interessant sind nur jene, die einem gefährlich werden können – weil sie ein ähnliches Produkt anbieten oder ähnliche Kunden ansprechen oder ohne grosse Schwierigkeiten in den Markt einsteigen können, in dem man selbst tätig ist. Dies trifft z. B. auf Anbieter ähnlicher Leistungen zu, die bisher in anderen Regionen oder in vor- bzw. nachgelagerten Ge-

schäften tätig waren und durch Zusammenschluss (Vorwärts- oder Rückwärtsintegration) leicht in den relevanten Markt einsteigen können; es muss auch beachtet werden, dass bisher schwache Anbieter durch Fusion plötzlich gefährlich werden können.
- Die **wichtigen** Konkurrenten werden näher **untersucht.** Dabei interessieren vor allem folgende Punkte:
    - Charakteristische Merkmale der Produkte, Marketinginstrumente
    - Charakteristische Merkmale des Unternehmens – Finanzkraft, Innovationsstärke, Managementqualitäten, Entwicklungsmöglichkeiten
    - Stärken und Schwächen im Vergleich zu den eigenen Stärken und Schwächen
- Das zukünftige Verhalten der Konkurrenz wird eingeschätzt. Welche Ziele und Strategien verfolgen sie im Markt, wo können daraus Gefahren oder auch Chancen erwachsen?

B Kundenanalyse

Erfolgreiches Marketing setzt ein vertieftes Verständnis der Kunden und ihrer Wünsche voraus. Man wertet dazu erst einmal das greifbare Datenmaterial im eigenen Unternehmen sowie in allgemein zugänglichen Untersuchungen, die Sekundärdaten, aus. Sieht man, dass feinere Anhaltspunkte nötig sind, muss man in einer **Marktuntersuchung** Primärdaten in Form von Kundenbefragungen, Markttests und Beobachtungen vor Ort erheben. Die Untersuchung von Märkten ist Aufgabe der **Marktforschung.**

Es werden folgende Fragen untersucht:

- **Wer** sind die Kunden eines Teilmarktes oder bestimmter Segmente? Sind es Privatpersonen oder Unternehmen, gibt es viele oder wenige, wie sind sie geografisch verteilt, wie verwenden sie das Produkt, welche Anforderungen stellen sie daran, welche Merkmale charakterisieren sie (Alter, Geschlecht, Beruf, Kaufkraft, Wohnort, Lebensstil, Wertvorstellungen usw.)?
- **Wie** wird gekauft? Die Analyse des **Kaufakts** zeigt, wo, wann, wie oft gekauft wird, ob äussere Einflüsse von Bedeutung sind, z. B. saisonale Faktoren, ob es regionale Unterschiede gibt (Nord-Süd-Unterschiede, länderspezifische Unterschiede), Unterschiede nach Sprachregionen (deutsch-/französischsprachige Schweiz), welche Produktqualität, Verpackung usw. bevorzugt wird, ob im Supermarkt oder im Fachgeschäft gekauft wird usw.

- **Warum** wird gekauft? Es ist ausserordentlich wichtig, die **Motive** für den **Kaufentscheid** zu kennen. Nach welchen Kriterien entscheidet der Kunde? Kauft er spontan oder informiert er sich z. B. durch Beratung, kauft er aus eigenem Antrieb oder wird er beeinflusst – Kinder von den Eltern, Bauherren von Architekten. Welche Bedürfnisse will er mit dem Kauf befriedigen? Die Motive können je nach Segment, d. h. von Kundengruppe zu Kundengruppe, variieren.

    Der Student, der in den Semesterferien etwas erleben will, wird nicht die gleiche Reise aus dem Programm eines Reisebüros auswählen wie die Familie mit kleinen Kindern. Sie sind zwar alle Kunden im Reisemarkt, entscheiden aber nach ganz unterschiedlichen Kriterien. Reiseveranstalter berücksichtigen dies, indem sie ihr Angebot in Abenteuer-, Bade-, Club-, Aktivferien, Kreuzfahrten usw. unterteilen.

Der **Kaufentscheid** des Kunden bestimmt letztlich den wirtschaftlichen Erfolg des Unternehmens. Je besser das Unternehmen die Entscheidungskriterien seiner Kunden kennt, desto präziser kann es sich mit seinen Leistungen darauf einstellen.

C Analyse der Absatzkanäle und Absatzmittler

Die Frage der Distribution (Verteilung) von Produkten ist eine zentrale Marketingfrage, sie kann zum entscheidenden Erfolgsfaktor werden. Viele Produkte gelangen heute nicht mehr direkt vom Hersteller zum Kunden, sondern über **Dritte,** z. B. den Gross- und Einzelhandel. Diese nennt man Absatzmittler. Die **Absatzmittler** haben einen oft wesentlichen Einfluss auf den Markterfolg eines Unternehmens, weil sie im direkten Kontakt mit den Kunden stehen und wichtige Marketingaufgaben übernehmen: Sie arbeiten die Angebote für die Kunden aus, führen Werbeaktionen durch, stellen die Ware aus und beraten den Kunden. Für den Hersteller ist es ausserordentlich wichtig, den Weg, den seine Produkte zum Kunden zurücklegen, genau zu kennen, d. h. zu wissen, wie **leistungsfähig** die einzelnen Absatzmittler sind.

D Analyse der eingesetzten Marketinginstrumente

Die eigene Marketingplanung lässt sich gezielt gestalten, wenn man einen Überblick darüber hat, wie die Mitanbieter die Marketinginstrumente einsetzen, welche Strategien bisher erfolgreich waren und welche nicht. In gewissen Märkten gibt es auch Gepflogenheiten, die man kennen muss. Im Einzelnen geht es um die:

- **Analyse der Serviceleistungen:** Welche Art von Beratung wird angeboten, welche Garantieleistungen, Wartungsabsprachen usw. gibt es? Entscheidend ist dabei die **Wirkung** auf den Kunden. Service ist nur sinnvoll, wenn der Kunde ihn wünscht.
- **Preispolitik der Anbieter:** Wie werden die Preise **festgelegt,** nach den Kosten oder gibt ein Marktleader den Ton an? Wie ist die **Preisdifferenzierung,** gibt es regionale, segmentspezifische oder andere Preisunterschiede für gleiche Produkte? Wie gross ist die **Preissensitivität** der Kunden, weichen sie durch veränderte Preise leicht auf andere Produkte aus oder reagieren sie nicht besonders sensibel auf Veränderungen? Wie ist das **Preis/Leistungs-Verhältnis,** wie kritisch vergleicht der Kunde? Wie ist die **Preisentwicklung** auf längere Sicht und im Vergleich zum allgemeinen Preistrend?
- **Analyse der Kommunikationsmittel:** Mit welchen Schwerpunkten setzen die Anbieter eines Marktes die Werbung, den persönlichen Verkauf, die Teilnahme an Messen usw. ein; welche Mittel geben sie dafür aus, welche Wirkungen sind nachgewiesen (Rücksendequoten von Coupons, Einschaltquoten bei der TV-Werbung, eingehende Aufträge aufgrund von Aktionen usw.)?

Die **Marktanalyse** gibt einen Überblick über die relevanten Märkte und Teilmärkte:

- Ihre **Grösse** und die grundsätzlich darin herrschenden Wettbewerbsverhältnisse
- Die Stärken, Strategien und Entwicklungsmöglichkeiten der wichtigen und möglicher neuer **Konkurrenten**
- Die **Kunden** (wichtige Merkmale, ihre Bedürfnisse und Kaufmotive)
- Die **Absatzkanäle und Absatzmittler**
- Die Einsatzschwerpunkte der **Marketinginstrumente** (Service, Preis, Kommunikation)

13.2.2 Kritische Erfolgsfaktoren

Zweck der Marktanalyse ist, jene Faktoren ausfindig zu machen, die für den Erfolg in einem bestimmten Markt oder Segment besonders wichtig sind. Man nennt sie die **kritischen Erfolgsfaktoren.** Sie sind marktspezifisch, d. h., jeder Markt hat **seine** kritischen Erfolgsfaktoren.

Der kritische Erfolgsfaktor für einen Autoersatzteilhändler ist zum Beispiel seine Fähigkeit, ein breites Sortiment von Ersatzteilen liefern zu können.

Die **kritischen Erfolgsfaktoren** sind jene Grössen, die ausschlaggebend für den **Erfolg** in einem bestimmten **Markt** sind.

13.3 Der Aufbau einer Marketingstrategie

Der Blick nach aussen durch die Markt- und Konkurrenzanalyse muss durch den Blick nach innen – auf die eigenen Stärken, Fähigkeiten und Ressourcen und auch auf Schwachstellen – ergänzt werden. Was können wir leisten, wie setzen wir unsere Stärken am besten ein, mit welcher Strategie fallen unsere Schwächen am wenigsten ins Gewicht?

Auf der Basis der zusammengetragenen Informationen muss man also eine Vorstellung darüber entwickeln, wie das Unternehmen seine Produkte am Markt erfolgreich verkaufen kann. Die erkannten kritischen Erfolgsfaktoren am Markt sind so mit den vorhandenen oder noch zu entwickelnden Stärken des Unternehmens zusammenzubringen, dass langfristige Wettbewerbsvorteile, **strategische Erfolgspositionen**[1], aufgebaut werden können.

Strategische Erfolgspositionen (SEP) = kritische Erfolgsfaktoren im Markt + Stärken des Unternehmens, durch die es sich von der Konkurrenz unterscheidet.

In der Regel werden mehrere alternative **Varianten** entwickelt, die man dann einzeln auf ihre Realisierbarkeit und ihre Erfolgschancen hin überprüft, bevor man sich für eine Variante entscheidet.

13.3.1 Die Wahl attraktiver Marktsegmente

Bei der Strategieentwicklung geht es darum, die Teilmärkte und Marktsegmente zu bestimmen, in denen man tätig sein will. Man sucht nach Segmenten, in denen die eige-

---

[1] Der Begriff stammt von Prof. Cuno Pümpin, St. Gallen.

nen Leistungen den grössten **Nutzen** stiften und die gleichzeitig objektiv **attraktiv** sind. Attraktiv sind grosse Teilmärkte oder Segmente mit kaufkräftigen Kunden, hohen Margen, grossen Gewinnspannen, einer nicht zu hohen Preissensitivität der Kunden und guten Wachstumsaussichten, d. h. noch nicht gesättigte Märkte, in denen das Marktvolumen bzw. das Marktpotenzial noch nicht ausgeschöpft ist. Gerade diese Segmente sind aber am härtesten umkämpft, weil sie auch viele andere Anbieter anziehen.

Die anzupeilenden Segmente sind zu **definieren**. Je genauer man seine Kunden kennt, umso besser kann man sich auf sie einstellen. Die Kriterien sind dabei:

- **Geografische** Eingrenzung: lokal, regional, national, global; städtisch, ländlich; nach Sprachgruppen usw. Viele Produkte müssen den geografischen Märkten angepasst werden. Kaffee z. B. wird in verschiedenen Regionen Europas in verschiedenen Röststärken gewünscht.
- **Demografisch:** nach Alter, Geschlecht, Einkommen, Beruf usw., z. B. Hautpflege für Frauen über 40, Reiseangebote für Studenten zwischen 18 und 30
- **Technisch-funktional:** nach der Produktverwendung, z. B. Kameras für technisch nicht interessierte Hobbyfotografen, für anspruchsvolle Amateure, für Profis; Kriterien sind die technische Ausstattung, die Leistung, Lebensdauer usw.
- **Sozio-psychologisch:** nach sozialer Herkunft, Lebensstil, Gewohnheiten, persönlicher Einstellung wie konservativ, jugendlich-unbekümmert, elitär usw., z. B. Möbel für statusbewusste Individualisten, Billig-Möbel für Studenten und Berufseinsteiger, die ihren eigenen Haushalt aufbauen
- **Kaufverhaltenorientiert:** Wie gut wollen die Käufer über Produkte informiert sein, wie verwenden sie sie, wo kaufen sie ein, welchen Nutzen erwarten sie? Wollen sie nur das Produkt und seinen Nutzen, ohne viel Wert auf Verpackung und Ambiance in einem attraktiven Verkaufsgeschäft zu legen, oder wünschen sie individuelle Beratung? Kaufen sie impulsiv, gewohnheitsmässig oder sozial bestimmt?
- **Kundentyp:** Ähnliche Leistungen können sich an verschiedenste Kunden richten, z. B. Lebensmittel für Privathaushalte und für Grosskunden wie Kantinen. Der Entscheid für ein Segment wirkt sich auf das gesamte Marketing aus, denn der Privatkunde wählt sein Produkt nach anderen Kriterien aus als die Kantine, er muss anders informiert werden, benötigt andere Serviceleistungen und eine andere Distribution.

Die Segmente dürfen **nicht zu klein** sein, sonst ist ihre Bearbeitung nicht rentabel; es muss sich lohnen, ein eigenes Marketingprogramm für ein Segment zu erarbeiten. Sie müssen hinsichtlich Grösse, Kaufkraft usw. **messbar** und wertbar sein, sonst sind die eigenen Leistungen nicht überprüfbar. Die Segmentdefinition darf nicht statisch sein; sie variiert in den verschiedenen geografischen Märkten oft stark. Kaffee ist z. B. in westlichen Industrieländern ein Produkt des täglichen Gebrauchs, in China (noch) nicht; dort sind die Zielgruppen ganz anders zu definieren; man kann sich z. B. an die modern eingestellte Oberschicht richten. Das Segment muss sich auch durch eine zeitliche Dauer auf dem Markt kennzeichnen. Hier wird unterschieden zwischen den Trends und Modeerscheinungen. Modeerscheinungen sind kurzfristig und betreffen einen kleineren Kunden- oder Interessentenkreis. Der Trend ist langfristig und betrifft einen grossen Kundenkreis.

Die Auswahl und Definition der Marktsegmente, in denen man tätig sein will, ist ein ausserordentlich wichtiger, aber auch schwieriger Entscheid. Es werden dadurch langfristig beträchtliche Mittel gebunden, ein Umsteigen ist nicht ohne weiteres möglich.

Die Marktsegmentierung hängt wesentlich von zwei Grössen ab:

- von der **Attraktivität** eines Segments und
- der eigenen Stärke im Vergleich mit den Stärken der Konkurrenz; diese bezeichnet man als **relative Stärkeposition.**

Wichtig bei der Segmentwahl ist auch die **Beurteilung der künftigen Entwicklung.** Besteht z. B. die Gefahr, dass der Markt sich weiter unterteilt oder gewählte Segmente mit anderen zusammenwachsen? In jungen Märkten ist die Segmentierung oft noch nicht ausgeprägt, so dass der ganze Markt als ein Segment betrachtet werden kann. Mit der Zeit teilt er sich dann immer weiter auf, was zu einer sinkenden Rentabilität führen kann. Verpasst ein Unternehmen die Bearbeitung neuer Segmente, wird sein Markt immer kleiner; die Erschliessung neuer Märkte erfordert aber oft erhebliche Investitionen.

Die Kunden der ausgewählten Teilmärkte und Marktsegmente nennt man im Marketing Zielkunden.

Die Bestimmung der **Marktsegmente,** in denen das Unternehmen tätig sein will, ist **eine strategische Grundentscheidung.** Mit ihr werden jene Kundengruppen aus dem Markt herausgegriffen, denen das Unternehmen Leistungen anbieten will. **Attraktiv** sind Segmente:

- die **objektiv,** d. h. vom Marktvolumen, von den Wachstumschancen, von der Kaufkraft der Kunden her usw., **interessant** sind,
- in denen die eigenen Stärken zum Zug kommen können **(relative Stärkeposition).**

13.3.2 Die Positionierung der eigenen Leistungen

Wer mit einem völlig neuen Produkt oder einer völlig neuen Dienstleistung einen neuen Markt schaffen kann, hat am Anfang gute Chancen, den ganzen Markt zu bearbeiten. Meist dauert es aber nicht lang und es drängen mehr und mehr Anbieter auf den neuen Markt. Dann wird es wichtig, sich von diesen zu **unterscheiden** (Differenzierung). Dies geschieht durch **Positionierung** der eigenen Leistungen.

Eine Leistung am Markt positionieren heisst: sie so gestalten, dass der **Zielkunde** sie als interessant, in gewissem Sinn als einzigartig, auf jeden Fall als wertvoller und nützlicher wahrnimmt als jene der **Konkurrenz** und sie daher kauft.

Aus der Sicht des Unternehmens geht es darum:

- welche Besonderheiten sein Leistungsangebot hat,
- wodurch es sich von den Angeboten der Konkurrenz unterscheidet und
- wie man es gestalten kann, dass es bestimmte Kunden in besonderem Mass und stärker anspricht als die Leistungen der Mitanbieter.

In unseren gesättigten Märkten gibt es selten wesentliche Unterschiede im Kernnutzen der einzelnen Produkte – Autos, Kühlschränke usw. sind sich in der technischen Qualität heute sehr ähnlich; eine Unterscheidung ist oft nur noch durch Zusatzmerkmale und Zusatzleistungen möglich.

Um ein Produkt erfolgreich zu positionieren, muss man die Wünsche der Zielkunden **genau** kennen. Es genügt nicht, Marktsegmente zu definieren, man muss tiefer gehen und herausfinden, was die Zielkunden eines Segments zum Kauf motiviert. Was sucht z. B. der potenzielle Käufer eines Kleinwagens ausser dem, was Kleinwagen charakterisiert (bestimmte Motorenstärke und günstiger Preis)? Will er ein praktisches oder ein originelles Auto, legt er vor allem Wert auf gute Serviceleistungen, preisgünstige Ersatzteile, niedrigen Benzinverbrauch oder auf ein bestimmtes Image – klein und verrückt, klein und umweltfreundlich? Was kann ihn dazu bewegen, unter den angebotenen Kleinwagen einen ganz bestimmten zu wählen?

Zur Positionierung können grundsätzlich **alle** Aspekte eines Leistungsangebots verwendet werden: ein bestimmtes Merkmal der Produktqualität (Brot, das nicht ofenfrisch ist, wird zurückgenommen), der Preis (niedriger als die Preise der Konkurrenz), die Verteilung (Versand innerhalb 24 Stunden), Service, Beratung, Verpackung, Image, Werbung, PR usw.

Den besten Erfolg haben Positionierungen:

- die sich auf **wenige,** aber wichtige Faktoren konzentrieren und die dem **Kunden** kommuniziert werden,
- die sich deutlich von den Positionierungen der **Konkurrenz** unterscheiden,
- die offenen oder verborgenen Wünschen der **Zielkunden** entsprechen,
- hinter denen **echte Stärken des Anbieters** stecken und
- die regelmässig aktualisiert werden; Positionierungen können rasch veralten und büssen damit an Wirkung ein.

Mit der Positionierung wird ein Produkt, eine Leistung in bestimmter Weise im **Bewusstsein** der Zielkunden verankert. Sie sollen bestimmte Merkmale mit bestimmten Produkten verbinden.

> Mit der **Positionierung** wird ein Produkt, eine **Leistung** im Denken der ausgewählten Zielgruppen **verankert.** Eine Positionierung ist langfristig erfolgreich, wenn sie einem **Bedürfnis** der Kunden entspricht, wenn sie sich von der **Konkurrenz unterscheidet**, **rentabel** ist und auf einer **Stärke** des Anbieters beruht.

13.3.3 Strategiearten

A Segmentierungsstrategien

Die generelle Strategie

Sie ist auf den **gesamten** Markt gerichtet. Sie kommt für Produkte in Frage, die Grundbedürfnisse befriedigen, z. B. den Bedarf an Papiertaschentüchern, und für neue, noch nicht differenzierte Märkte, die empfänglich für ein neues Produkt sind. Als Nylonhemden auf den Markt kamen, gab es zu Beginn keine Differenzierung; sie erlebten eine grosse Nachfrage, weil sie das lästige Bügeln überflüssig machten.

Strategien für ein oder mehrere Segmente

Jede Zielgruppe wird gezielt und individuell bearbeitet.

Nischenstrategien

Das Angebot wird auf einen ausgewählten, meist spezialisierten Käuferkreis ausgerichtet, der oft individuell bedient wird und bei dem auf Spezialwünsche eingegangen wird, z. B. bei der Prothesenherstellung. Die Nischenstrategie eignet sich für kleine und mittlere Unternehmen oder für den Markteinstieg von neuen Sparten grosser Unternehmen, die im Erfolgsfall zu Segmentstrategien übergehen.

B Positionierungsstrategien

Es geht hier nicht um die **Produkt**positionierung, sondern um die Positionierung von **Unternehmen** im Markt. Man unterscheidet:

Horizontalisierungs- und Vertikalisierungsstrategien

Horizontalisierung bezieht sich auf die **Breite** des Angebots. Das Unternehmen kann

- viele oder wenige Sparten anbieten,
- sich auf bestimmte Leistungen beschränken oder
- sich mit Unternehmen von verwandten Branchen zusammenschliessen.

Beispiel
Lebensmittelhersteller A produziert Spezialkonfitüren für Reformhäuser; B produziert Konfitüren und eine breite Palette von Süsswaren, die er an Privat- und Grossverbraucher verkauft. Der Horizontalisierungsgrad von B ist grösser als der von A.

Vertikalisierung bezieht sich auf die Integration verschiedener vor- oder nachgelagerter Handels- oder Produktionsstufen. Auch hier gibt es unterschiedliche Grade der Ausdehnung.

Beispiel
Wenn eine Sägerei sich mit einem Holzverarbeitungsbetrieb zusammenschliesst, fügt sie eine weitere Produktionsstufe hinzu und positioniert sich dadurch neu.

Horizontale und vertikale Erweiterungen kommen durch Ausbau der eigenen Geschäftstätigkeit, immer öfter aber durch Kooperationen und Unternehmenszusammenschlüsse zustande.

Positionierung in der öffentlichen Meinung

Das **Image** eines Unternehmens, das Bild, das sich Kunden, Konkurrenten, die Öffentlichkeit von ihm machen, ist von grösster Bedeutung für seinen Markterfolg. Das Image entsteht durch die Vorstellungen, Meinungen, Vorurteile und Gefühle, die Marktpartner mit dem Unternehmen und seinen Leistungen verbinden. Das Image profiliert das Unternehmen und unterscheidet es von anderen Unternehmen – als besonders umweltbewusst/solide/unkonventionell und offen/kulturbewusst/ethisch verpflichtet/mächtig/erfolgreich/innovativ usw. Das Image bringt aber nur dann langfristig Erfolg, wenn es mehr als eine Fassade ist, d. h., wenn dahinter echte Leistungen stehen, die für die Zielkunden und für potenzielle neue Kunden attraktiv sind.

Beispiel
Kleine Banken, die ökologisch und sozial orientierte Projekte finanzieren, also eine hohe Ethik vertreten, haben heute trotz einer finanzstarken Konkurrenz Erfolg, weil sie das Bedürfnis vieler Kunden nach einer neuen Wertausrichtung ansprechen (sinnvolle, nicht nur ökonomisch interessante Projekte).

C Differenzierungs- oder Wettbewerbsstrategien

Im Mittelpunkt steht hier der Wille, sich im Leistungsangebot von der Konkurrenz zu unterscheiden, ein eigenes, unverwechselbares Profil zu haben und sich damit durchzusetzen. Differenzierung ist durch eine besondere Gestaltung der **Marketinginstrumente** möglich, z. B. in der Produktpolitik durch die Wahl der Produkte oder in der Preispolitik durch niedrige Preise.

D Wachstumsorientierte Strategien

Man unterscheidet Strategien, die auf **Wachstum, Konsolidierung des Erreichten** und **Abbau** von Marktanteilen ausgerichtet sind.

Strategien, die Wachstum (Expansion) anstreben

Wachstum ist ein häufiges Ziel, weil damit die Stückkosten gesenkt, die Rationalisierung verbessert, die Markterschliessung ausgebaut und die Rendite verbessert werden können. Es gibt verschiedene Wege zum Wachstum. Man unterscheidet im Marketing grundsätzlich folgende vier Wege:

- **Marktdurchdringung** (Penetration): Mit einem bewährten Produkt wird versucht, mehr Absatz bei den **bestehenden** Kunden zu erzielen – durch Preisvergünstigungen, eine breitere Distribution, intensive Werbung und Verkaufsförderung.
- **Markterweiterung:** Bewährte Produkte werden in neuen Segmenten angeboten, z. B. wird das Metallbauunternehmen, das erfolgreich Wintergärten plant und herstellt, auch im Bau von Messehallen aktiv oder man expandiert geografisch usw.
- **Sortimentserweiterung:** Expansion ist auch durch die Einführung neuer oder veränderter Produkte in bereits erschlossenen Märkten möglich (als Neuheit im Haarpflegebereich: Shampoos mit speziellen Gerüchen – fruchtig, blumig, tropisch usw.).
- **Diversifikation:** Wachstum wird durch das Eindringen in neue Märkte mit neuen Produkten angestrebt; der Shampoohersteller gliedert z. B. einen Geschäftszweig für Babynahrung, Sonnenbrillen usw. an. Es gibt ferner Strategien, die das Halten von Marktanteilen oder gar den gezielten Abbau eines Produkts oder Markts anstreben.

Strategien zum Halten von Marktanteilen

Sie sind typisch für reife, etablierte Märkte, in denen die Anbieter ihre festen Positionen haben und es rentabler ist, die Kräfte dafür einzusetzen, vorhandene Anteile zu halten als sie in wenig lukrative Kampf- und Expansionsbestrebungen zu investieren. Es sind Strategien, die sinnvoll sind für Unternehmen, die ihr Marktziel erreicht haben oder mit den verfügbaren Mitteln nicht wesentlich mehr erreichen können.

Oft verfolgen auch Marktführer diese Strategie. Damit sie den Status quo als Leader halten können, müssen sie sich **aktiv** verhalten. Passivität führt sehr rasch zu Marktanteilsverlusten. Ihr Handeln richtet sich dabei meist auf das Produktumfeld, weniger auf das Produkt selbst. Es wird weniger in die Produktinnovation und mehr in die Aufmachung investiert, z. B. in neues Styling (neue Formgebung), kleine Verbesserungen in der Haltbarkeit, Verpackung, im Service usw., und in die Werbung (neue Botschaften, neue Verkaufsförderung usw.). Die Bestrebungen gehen dahin, das Produkt attraktiv zu halten und so eine hohe Rentabilität zu erreichen.

Melk- und Desinvestitionsstrategien

Sie werden für Produkte eingesetzt, deren Marktanteil nicht mehr zu halten ist. Bei der Melkstrategie wird überhaupt **nicht** mehr investiert, weder in Produktverbesserungen noch in die Verkaufsförderung usw. Es geht nur darum, kurzfristig noch so viel Gewinn wie möglich zu erzielen. Ist auch dies nicht mehr möglich, geht man zu Desinvestitionsstrategien über, d. h., das Produkt wird aus dem Sortiment entfernt.

E Konkurrenzstrategien

Fast jeder Anbieter ist darauf bedacht, sich mit den **Differenzierungsstrategien** von seinen Konkurrenten zu unterscheiden und ein eigenes Profil zu gewinnen, indem er seine spezifischen Wettbewerbsvorteile aufbaut. Er steckt sein Aktionsfeld mit der **Wahl der Marktsegmente** ab, mit der **Positionierung** nimmt er darin **seine** Stellung ein, und mit der **Handlungsstrategie** entscheidet er, **ob** er in eine Auseinandersetzung mit den Mitanbietern gehen und **wie** er diesen Kampf gestalten will. Er kann sich mehr oder weniger offensiv verhalten, er kann aber auch mitlaufen. Entscheidend ist, ob er neue Marktanteile oder gar Märkte erobern wird und ob er dazu eine günstige Ausgangslage hat. Die Art und Weise, wie sich ein Unternehmen mit den Mitanbietern im gleichen Markt auseinander setzt, bezeichnet man als Konkurrenzstrategie. – Die Ausgangspositionen im Konkurrenzkampf können sehr unterschiedlich sein. Wir beschreiben die drei häufigsten und ihre Strategien:

Marktführer

Er hat meist den grössten Marktanteil; sein Verhalten hinsichtlich Preis, Produktinnovation usw. ist bestimmend für die übrigen Marktteilnehmer.

Strategien für Marktführer: Der Marktführer ist in der bequemen Lage, über umfangreiche Mittel zu verfügen und seine Position nur **verteidigen** zu müssen; Verteidigung verzehrt weniger Mittel und Kräfte als Angriff. Ein bewährtes Mittel, eine starke Position zu halten, ist der **Angriff der eigenen Produkte.** Es werden ständig neue, verbesserte Produkte eingeführt, ohne dass die Konkurrenz folgen kann. Der Leader wird so zum unumstrittenen Führer, der die Nase immer ganz vorn hat.

Marktmitläufer

Dies sind Unternehmen, die einen begrenzten Marktanteil haben und in ihrer Strategie (Preise, Qualität usw.) dem Marktführer folgen. Eine Mitläuferstrategie kann sich durchaus lohnen. Sie bringt einen sicheren Umsatz und verschwendet keine Mittel in einen aussichtslosen Konkurrenzkampf.

Marktherausforderer

Marktherausforderer sind zweit- und drittplatzierte Unternehmen, die einen grösseren Marktanteil erobern wollen und zu diesem Zweck den Marktleader oder andere starke Anbieter herausfordern – durch neue Produkte, anders berechnete Preise, eine andere Distribution oder Werbung usw.; die japanischen Autohersteller waren z. B. erfolgreiche Marktherausforderer mit der Strategie der niedrigen Preise.

Marktherausforderer streben eine stärkere Marktdurchdringung an, Marktführer eher eine Markterweiterung.

In der Marketingstrategie wird bestimmt, **wie** die Ziele erreicht werden sollen. Das Verhalten im Markt, vor allem gegenüber der Konkurrenz, muss geplant werden.

Man kann folgende wichtige Strategien unterscheiden:

- **Segmentierungsstrategien** nach Umfang des gewählten Marktausschnitts: generelle, segmentspezifische Marktbearbeitungs- und Nischenstrategien
- **Positionierungsstrategien:** Grad der vertikalen und der horizontalen Ausdehnung sowie der Positionierung in der öffentlichen Meinung
- **Differenzierungsstrategien:** Selbstprofilierung und Unterscheidung von den übrigen Anbietern durch speziellen Einsatz der Marketingmittel
- **Wachstumsstrategien:** mögliche Ziele: Expansion durch Markterweiterung, Marktdurchdringung, Sortimentserweiterung oder Diversifikation; Halten von Marktanteilen sowie Desinvestition
- **Konkurrenzstrategien:** Sie legen fest, wie die unmittelbare **Auseinandersetzung** mit den Mitanbietern gestaltet werden soll (offensiv oder defensiv). Entscheidend für die Wahl der Stossrichtung sind die **Ziele** und die **Ausgangslage.** – **Marktführer** konzentrieren sich primär auf das Halten ihrer Spitzenposition. Zweit- und drittplatzierte Unternehmen werden zu **Marktherausforderern,** wenn sie in die Offensive gehen und die Stärken ihrer Gegner bzw. deren Schattenseite angreifen. Weit hinten platzierte Unternehmen entscheiden sich oft für eine nicht offensive **Mitläuferschaft,** die für sie sehr erfolgreich sein kann.

Repetitionsfragen

14

Was ist ein Marktsegment?

19

Zwei Freundinnen möchten einen Wäscheservice einrichten und überlegen, an welche Kunden sie sich wenden wollen. Sie haben verschiedene Ideen. Welches sind Ihres Erachtens sinnvolle Marktsegmente?

A] Alle Privathaushalte der Region.

B] Die Grosshaushalte (Kantinen, die beiden Altersheime usw.).

C] Gut verdienende Junggesellen, die einen perfekten Service wünschen.

D] Die Frauen gut verdienender Männer mit kleinen Kindern.

E] Karrierefrauen, die ihre Zeit in den Beruf investieren.

24

Wo wird im folgenden Text eine strategische Erfolgsposition (SEP) beschrieben?

«Eine lokale Metzgerei führt neu mit Erfolg Hauslieferungen durch. Es gibt auf dem Platz zwei weitere Metzgereien (A und B). A fürchtet, Kunden zu verlieren, und führt ebenfalls einen Hauslieferdienst ein, was er sich fast nicht leisten kann; B konzentriert sich auf Spezialitäten, vor allem Trockenfleisch aus den Bergen, die er bei ausgewählten Produzenten einkauft. Er baut ein persönliches Beziehungsnetz mit Bergbauern auf, von denen er erstklassige Produkte bezieht, die seine Kunden immer mehr schätzen. Seit kurzem ist sein Umsatz gestiegen, weil seine Spezialitäten ökologisch unbedenklich sind.»

29

Der Markt für Schokolade ist gesättigt. Wie könnte man eine neue Schokolade dennoch positionieren? Suchen Sie mit Fantasie nach Möglichkeiten und halten Sie den Kern der Positionierung in einer Art Slogan fest.

34

Ein junger Italiener führt italienische Spezialitäten nach Deutschland ein und verkauft sie in einem kleinen Ladengeschäft sehr erfolgreich. Er ist ehrgeizig und will expandieren. Welche strategischen Möglichkeiten hat er?

39

Zum Unterschied Unternehmens- und Marketingstrategie: Beide legen Ziele und Märkte fest, in denen das Unternehmen tätig werden will. Wo liegt der Unterschied?

44

Welche Wachstumsstrategie dürfte am verbreitetsten sein? Warum?

14 Marktforschung

14.1 Einleitung

Das systematische Sammeln und Auswerten von Informationen über Märkte und Käufer ist Aufgabe der Marktforschung. Sie wird von internen Spezialisten im Unternehmen oder von externen Marktforschungsinstituten durchgeführt. Die Marktforschung wird zur **Analyse gegebener Verhältnisse**, zur **Beobachtung von Marktentwicklungen** über längere Zeit oder als **Prognoseinstrument** zur Einschätzung künftiger Entwicklungen eingesetzt.

14.2 Arten

Je nach Datenmaterial, das verarbeitet wird, unterscheidet man zwischen Sekundärmarktforschung und Primärmarktforschung. Die Sekundärmarktforschung geht von **vorhandenem** Material aus, die Primärmarktforschung erhebt **neue** Daten.

Die **Sekundärmarktforschung** wertet Daten aus, die man schon hat, die z. B. aus allgemeinem Interesse im Unternehmen erfasst werden. Dabei kann man ausserbetriebliche Quellen verwenden wie Informationen von Verbänden, von Marktforschungsinstituten, staatliche Statistiken, Berichte aus Fachzeitschriften, Werbematerial und Preislisten der Konkurrenz, Messekataloge usw. Auch interne Daten sind zu analysieren: Statistiken über Verkäufe, Produktionszahlen, Kundenbesuche, Daten aus dem Rechnungswesen, z. B. über Kosten usw.

Die **Primärmarktforschung** erhebt neue Daten direkt im Markt oder beim Kunden. Sie geht sehr gezielt von bestimmten Fragestellungen aus und ist dadurch aussagekräftiger als die allgemeineren Erkenntnisse der Sekundärmarktforschung. Sie ist aber auch aufwändiger und damit teurer. Die Mittel der Primärerhebung sind: Befragungen, Beobachtungen, Tests oder Laboruntersuchungen.

[14-1] Die Marktforschungsarten und ihre Methoden

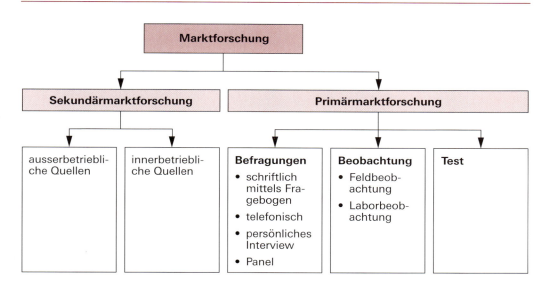

14.3 Methoden der Primärmarktforschung

14.3.1 Befragungen

Sie können schriftlich (mit Fragebogen, meist computergestützt), telefonisch oder in Form von persönlichen Interviews durchgeführt werden. Die Interviews können standardisiert sein (fester Fragenkatalog) oder frei und sehr individuell gestaltet werden. Zur Erforschung von Kaufmotiven z. B. sind eingehende, psychologisch angelegte **Tiefeninterviews** notwendig; will man wissen, wo und wie oft Kunden ein Produkt kaufen, reicht ein Fragebogen oder eine telefonische Befragung aus.

Umfragen können massgeschneidert (gezielt) oder allgemein sein; häufig konzentriert sich der Marktforscher auf **Panels**. Dabei wird eine Auswahl von Haushalten, Händlern usw. über **längere** Zeit mehrmals zum gleichen Untersuchungsgegenstand befragt, so dass sich **Veränderungen** in der Einstellung zu Produkten, in den Kaufgewohnheiten und Bedürfnissen erfassen lassen. Panels dienen der **Marktbeobachtung,** einmalige Befragungen oder Tests der **Marktanalyse.**

Panels werden auf der Handels- und auf der Verbraucherebene durchgeführt.

Die wichtigsten Handelspanels gibt es im Einzelhandel. Es finden sich aber auch Grosshandelspanels, z. B. für Cash-and-carry-Betriebe. Spezialpanels ermitteln z. B. bei Internetbenutzern die Häufigkeit der Internetbenutzung.

14.3.2 Beobachtung

Bei der Beobachtung stehen vor allem sinnlich wahrnehmbare Sachverhalte wie das Verhalten von Käufern in einem Warenhaus im Vordergrund. Sie sind auf Aktionen und Reaktionen in realen Situationen ausgerichtet. Sie gehen von objektiven Gegebenheiten aus, Befragungen von subjektiven. Bei Beobachtungen ist keine Auskunftsperson notwendig wie bei der Befragung. Sie sind also unabhängig von der Auskunftsbereitschaft.

Es werden psychische und physische Reaktionen und Verhalten untersucht. Ein bekanntes Beispiel sind die Blindtests für Esswaren, bei denen der Versuchsperson z. B. verschiedene Cola-Getränke vorgesetzt werden, ohne dass sie die Markennamen kennt.

Je nach dem Ort, an dem die Beobachtung stattfindet, unterscheidet man zwei Arten:

A Feldbeobachtungen

Diese finden unter natürlichen Bedingungen am Verkaufsort statt. Das Verhalten des Käufers und seine Reaktionen auf bestimmte Verkaufsargumente beim direkten Kundenkontakt werden beobachtet.

B Laborbeobachtungen

Hier wird unter künstlich geschaffenen Bedingungen in besonders dafür eingerichteten Räumen von Marktforschungsinstituten beobachtet.

14.3.3 Tests

Sie erlauben sehr **gezielte** Einblicke in Kundenreaktionen. Sie können im **Labor** durchgeführt werden, z. B. Blindtests, in denen die Versuchspersonen ihre Geschmacksempfindungen von Lebensmitteln beschreiben, ohne zu wissen, welchen Marken die Produkte angehören. Auch **Markttests** sind möglich. Damit lässt sich entweder die Wirkung eines **einzelnen** Marketinginstruments (einer Werbekampagne, einer Verkaufsförderungsmassnahme, einer Preiserhöhung usw.) oder eines neuen **Gesamtmix** erkunden. Neue Produkte werden oft zuerst in einem Testmarkt eingeführt, der **klein** ist, aber in seiner Struktur dem Absatzmarkt entspricht; die Reaktionen der Käufer können beobachtet und letzte Veränderungen am Marketing vorgenommen werden. Die Testphase muss **lang genug** sein, damit man Sicherheit über den Erfolg eines Produkts haben kann; viele Erstkäufe z. B. sind **kein** sicherer Indikator, ausschlaggebend ist, ob Kunden das neue Produkt **immer wieder** kaufen.

Von besonderer Bedeutung ist die **Auswahl** der Personen, die bei einem Marktforschungsprojekt die Stichprobe bilden. Diese Stichprobe (auch Sample genannt) muss den Merkmalen (Alter, Einkommen, Bildung usw.) des Teilmarkts entsprechen (repräsentative Gruppe), den man näher untersuchen will. Es gibt dafür mathematische Bestimmungsverfahren.

14.4 Absatzprognosen

Ein wichtiges Arbeitsgebiet der Marktforschung ist schliesslich das Ausarbeiten von **Absatzprognosen.** Sie zeigen dem Unternehmen, welche Umsätze langfristig bei einer bestimmten Marketingstrategie realistisch sind, wo es Lücken gibt, die durch Aktionen oder Strategieveränderungen geschlossen werden können, wie sich Umsätze durch neue Produkte, veränderte Preise usw. künftig verändern dürften. Sie geben aber auch über die kurzfristige Entwicklung Auskunft und ermöglichen so eine realistische Planung von Lagerbeständen, Produktionsmengen usw.

Prognosen basieren auf der Auswertung von Umsätzen in der Vergangenheit, der Einschätzung der konjunkturellen Entwicklung, des Marktpotenzials und des Marktvolumens, auf eigenen Absatzplänen usw. Man sammelt dazu Befragungsdaten des Aussendienstes, der Händler, Endverbraucher usw. oder geht quantitativ vor, indem man z. B. Vergangenheits- und Konkurrenzwerte auswertet und vergleicht.

Mit Hilfe der **Marktforschung** ist es möglich, **Kunden und Märkte** weitgehend objektiv und systematisch zu untersuchen, so dass Schlussfolgerungen über Marketingmassnahmen möglich werden. Die Marktforschung macht realistische und fundierte Marketingentscheidungen möglich. Sie sollte von internen oder externen **Spezialisten** durchgeführt werden.

Man unterscheidet Primär- und Sekundärmarktforschung. Bei der **Sekundärmarktforschung** werden bestehende Daten ausgewertet.

Bei der **Primärmarktforschung** erhebt man neue Daten direkt im Markt oder beim Kunden. Erhebungsmethoden sind Befragungen, Beobachtungen und Tests.

Repetitionsfragen

49

Nennen Sie zwei Unterschiede zwischen der Befragung und der Beobachtung.

54

Tragen Sie in der folgenden Tabelle ein, welche Erhebungsmethode Sie zur Gewinnung der folgenden Informationen einsetzen würden, und geben Sie an, ob es sich um eine Methode der Primär- oder der Sekundärmarktforschung handelt.

Benötigte Information	Erhebungsmethode
Das Unternehmen A möchte wissen, wie viel Stück von Artikel X im vergangenen Geschäftsjahr verkauft wurden.	
Das Dienstleistungsunternehmen Care hat eine völlig neue Dienstleistung entworfen und diese bei drei Personen getestet. Es möchte wissen, was die drei Personen davon halten.	
Die Lebensmittel AG möchte wissen, wie viele ihrer Artikel die 4-Personenhaushalte im Gebiet Y während eines Monats kaufen.	

15 Die Marketinginstrumente

15.1 Einführung

Dem Marketingfachmann stehen vier Instrumente zur Verfügung, die er gestalten kann, um die Marketingziele zu erreichen:

- Die **Produkt- und Sortimentspolitik**
- Die **Preispolitik**
- Die **Distributionspolitik**
- Die **Kommunikationspolitik**

In der amerikanischen Marketingliteratur spricht man von den vier Ps: Product, Price, Place und Promotion.

Mit den Marketinginstrumenten nimmt man direkt Einfluss auf den Markt. Man geht dabei meist so vor, dass man zuerst die **Schwerpunkte** des Marketing-Mix bestimmt und dann ein **Konzept** für jedes Instrument ausarbeitet. Marketing-Mix ist die Kombination der Marketinginstrumente.

Ein erfolgreicher Marketing-Mix erfüllt bestimmte Qualitätskriterien:

A Klare Schwerpunkte

Schwerpunkte des Marketing-Mix können sein:

- Besondere Produktmerkmale
- Besondere Verkaufsformen und Werbemassnahmen
- Ein besonders hoch stehendes Verteilsystem
- Besondere Preisvorteile

B Optimale Kombinationen

Häufig werden Schwerpunkte kombiniert, um eine optimale Wirkung zu erzielen. Hoch entwickelte Investitionsgüter z. B. sind meist dank ihrer Qualität **und** intensiver Verkaufsbemühungen erfolgreich auf dem Markt. Die Wirkungen der Instrumente sollen sich gegenseitig verstärken (Synergien).

C Harmonie des Marketing-Mix

Nur wenn **sämtliche** Instrumente fein aufeinander abgestimmt sind, wirkt die Leistung (das Angebot) als überzeugendes Ganzes.

Beispiele
Luxusgüter sind in einer gepflegten Atmosphäre und mit individueller Beratung zu verkaufen, sonst lässt der Kunde sich kaum von ihrer besonderen Qualität und dem dafür zu zahlenden hohen Preis überzeugen. Der Discounter dagegen kann seine Ware in einfachsten, lagermässigen Räumen anbieten, seine Kunden suchen primär den Preisvorteil.

D Der optimale zeitliche Einsatz der Marketingmassnahmen

Werbeaktionen z. B. brauchen einen bestimmten Vorlauf; sie müssen mit der Erstellung neuer oder verbesserter Leistungen zeitlich abgestimmt werden. Auch der Aufbau neuer Absatzkanäle für neue Produkte benötigt Zeit; sie sollen bereitstehen, wenn das Produkt auf den Markt kommt usw.

> Der **Marketing-Mix** ist die Kombination der Marketinginstrumente – **Produkt-, Preis-, Verteilungs- und Kommunikationspolitik,** die ein Unternehmen zur Erreichung seiner Marketingziele wählt. Er ist gelungen, wenn jedes dieser Instrumente den richtigen **Stellenwert** im Ganzen hat, wenn sie untereinander **abgestimmt** sind und wenn der Mix sich von dem der Konkurrenz **unterscheidet.**

15.2 Produkt- und Sortimentspolitik

Sie umfasst die Gestaltung der Produkte und Dienstleistungen, die ein Unternehmen anbietet.

Das Produkt ist ein **Leistungspaket,** das Nutzen schafft, indem es Bedürfnisse von Kunden befriedigt. Ein gutes Produkt ist somit eines, das vom Kunden gebraucht und von ihm geschätzt wird. Entscheidend ist dabei immer die **Meinung des Kunden.**

Für den Marketing-Fachmann ist das Produkt ein komplexes **Bündel** von Vorteilen, die er dem Kunden anbietet. Es besteht aus einem **Gut:**

- einer **Ware plus Dienstleistungen** z. B. ein PC mit Handbuch, Garantieleistung usw. oder aus
- einer **Dienstleistung,** in die **Waren** einbezogen sind z. B. Lebensmittel im Fall der gastronomischen Dienstleistung; ferner gehören dazu:
- **Verpackung, Markenimage, Design** und **Styling.**

Um Produkte noch besser zu verstehen, unterscheidet man im Marketing **drei** Produkt**dimensionen:**

- Grundnutzen
- Zusatznutzen
- Nebennutzen

[15-1] Die drei Produktdimensionen im Marketing

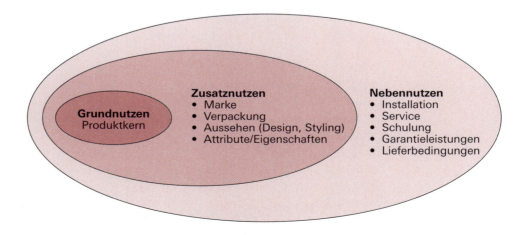

- Der **Produktkern** ist der eigentliche Nutzen (Grundnutzen), den der Kunde durch das Produkt erhält: die **Überwindung von Distanzen** beim Auto, das **Leuchten** bei der Lampe, **Spannung** und **Unterhaltung** beim Kinobesuch.
- Zum Produktkern kommt **immer** ein **Zusatznutzen** dazu. Der Zusatznutzen kann funktional, ökologisch, ästhetisch, symbolisch sein. Eine bestimmte Lampe ist optimal in der Lichtstreuung (physikalische, funktionale Qualität) und schön im Design (ästhetische Qualität); zudem befriedigt sie das Bedürfnis, sich originell einzurichten und zur Gruppe von Kennern zu gehören, die ein hoch stehendes Design schätzen (symbolischer Wert).
- **Nebennutzen:** Zum **erweiterten Produkt** gehören **Zusatzleistungen** in Form von Dienst- und Serviceleistungen, im Fall der Lampe z. B. Beratung im eigenen Heim, Auswahlsendung, Rücknahmegarantie bei Nichtgefallen usw. Es sind Dienstleistungen, die das Produkt für den Kunden zusätzlich attraktiv machen und seine Zufriedenheit erhöhen. Sie werden oft auch der Distribution oder dem Verkauf, also anderen Marketinginstrumenten zugeordnet. Eindeutige Abgrenzungen sind nicht möglich. Bei der Konzeption eines Produkts ist auf jeden Fall das erweiterte Produkt samt Zusatzleistungen zu planen.

Das Produkt ist für den Marketingfachmann eine Grösse, die aus verschiedenen Dimensionen besteht:

- dem Grundnutzen,
- einem Bündel von Zusatznutzen und
- Nebennutzen bestehend aus Kundendienstleistungen wie Beratung, Instruktion, Wartung, Reparatur usw.

15.2.1 Gestaltung der Produktqualität

Wir gliedern diesen Abschnitt in drei Teile: Was ist **Produktqualität?** Wie werden neue Produkte **entwickelt?** Was versteht man unter dem **Produktlebenszyklus** und welche Folgen ergeben sich daraus für das Unternehmen?

A   Was gehört zur Produktqualität?

Die Produktqualität ist eines der zentralen Positionierungsinstrumente. Dabei versteht man unter Qualität nicht wie in der Umgangssprache einen hohen Standard, sondern einfach eine bestimmte Ausprägung und Kombination von Merkmalen und Eigenschaften.

Produktqualitäten sind:

- **Gebrauchsnutzen:** die Funktion des Produkts, z. B. die exakte Zeitmessung bei einer Uhr
- **Zuverlässigkeit** (Pannensicherheit)
- **Haltbarkeit:** Lebensdauer, Garantieleistungen
- **Normgerechtigkeit und Sicherheit:** Einhalten von Sollwerten, z. B. Sicherheitsnormen bei elektronischen Apparaten
- Leichtigkeit der **Handhabung und Funktionalität**
- **Reparaturfreundlichkeit**
- **Kundendienst:** Umfang, Qualität
- **Ästhetik** usw.

Marketing heisst, ein Produkt mit jenen Merkmalen auszustatten, die der Zielkunde wünscht, und nicht, das **absolut** beste Produkt auf den Markt zu bringen. Ein erfolgreiches Produkt kann im Vergleich zum technisch Möglichen durchaus eine nur mittlere Qualität haben. Massgeblich sind die Bedürfnisse der **Zielkunden.** Marketing heisst ferner, das eigene Produkt so mit Eigenschaften zu versehen, dass es sich von den Produkten der Konkurrenz unterscheidet, weil es funktionaler, schöner usw. ist. Allerdings muss jedes Unternehmen auch einen bestimmten Qualitäts**standard** für seine Produkte bestimmen. Fiat stellt z. B. Autos von anderem Qualitätsniveau her als Mercedes.

Die Produktqualität lässt sich nicht einmalig bestimmen, sie ist laufend zu überprüfen und durch **Produktverbesserungen** den sich ändernden Bedürfnissen anzupassen.

B Produktinnovation

Neue Produkte sind lebenswichtig für ein Unternehmen. Die drei Hauptursachen für Innovationen sind:

- Die **Kunden** wünschen neue und bessere Produkte.
- Die **technische Entwicklung** macht neue Lösungen möglich.
- Die **Konkurrenz** bringt neue Produkte auf den Markt, so dass die Mitanbieter gezwungen sind, sich ihrerseits durch Innovationen zu profilieren, d. h., sich durch eine **besondere** Leistung abzuheben und selbst nach latenten, noch nicht befriedigten Bedürfnissen zu suchen.

Ausgedehnte Untersuchungen zeigen, dass 75 % des Umsatz- und 90 % des Gewinnzuwachses von Unternehmen durch neue Produkte entstehen.

Innovation ist notwendig, aber auch teuer und risikoreich. 30–50 % der neu eingeführten Produkte sind nicht erfolgreich.

C Produktlebenszyklus und daraus resultierende Entscheidungen

Die Notwendigkeit, neue Produkte auf den Markt zu bringen, steht auch in engem Zusammenhang mit den **Produktlebenszyklen,** die immer kürzer werden und damit die Nachfrage nach Neuem verstärken. Unternehmen müssen daher die Lebenszyklen ihrer Produkte scharf im Auge haben und dafür sorgen, dass sie einen optimalen Mix haben, d. h., dass sie über Produkte in **verschiedenen** Phasen verfügen.

[15-2] Produktlebenszyklus

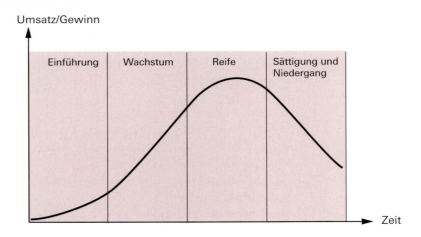

Die typischen Phasen im Leben eines Produkts und ihre Merkmale sind:

- **Einführung:** hohes Risiko, hohe Investitionen für eine intensive Betreuung des Produkts durch Werbung usw., kaum Gewinne
- **Wachstum:** Das Produkt setzt sich durch, steigender Absatz, aber meist auch wachsende Konkurrenz, die Gewinnschwelle wird überschritten.
- **Reife:** hohes Marktvolumen, Kampf um Marktanteile durch Produktdifferenzierung, Preiskampf, meist Phase der höchsten Gewinne
- **Sättigung:** Umsatz und Gewinne nehmen ab; meist versucht man, den Übergang zum Niedergang durch Preisnachlässe, neues Design, kleine Produktveränderungen usw. (Relaunching) hinauszuzögern.
- **Degeneration:** Rückgang der Umsätze, die Käufer wenden sich Substitutions- oder neuen, innovativen Produkten zu. Das Unternehmen entscheidet, ob es das Produkt aus dem Sortiment nehmen will (Produkt-Eliminierung) oder es behält, obwohl es unrentabel ist, z. B. weil damit Produktionskapazitäten genutzt werden können, weil es von gewissen Kunden noch gewünscht wird usw.

Der beschriebene Produktlebenszyklus hat **Modellcharakter,** die Lebenszyklen einzelner Produkte können sehr unterschiedlich verlaufen. Manche Produkte kommen nie in eine starke Wachstumsphase, manche sind kurzlebig (nur für eine Saison), andere sind sehr langlebig (z. B. Lego-Bausteine, Nivea-Creme), einige erleben nach einem Abschwung einen erneuten Aufschwung (Relaunch). Mit dem Alter eines Produkts verändert sich meist auch das Konsumentenverhalten. Zu Beginn wird das Produkt neugierig und wohlwollend aufgenommen; mit der Zeit werden die Käufer erfahren und kritisch und wenden sich oft einem Konkurrenzprodukt zu, das billiger ist oder bessere Eigenschaften z. B. Serviceleistungen bietet.

Grundsätzlich haben Unternehmen folgende **Entscheidungsmöglichkeiten** hinsichtlich neuer und bestehender Produkte:

1. Produktmodifikation
Ein Produkt wird in **Teilaspekten,** aber nicht im Grundkonzept verändert. Ziel: Produktverbesserungen oder Produktdifferenzierung, um bestimmten Zielgruppen besser gerecht werden zu können. Es sind technische Modifikationen, Veränderungen im Design, in den Zusatzleistungen (Beratung usw.) möglich.

2. Produktinnovation
Es gibt zwei Fälle:

- Die **Ablösung** bisheriger Produkte durch neue, die dasselbe Bedürfnis decken, aber mit anderen technischen Mitteln, in besserer Ausführung usw., z. B. die Ablösung von benzinbetriebenen Autos durch Elektromobile
- Die Aufnahme völlig **neuer** Produkte ins Sortiment, die auf neuen Märkten angeboten werden **(Diversifikation).** Es kann sich um neue Produkte handeln, die mit den bestehenden **Ähnlichkeit** haben; es gibt dann einen ähnlichen Markt, aber andere Abnehmersegmente, ähnliche Technik usw., z. B. wenn Schlankheitsmahlzeiten auch von Lebensmittelherstellern angeboten werden. Es können aber auch Produkte sein, die **völlig anders** sind und damit die Erschliessung ganz neuer Märkte ermöglichen, wenn z. B. der Lebensmittelhersteller auch Pharmaprodukte anbietet.

3. Produktelimination
Einzelne Produkte oder ganze Produktgruppen werden aus dem Sortiment genommen, weil sie unrentabel sind und man die Ressourcen auf neue rentablere konzentrieren will. Ein Anbieter von Katzenfutter zieht sich z. B. aus dem stark umkämpften Markt zurück und konzentriert sich auf zwei andere Bereiche seines Sortiments: Lebensmittelzusatzstoffe und Diätmahlzeiten für Krankenhäuser.

4. Produktpersistenz

Die bestehenden Produkte werden beibehalten, weil die Analysen zeigen, dass die Nachfrage auch künftig vorhanden ist und man keine neuen Marktchancen sucht.

Mit dem Begriff **Produktqualität** fasst man alle wichtigen Merkmale und Eigenschaften eines Produkts zusammen. Über die richtige Produktqualität entscheidet letztlich der **Kunde** der anvisierten Segmente. Für die Unternehmen ist die Gestaltung der Produktqualität ein wesentliches **Positionierungsinstrument.**

Produkte unterliegen einem **Lebenszyklus** mit den Phasen:
Einführung – Wachstum – Reife – Sättigung – Niedergang

Die Produktlebenszyklen werden immer **kürzer,** was die Unternehmen zur Entwicklung **neuer** oder zur **Modifikation** bestehender **Produkte** zwingt.

Innovationen sind mit Risiken und Investitionen verbunden. Erfolgreiche Innovationen erschliessen oft neue Märkte; viele Unternehmen beschränken ihr Risiko, indem sie sich auf **Produktmodifikationen und Diversifikationen** konzentrieren.

Jedes Unternehmen muss die Lebenszyklen seiner Produkte überwachen, um rechtzeitig neue oder veränderte Produkte auf den Markt zu bringen und unrentable zu eliminieren. Ein optimaler Mix im Produktlebenszyklus hilft, neue Produkte einzuführen, weil sie von Produkten getragen werden, die sich in gewinnbringenden Lebensphasen befinden.

Entscheidungen über Produktentwicklungen und Diversifikation sind **strategische** Entscheidungen. Die Gestaltung eines Produkts lässt sich nicht einmalig festlegen, sondern muss während des Lebenszyklus angepasst werden.

15.2.2 Design und Styling

Zum Zusatznutzen gehört das Design: das Aussehen eines Produkts (Form, Farbe, Material, Oberflächenbeschaffenheit, funktionale Gestaltung) und das Styling, das vor allem zum Produktimage beiträgt.

Design gibt der Technik eine Form; es macht Produkte handlich und benutzerfreundlich z. B. durch optimale Gestaltung von Hebeln, Griffen, Ablageflächen usw. Design macht auch **Qualität** sichtbar z. B. die Schönheit echten Leders, Präzision und Wert hervorragender Verarbeitung. Es **differenziert** und schafft **Identität,** und es gefällt. Das Design spielt bei Konsum- **und** Investitionsgütern eine Rolle – bei Wohnungseinrichtungen ebenso wie bei Lippenstiften, Kugelschreibern usw.

Styling dient vor allem dem **Produktimage.** Es drückt bestimmte Gefühle und Werte aus, eine Lebenshaltung, mit der sich die anzusprechenden Zielgruppen identifizieren (poppig, jung, gediegen, exklusiv, eigenwillig usw.). Es spielt eine besondere Rolle bei Luxusgütern, Möbeln, Kleidern, Schmuck usw.

Design ist Formgebung, **Styling** ist Ausdrucksgestaltung. Beide schaffen **Zusatznutzen** für den Kunden und werden als Mittel der **Produktpositionierung** und der **Differenzierung** eingesetzt.

15.2.3 Verpackung

Auch die Verpackung ist eine Zusatzleistung. Sie erfüllt **wirtschaftliche, technische, ästhetische, psychologische und ökologische** Funktionen.

Sie kann das Erscheinungsbild eines Produkts und seinen wahrgenommenen Wert wesentlich beeinflussen: Die CD in der eleganten, durchsichtigen Plastikhülle mit Informationen und dekorativer Grafik ist attraktiver als eine CD in Styropor mit einem billigen, lieblosen Kleber.

Die Verpackung wirkt aber nicht nur auf die **Wahrnehmung** des Produkts durch den Käufer, sie beeinflusst auch seine **Warenverteilung** (Transportfähigkeit, Lagerfähigkeit) und den **Preis;** moderne, rationelle Verpackungstechnologien, häufig mit Verpackungsrobotern, sind preissenkend, weil sie u. a. kaum Personal benötigen; zudem ermöglichen sie die preiswerte Absatzform der Selbstbedienung. Anderseits sind exklusive und auch individuelle Verpackungen z. B. für Geschenke ein wesentlicher Zusatznutzen, der von bestimmten Kunden geschätzt und auch bezahlt wird.

Schliesslich ist die Verpackung durch ihre Aufschriften und Layouts auch ein **Werbe- und Kommunikationsmittel,** das dem Käufer eine Menge wichtiger Informationen übermittelt.

Die Verpackung ist wie alle anderen Produktqualitäten den **Bedürfnissen der Käufer und des Handels** anzupassen. Aus der Sicht des Unternehmens ist sie so zu gestalten, dass sie imagebildend wirkt, d. h. dem Produkt eine eigene Ausstrahlung verleiht. Sie ist ein **Positionierungsinstrument** und daher gezielt zu gestalten.

Die vielen Aspekte der Verpackung lassen sich auf **zwei** Grundfunktionen verdichten:

- Technisch-logistische Aufgaben
- Marketingaufgaben

A Technisch-logistische Aufgaben

- **Schutz** der Ware vor Schlägen, Aromaveränderungen, Frischeverlust usw.
- Gewährleistung eines hohen **Handlingnutzens** für die Verteiler beim Transport, Ein- und Auslagern der Ware usw. und für die Käufer; die Ware lässt sich portionenweise leicht mitnehmen, das Waschmittel lässt sich dank einer besonderen Vorrichtung leicht dosieren und in die Maschine einfüllen usw.
- Leichte **Entsorgung:** Der ökologische Aspekt hat in den letzten Jahren zu neuen Verpackungskonzepten geführt: Nachfüllpackungen, Mehrwegflaschen, entsorgungsfreundliche und wenig energieverbrauchende Materialien, z. B. Vermeiden von Alumaterial, das sehr energieintensiv ist.

B Marketingaufgaben

- Die Verpackung **informiert** den **Käufer** über Inhalt, Zusammensetzung, Verfalldatum, Menge, Preis, Verwendung des Guts z. B. durch aufgedruckte Gebrauchsanweisungen. Sie unterstützt den **Verkäufer** durch kodierte Informationen, die z. B. an der Kasse elektronisch erfasst werden, in der Lagerbewirtschaftung.
- Sie gibt dem Produkt ein eigenes **Gesicht** (Unterscheidung von Konkurrenzprodukten), weckt die Aufmerksamkeit des Käufers, kann massgeblich sein für die Auslösung des Kaufentscheids, macht ein Produkt leicht wiedererkennbar; die Verpackung von Kodak-Filmen oder die Coca-Cola-Flasche sind derart gelungene Verpackungen, dass sie zum wesentlichen Wettbewerbsvorteil geworden sind.

- Sie kann ein Gut aufwerten, ihm ein besonderes **Prestige** verleihen z. B. Parfumpackungen.

Design und Styling sind also auch bei der Verpackung wichtig!

Ist eine erfolgreiche Verpackung gefunden, muss sie periodisch überprüft werden. Oft sind Anpassungen aufgrund technischer oder geschmacklicher Entwicklungen nötig.

> Auch die **Verpackung** schafft **Zusatznutzen**. Sie erfüllt sowohl **technisch-logistische Aufgaben** als auch **Marketingaufgaben.** Die Verpackung soll das Produkt überzeugend darstellen und eine unverwechselbare Einheit mit ihm bilden.

15.2.4 Marke

Die Marke (engl. Brand) ist ein Erkennungszeichen für ein einzelnes Produkt oder eine Gruppe von Produkten. Sie besteht aus einem Namen wie American Express, VW Golf, Denim, Omega und/oder einem Ausdruck, Zeichen oder Symbol oder einer Kombination von diesen, z. B. der **Name** Mercedes und das **Zeichen** des Sterns. Die Marke **individualisiert** ein Produkt und hebt es damit aus der Menge der vielen angebotenen Waren heraus.

Sie erleichtert die Kommunikation zwischen Unternehmen und Kunde und schafft Vertrautheit. Die Marke löst beim Kunden bestimmte Assoziationen aus, z. B. bezüglich der Produktqualität («Cartier Uhren gehören zu den feinsten»); die Marke löst aber auch Emotionen aus wie Sympathie, Vertrauen, Wertschätzung, ferner fördert sie die Kaufabsicht; man macht eine bestimmte Kaffee-, Jogurt- oder Kleidermarke zur eigenen, vertraut ihr und wählt diese, falls verschiedene Marken zur Auswahl stehen.

Die Marke kann so weit ausgebaut und mit emotionalen Werten besetzt werden, dass sie zu einer Art Persönlichkeit wird, mit der der Kunde sich **identifiziert**, z. B. «ich bin VW-Fahrer», die Lufthansa, «meine» Fluglinie usw. Die Marke wird dann zum Schlüsselelement des Marketing, an dem sich alle strategischen und operativen Entscheidungen ausrichten.

A Vorteile der Marke

Die Marke hat **Vorteile** für Verkäufer und Käufer:

- Für den **Käufer:** Er kann sich auf eine bestimmte **Produktqualität verlassen;** Mövenpick-Kaffee ist immer gleich geröstet und gleich im Geschmack; man kann **effizient** einkaufen, weil das gesuchte Produkt über die Marke schnell **identifiziert** wird; der Käufer wird auf neue Produkte unter gleicher Marke **aufmerksam;** die Marke verschafft oft auch **Prestige** (Cardin, Dior, Rolex).
- Für den **Hersteller/Verkäufer:** Sie hilft bei der **Marktsegmentierung,** denn sie ist ein Differenzierungsinstrument; sie erleichtert die gesamte **Bestell- und Auftragsabwicklung,** weil die Marke das Kommunizieren zwischen Hersteller und Händler erleichtert; die Marke als wichtiger Konkurrenzvorteil ist **geschützt;** sie erlaubt es, einen treuen **Kundenstamm** aufzubauen.

Nicht nur Konsum-, auch Investitionsgüter und Dienstleistungen werden erfolgreich als Marken angeboten: IBM, Sulzer-Motoren, Lufthansa, Salzburger Festspiele, Rotes Kreuz.

B Markenarten

- **Hersteller** haben grundsätzlich zwei Möglichkeiten: Sie können eigene **Marken** aufbauen, z. B. VW, Nivea, oder ihre Produkte an Händler weitergeben, die diese unter ihrer **Eigen- oder Handelsmarke** verkaufen. Viele Warenhäuser, Grossverteiler, Supermärkte, Bekleidungsgeschäfte usw. haben solche Händlermarken aufgebaut, z. B. Jelmoli oder C&A.
- Nach der Anzahl der angebotenen Produkte und Marken unterscheidet man:
    - **Einzelmarken** für ein Produkt
    - **Markenfamilien** für eine Gruppe ähnlicher Produkte
    - **Dachmarken** für alle Produkte eines Herstellers

Einzelmarken lassen sich gut profilieren, Dachmarken laufen Gefahr, diffus und profillos zu werden (Melitta). Da der Aufbau einer Marke mit hohen Kosten verbunden ist, werden oft **Markenfamilien** verwendet. Ist ihr Prestige hoch, können viele Produkte davon profitieren: Sinkt es, sind allerdings auch viele betroffen. Oft wird auch eine erfolgreiche Marke auf neue Produkte ausgedehnt, man spricht dann von **Markendiversifikation.** Damit lässt sich der gewonnene Goodwill der Käufer auf das neue Angebot überleiten, und das neue Produkt erhält sofort eine erkennbare Identität.

Beispiele
Cardin verkauft unter seinem prestigereichen Namen nicht mehr nur exklusive Kleidung, sondern auch Füllfedern, Zigaretten und Parfums.

No Names: Manche Produkte werden anonym – ohne Namen – vertrieben. Man nennt sie auch **Generika.** No Names sind einfach und sachlich beschriftet und verpackt und bedeutend günstiger als Markenartikel. Dies liegt teilweise auch daran, dass für No Names keine Werbung gemacht wird.

Beispiel
Generika sind uns wegen der öffentlichen Diskussion über billigere Medikamente bekannt. Es handelt sich dabei um Medikamente, die ähnlich bis gleich wirken wie die Originalmedikamente, aber viel billiger sind.

C Markenname

Der **Markenname** ist das Schlüsselelement der Marke, die Schaffung eines neuen Namens ist eine kreative Leistung. Ein guter Markenname:

- sagt etwas über den **Produktvorteil** aus (Fleurop, Kleenex, Frigidaire),
- ist **prägnant, leicht auszusprechen** und **leicht zu erinnern** (Kodak, Ford, Exxon, Milka),
- soll auch in **anderen Sprachen** leicht ausgesprochen werden können und dort nichts bedeuten, was der Marke schadet.

Markennamen bilden Vertrauenskapital, sie sind ein nachhaltiger Wettbewerbsvorteil und lassen sich daher rechtlich **schützen.**

Die **Marke** ist ein **Wahrzeichen** auf dem Gütermarkt. Sie vermittelt einem Produkt, einer Produktgruppe oder einem Hersteller eine eigene **Bedeutung** (Image), macht sie erkennbar, anziehend, von anderen **unterscheidbar** und bietet dem Kunden eine **Garantie** hinsichtlich Qualität, Design und Betreuung. Marken können in hohem Mass **Vertrauen** aufbauen, so dass Kunden oft eine jahrelange Loyalität zu einem Produkt oder Hersteller entwickeln.

Die Marke besteht aus einem **Wort- und/oder Bildzeichen.**

15.2.5 Kundendienst

Kundendienstleistungen ergänzen das Produkt, bereichern es und machen es zu einem Gesamtpaket, das sich im geglückten Fall positiv von den Angeboten der Konkurrenz abhebt. Im Marketing zählen diese Dienstleistungen zu den Nebenleistungen. Ihr Stellenwert nimmt zu, weil die Kunden eine individualisierte Betreuung im Allgemeinen schätzen und weil der Service zu einem wichtigen Differenzierungsinstrument geworden ist. Die Serviceleistungen können sogar zum entscheidenden Wettbewerbsvorteil werden.

Beispiele
Bei identischen Konditionen für Bankgeschäfte wird der Kunde jener Bank den Vorzug geben, die rasch entscheidet und die beste Betreuung bietet.

Für die Unternehmen bedeutet dies, dass sie sich im Wettbewerb mit der Konkurrenz profilieren und dem Kunden etwas anbieten müssen, das **besonders** ist und sich von den Leistungen der Konkurrenz unterscheidet. Wenn alle die gleichen Leistungen anbieten, entsteht keine Differenzierung; der Kunde nimmt sie als selbstverständlich wahr. Serviceleistungen werden dann zum **Wettbewerbsvorteil,**

- wenn sie für den Kunden **attraktiv** sind (Nutzen schaffen), was durch Befragungen herauszufinden ist;
- wenn sie sich von den Leistungen der **Konkurrenz unterscheiden.**

Die Lösung besteht meist im richtigen **Servicemix.** Mögliche Serviceleistungen sind:

- Lieferzuverlässigkeit und breites Sortiment,
- rasche Auskünfte z. B. bei Anfragen für Investitionsgüter im Bankgeschäft usw.,
- technische Beratung und Betreuung durch geschultes Verkaufspersonal,
- Auswahllieferung mit Rückgaberecht,
- Express- und Hauslieferung,
- Service nach dem Kauf: Installations-, Wartungs-, Unterhalts-, Reparatur- und Garantieleistungen,
- Ersatzteildienst,
- günstige Kredit- und Zahlungsbedingungen,
- besondere Ladenöffnungszeiten,
- grosszügige Reklamationsbehandlung,
- Kindergarten, Gratis-Ersatzwagen für Kunden, die ihr Auto in die Garage bringen usw.

Die **Begleit- oder Nebenleistungen** schaffen zusätzlichen **Kundennutzen** und sind ein **Differenzierungselement** der Produktpolitik. Jedes Unternehmen muss den **Servicemix** finden, der seinen Zielkunden einen optimalen Nutzen verschafft und dessen **Kosten** tragbar sind.

15.2.6 Sortimentspolitik

Die meisten Unternehmen bieten mehrere Produkte in verschiedenen Varianten an, ein Sortiment oder Programm. Jedes Sortiment hat eine bestimmte **Breite** und eine bestimmte **Tiefe.**

A Sortimentsbreite

- Die **Breite** entsteht durch die Zahl der angebotenen **Produktarten**. Man unterscheidet Produkt**linien,** d. h. Produkte, die hinsichtlich Herstellung, Kundengruppe oder Verkaufsort ähnlich sind, z. B. Personenwagen/Lastwagen und Produkt**gruppen,** in denen gleichartige Produkte zusammengefasst sind, z. B. die verschiedenen Ausführungen des VW Golf.
- Die **Programm- oder Sortimentstiefe** besteht aus der Anzahl Varianten je Produktart.

[15-3] Beispiel für die Sortimentsbreite und -tiefe

	Breite des Sortiments (= Anzahl der Produktarten)						
	Jogurt	Butter	Weichkäse	Milchprodukte	Rahmprodukte	Quark	Hartkäse
Tiefe des Sortiments (= Anzahl der Ausführungsvarianten je Produktart)	mit Früchten ohne Früchte light normal mit Bifidus aus Biomilch aus Normalmilch 4 Grössen	Tafelbutter Kochbutter Spezialbutter Lightbutter in je 2–4 Verpackungstypen	...	...	...	...	...

Beispiel eines breiten und tiefen Sortimentsmix eines Milch verarbeitenden Unternehmens. Mit dieser reichen Angebotspalette lassen sich viele Kunden bedienen. Es lohnt sich, einen anspruchsvollen Produktionsapparat aufzubauen.

B Sortimentsgestaltung

Die Sortimentsgestaltung ist eine Frage von **strategischer** Bedeutung, weil sie sich nicht nur auf das Marketing, sondern auf die Produktion, ja das gesamte Unternehmen auswirkt. Auf übergeordneter Ebene sind daher zunächst die Grundsatzentscheidungen zu treffen. Wie viele Produkte soll das Sortiment in grundsätzlich welcher Variantenzahl enthalten? Auf mittlerer Ebene werden dann die strategischen Entscheidungen realisiert, was im Wesentlichen eine Optimierungsaufgabe zwischen Produktion und Verkauf ist.

Dabei ist ein typischer Konflikt zu lösen: Die **Produktion** ist an einem möglichst einheitlichen, wenig gegliederten Sortiment interessiert, weil sie so hohe Stückzahlen zu günstigen Kosten herstellen kann; der **Verkauf** hat das entgegengesetzte Interesse. Da die Märkte immer segmentierter werden, wünscht er eine grosse Produkte- und Variantenvielfalt, um möglichst viele Kunden möglichst individuell bedienen zu können. **Praktisch** besteht die Lösung oft darin, das Sortiment an selbst hergestellten Produkten zu beschränken und Lücken durch den gezielten **Zukauf** von Produkten zu ergänzen oder die eigenen Produkte im **Baukastensystem** zu planen, so dass aus einer bewältigbaren Zahl von Grundelementen viele Varianten kombiniert werden können.

Entscheidend ist auch, dass ein Unternehmen die richtigen **Schwerpunkte** setzt und eine grosse Sortimentstiefe dort anbietet, wo der **Markt** dies wünscht, wo man sich damit von der **Konkurrenz** unterscheidet und wo man seine besonderen Stärken hat.

Für den Matratzenhersteller kann es sinnvoll sein, sich durch extreme Variantenvielfalt zu profilieren, während der Billigkameraherstellt bewusst nur eine besonders preiswerte Variante anbietet.

Hinsichtlich des **Umfangs** gibt es vier Strategien:

- **Ausbau,** d. h. Erweiterung des Programms durch weitere Linien (grössere Breite, u. U. durch Diversifikation)
- **Verfeinerung** des Programms durch Ausbau der Tiefe (Differenzierung)
- **Straffung** durch **Spezialisierung** auf interessante Produkte oder Linien
- **Kürzung** durch Standardisierung (Reduktion der Variantenvielfalt)

Eine interessante Möglichkeit der Sortimentsgestaltung ist die Ausrichtung auf **komplementäre** Produkte, die sich gegenseitig **bedingen.** So erwirtschaftet Kodak seinen Gewinn mit dem Verkauf von Filmen, nicht mit dem Verkauf von Kameras.

Die **Sortimentsgestaltung** ist primär eine **gesamtstrategische** Aufgabe, die auf Unternehmensebene zu entscheiden ist. Auf der **operativen** Ebene wird das Sortiment dann in seiner **Breite** und **Tiefe** auf die Marktverhältnisse ausgerichtet. Die Breite ergibt sich durch die Anzahl der Produktarten, die Tiefe durch die Anzahl von Varianten pro Produkt.

Jedes Sortiment ist periodisch zu **überprüfen und anzupassen:** durch **Aufnahme** neuer Produkte, durch **Elimination** nicht mehr rentabler Produkte, durch weitere **Differenzierung** oder erneute **Straffung.**

15.3 Preispolitik

Am Markt werden Güter gegen Geldbeträge ausgetauscht. Der Preis ist der Geldbetrag, den der Käufer für ein Produkt oder eine Dienstleistung bezahlt.

Der Preis ist für die Kaufentscheidung eine zentrale, oft die ausschlaggebende Grösse. Sein Stellenwert hängt von der Art des Produkts ab. Bei Konsumgütern des täglichen Bedarfs wie Teigwaren oder Eiern achtet man mehr auf den Preis als bei hochwertigen Investitionsgütern, bei denen die Wirtschaftlichkeit im Vordergrund steht. Die Kunden vergleichen das Preis/Leistungs-Verhältnis verschiedener Angebote, und die Unternehmen leben von den Beträgen, die sie für ihre Leistungen einnehmen. Der Preis ist daher eine **zentrale** Marketinggrösse. Seine Festlegung erfordert betriebswirtschaftliche Kenntnisse **und** psychologisches Geschick.

15.3.1 Welche Grössen bestimmen den Preis?

Die **Preisfestlegung** hängt von zahlreichen unternehmensinternen und -externen Faktoren ab, die alle bei der Preisgestaltung einzubeziehen sind. Der preispolitische Spielraum liegt grundsätzlich zwischen den **Kosten,** die eine Leistung verursacht (sie ist die untere Grenze), und dem **möglichen Marktpreis,** den die Kunden noch zu bezahlen bereit sind (obere Grenze). Schauen wir uns die Einflussgrössen im Einzelnen an:

[15-4] Die Einflussgrössen bei der Preisentscheidung

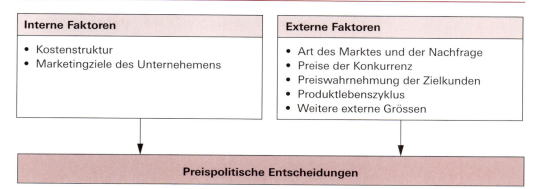

A Interne Faktoren

Kosten

Sie bilden die **Untergrenze** für den Preis. Der Preis eines Produkts sollte die von ihm verursachten Kosten decken **und** einen Gewinn oder zumindest einen erheblichen Deckungsbeitrag einbringen. Zu den Kosten gehören die fixen und die variablen Kosten plus ein angemessener Gewinn. Fixkosten sind Kosten, die nicht verändert werden können und unabhängig von der Absatzmenge sind wie z. B. die Miete des Geschäftsgebäudes, während die variablen Kosten von der Absatzmenge abhängig sind. Hohe Stückzahlen verringern die Kosten, erfordern aber eine grössere Nachfrage. Es ist daher nur sinnvoll, grosse Mengen (billig) zu produzieren, wenn sie auch abgesetzt werden können.

Marketingstrategie

Die konkrete Preisfestlegung hängt wesentlich von der Marketingstrategie ab, d. h. von der Wahl der Zielmärkte und der Positionierung einer Leistung. Sportbekleidung in Superqualität für ein einkommensstarkes Segment führt z. B. zu relativ hohen Preisen. Preisbestimmend können auch die strategischen Stossrichtungen sein:

- Unternehmen, die ihren **Gewinn** kurzfristig **maximieren** wollen, tendieren zu höheren Preisen.
- Unternehmen, die in Schwierigkeiten sind, weil sie Überkapazitäten haben oder der Konkurrenzkampf sich verschärft hat, werden ihre Preise tiefer ansetzen, um **überleben** zu können. Gewinne sind in diesem Fall nicht Hauptziel.
- Unternehmen, die einen **führenden Marktanteil** erringen wollen, werden ihre Preise so tief wie möglich ansetzen, in der Hoffnung, ihren Umsatz zu steigern und dann besonders kostengünstig produzieren zu können.
- Unternehmen, die **führend** in der **Qualität** sein wollen, werden ihre Preise auf einem höheren Niveau halten, um die hohe Qualität glaubhaft zu machen und die dazu erforderlichen Kosten für Forschung und Entwicklung (F+E), Material usw. abzudecken.
- Niedrige Preise können auch dazu benutzt werden, die **Konkurrenz** vom Markt fern zu halten oder einen Anreiz für ein spezielles Produkt zu schaffen.
- Die Preise können natürlich auch auf dem Niveau der **Mitbewerber** angesetzt werden, so dass es zu einer Preisstabilisierung kommt.
- Mit Hilfe der Preispolitik ist es schliesslich möglich, staatliche Interventionen zu verhindern.

Marketing-Mix

Der Preis für eine Leistung muss in den gesamten Marketing-Mix passen: zur angebotenen Qualität, die meist ihren Preis hat, zum Image und zur Art der Distribution; wenn die Produkte über den Handel verkauft werden, sind die Preise so anzusetzen, dass sie auch für die Händler attraktiv sind, d. h. bestimmte Margen zulassen usw.

B   Externe Faktoren

Markt und Nachfrage

Theoretisch gilt: Der Preis reguliert die Nachfrage. In Wirklichkeit wird die Nachfrage durch viele andere Grössen mitbestimmt, z. B. durch den Glauben, dass ein hoher Preis für eine hohe Qualität bürgt. Es ist daher richtiger zu sagen: In der Praxis bestimmt der Preis die Nachfrage mit, oder: Die Nachfrage legt – neben anderen Faktoren – die **Obergrenze** des Preises fest; Preise darüber verunmöglichen den Absatz. Wenn die Nachfrage bei sinkenden Preisen steigt, spricht man von einem elastischen Markt; verändert der Preis die Nachfrage wenig, ist der Markt unelastisch. Die **Preiselastizität** hängt von folgenden Faktoren ab:

1. **Bedeutung des Produkts:** Der Konsument kann auf das Produkt nur schwer verzichten (Benzin, Grundnahrungsmittel).
2. **Hohe Marktsättigung:** Wenn es genügend Nahrungsmittel, Textilien usw. zu erschwinglichen Preisen auf dem Markt gibt, bewirken tiefere Preise keinen wesentlichen Nachfrageanstieg.
3. **Substituierbarkeit des Produkts:** Je besser der Konsument auf ein Substitutionsprodukt ausweichen kann, desto elastischer ist das Gefüge eines Marktes; wenn der Butterpreis steigt, kauft der Konsument Margarine; sinkt der Butterpreis wieder, kehrt der Kunde zur Butter zurück.
4. **Kaufkraft:** Kleine Preissenkungen in teuren Marktsegmenten bewirken einen geringeren Nachfrageanstieg als Preissenkungen in den unteren Segmenten, wo dank noch niedrigeren Preisen oft zusätzliche Zielgruppen mit tieferem Einkommen angezogen werden und sich z. B. plötzlich für Ferien in der Karibik oder für den Kauf eines Videorecorders interessieren. Preisänderungen können also unterschiedliche Wirkungen haben.
5. **Zahl der Anbieter und der Käufer:** Man unterscheidet nach der Zahl der Anbieter:
   - **Monopole: Ein** Anbieter beherrscht den Markt, z. B. Staatsbetriebe wie Post, Elektrizitätswerke. Die Preise werden meist so festgelegt, dass die Unternehmen eine angemessene Rendite erwirtschaften oder der Verbrauch gesteuert wird («teure» Elektrizität, damit gespart wird). In der Privatwirtschaft entstehen vorübergehende Monopole, wenn es einem Unternehmen gelingt, einen neuen Markt zu Beginn zu beherrschen, und die Konkurrenz noch nicht nachgezogen hat.
   - **Oligopole:** Einige **wenige** Anbieter teilen sich einen Markt; sie unterbieten sich in ihren Preisen kaum, weil dadurch ein ruinöser Preiskampf entstehen würde; oft folgen sie in ihrer Preispolitik dem Marktleader (Beispiel: Zigaretten).
   - **Atomistische Strukturen: Viele** Anbieter kämpfen um die Gunst von relativ wenigen Käufern; in dieser Konstellation entsteht ein Maximum an Wettbewerb.

Konkurrenz

Nicht nur die Marktverhältnisse im Allgemeinen, auch die Preispolitik der wichtigen Konkurrenten und ihre Reaktionen auf eigene Preisveränderungen haben Einfluss auf die Preispolitik eines Unternehmens. Eine Politik der hohen Preise und grossen Gewinnspannen zieht Konkurrenten an und umgekehrt. Jedes Unternehmen muss die Produktqualität und die Preise der Konkurrenz kennen, um seine Preise richtig ansetzen zu können. Entspricht seine Leistung der eines wichtigen Konkurrenten, sollten seine Preise ähnlich hoch sein; ist die Leistung geringer, ist auch der Preis nach unten anzupassen – und umgekehrt.

Preiswahrnehmung des Kunden

Letztlich jedoch entscheidet der Kunde über die Angemessenheit eines Preises. Käufer vergleichen Preise und Leistungen meist genau. Das Preis/Leistungs-Verhältnis muss sie überzeugen. Dazu kommen emotionale Beurteilungen. Eine erfolgreiche Preispolitik hängt daher wesentlich davon ab, wie genau das Unternehmen erkennt, wer seine Kunden sind, warum sie kaufen und wie sie ihre Kaufentscheidungen treffen.

Der Kunde kauft, wenn der tatsächliche oder subjektive Wert einer Leistung dem Geldwert entspricht, den er dafür zu bezahlen hat.

Der Preis ist also immer auch aus der Sicht des **Zielkunden** zu beurteilen, seine **subjektive** Preiswahrnehmung ist von grösster Bedeutung. Oft werden Preise daher auch für jedes Segment anders gestaltet (robuste Jeans zu niedrigen Preisen, modische Couture-Jeans zu hohen Preisen). Ins Kapitel psychologische Wirkungen gehören auch Preise unter der nächsten runden Zahl: Fr. 49.90; Fr. 98.–; Fr. 199.– usw. oder Hit-Preise, Sparpreise, Ferienpreise, durchgestrichene höhere Preise, Multipack-Angebote, 4 Reifen zum Preis von 3 usw. Viele Käufer lassen sich durch herabgesetzte Preise zum Kauf verleiten, ohne zu überprüfen, ob die Verbilligung echt oder nur vermeintlich ist.

Psychologisch wirken auch **Prestigepreise,** d. h. hoch kalkulierte Preise, die eine besondere Qualität oder Gruppenzugehörigkeit suggerieren (im Bereich der Textilien, Möbel, Kosmetik usw.). Manchmal werden Prestigepreise auch strategisch eingesetzt, um deutlich zu machen, wie günstig die Normalpreise sind.

Preis und Produktlebenszyklus

Die Preisgestaltung hängt auch vom Produktlebenszyklus ab. Von strategisch besonderer Bedeutung ist die Preisgestaltung für die **Einführung** eines neuen Produkts. Unternehmen verfolgen hier vor allem zwei Strategien:

1. **Preispolitik der Marktabschöpfung:** Die Preise werden zu Beginn **hoch** angesetzt und sinken dann, so dass auch andere Segmente vom Produkt profitieren können. Eine neue Kamera wird z. B. in teurer Ausführung auf den Markt gebracht, nach einiger Zeit folgen einfachere und billigere Modelle für die unteren Segmente. Mit dieser Strategie wird in der Einführungsphase ein Maximum an Ertrag erzielt. Sie gelingt aber nur, wenn
   - ein Produkt ein hohes Prestige hat,
   - es genügend Käufer dafür gibt, die den hohen Einführungspreis zahlen wollen und
   - die Konkurrenz nicht rasch mit niedrigeren Preisen nachziehen kann.
2. **Preispolitik der raschen Marktdurchdringung:** Das neue Produkt wird zu einem **günstigen** Einführungspreis auf den Markt gebracht mit der Absicht, schnell einen hohen Marktanteil zu erobern. Gelingt dies, verringern sich die Produktionskosten, und die Preise können möglicherweise noch weiter sinken, was weiteren Anbietern den Markteinstieg erschwert und dem Unternehmen Marktführerschaft ermöglicht. Diese Strategie ist bei preisempfindlichen Gütern erfolgversprechend, wenn ein niedriger Preis den Absatz anregt, z. B. bei Taschenrechnern.

Letztlich entscheiden der Markt, die Kunden und die Konkurrenz darüber, welche Preise in den verschiedenen Phasen sinnvoll sind.

Bei der Preisfestlegung kann man sich an den **Kosten,** am Gewinn, an der Nachfrage, an der **Konkurrenz** oder am **Kunden und seiner Wahrnehmung** ausrichten.

Die Festlegung der **Preise** ist für den Erfolg am Markt und für den Unternehmenserfolg insgesamt von zentraler Bedeutung. Sie lässt sich nicht auf eine oder zwei Grössen abstützen, sondern muss ein ganzes **Bündel** von Faktoren in der richtigen **Gewichtung** einbeziehen. Die Gewichtung hängt vor allem vom Produkt, vom Markt und der verfolgten Marketingstrategie ab.

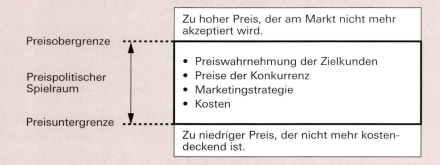

Als Erstes sind Preise so anzusetzen, dass der **Markt** sie akzeptiert und das Unternehmen damit einen angemessenen Gewinn erwirtschaften kann.

Zweitens sollte der verbleibende Spielraum im Sinn der eigenen **Marketingstrategie** maximal genutzt werden: Abstimmung der Preise auf die Zielmärkte, die Produktpositionierung und die übrigen Marketinginstrumente sowie Anpassen der eigenen Preise an die Preislandschaft der **Konkurrenz** und in die **Preiswahrnehmung der Zielkunden.**

15.3.2 Preisanpassungsstrategien

Die Unternehmen haben viele Möglichkeiten, um ihre Preise bestimmten Kundengruppen oder veränderten Verhältnissen anzupassen:

- Konditionenpolitik
- Preisdifferenzierungsstrategien
- Verkaufsfördernde Preisgestaltung

A Konditionenpolitik

Durch eine gezielte Konditionengestaltung versuchen Unternehmen, ihre Abnehmer zu vermehrtem Einkauf zu motivieren. **Rabatte** motivieren zum Kauf grösserer Mengen, **Skonti** zum raschen Zahlen von Rechnungen, **Sonderrabatte an Händler** zum Erbringen besonderer Leistungen wie persönlicher Verkauf, Lagerhaltung usw., **Saisonrabatte** zum Kauf von Gütern auch ausserhalb der Saison, was eine gleichmässigere Produktion ermöglicht (Saisonpreise von Hotels, Fluglinien usw.), das In-Zahlung-Nehmen von alten Artikeln zum vermehrten Kauf neuer usw. Auch die **Discountpreise** gehören hierher. Sie beruhen auf einem Nachlass auf den üblichen Listenpreisen, wenn der Kunde auf bestimmte Leistungen wie persönliche Beratung, gepflegte Geschäftslokale usw. verzichtet.

Zu den Konditionen gehört auch das Verrechnen von Transport-, Speditions- und Versicherungsleistungen im internationalen Handel. Unternehmen haben hier ein weites Verhandlungsfeld, in dem sie sich individuell auf ihre Kunden einstellen können. Wichtig ist, dass sie ihre Politik mit der der Konkurrenz abstimmen und den Kunden gewährte Vorteile auch kommunizieren.

B Preisdifferenzierung

Man spricht von Preisdifferenzierungen, wenn für dieselben oder ähnliche Leistungen unterschiedliche Preise festgelegt werden, um so bestimmten Kundengruppen oder Märkten besser gerecht zu werden.

Studenten bezahlen z. B. weniger Eintritt in Museen; im Bahn- und Flugverkehr gibt es Erst- und Zweitklassplätze.

Man unterscheidet:

- **Produktbezogene Preisunterschiede:** Ein Grundprodukt wird in unterschiedlicher Ausstattung zu unterschiedlichen Preisen angeboten.
  Das leinengebundene Buch kostet mehr als die Paperbackausstattung.
- **Geografische Preisdifferenzierung:** Dasselbe Produkt wird je nach Kaufkraft eines Landes zu unterschiedlichen Preisen angeboten. Antibiotika kosten daher in Südeuropa sehr viel weniger als bei uns. Oft gibt es auch Inland- und Auslandpreise, je nachdem, wo das Unternehmen seine Absatzschwerpunkte setzt.
- **Preisdifferenzierung nach der Zeit:** Damit lässt sich z. B. der Verbrauch steuern (Sommer-/Wintertarife in Hotels, Tag-/Nachttarife für Strom). Es gibt auch spezielle Aktionen zu bestimmten Zeiten, um dem Absatz neue Impulse zu geben, z. B. günstige Preise auf Eisspezialitäten in der Weihnachtszeit.

Die BWL unterscheidet ferner zwischen horizontaler und vertikaler Preisdifferenzierung.

Horizontale Preisdifferenzierung

Der Gesamtmarkt wird unterteilt in Käuferschichten mit unterschiedlichem Preisbewusstsein, unterschiedlicher Einkommensstärke sowie unterschiedlichem Mode-, Status-, Prestige- und Qualitätsbewusstsein; nicht alle legen gleich viel Wert auf Qualität und sind entsprechend bereit, einen höheren Preis dafür zu zahlen. Die Unternehmen machen sich die unterschiedliche Zahlungsbereitschaft zunutze, indem sie ihre Preise je nach Käufergruppen unterschiedlich gestalten und dadurch ihre Gewinne optimieren.

Vertikale Preisdifferenzierung

Hier wird der Gesamtmarkt in **Teilmärkte** zerlegt, wobei jedem Teilmarkt Käufer mehrerer Preisschichten angehören. Beispiel: Produkt A wird auf den Teilmärkten Deutschland, Schweiz und Österreich angeboten.

Zeigen die Teilmärkte verschieden steile Nachfragekurven, ist es sinnvoll, unterschiedliche Preise festzulegen.

Der Gesamtgewinn lässt sich maximieren, wenn das Produkt auf den Teilmärkten zu unterschiedlichen Preisen angeboten wird.

Preisdifferenzierung ist also sinnvoll, wenn es in einem Markt unterschiedlich kaufkräftige Segmente gibt, die so gross sind, dass sich das Einrichten unterschiedlicher Preise lohnt und sich damit Gewinne erzielen lassen. Durch den wachsenden Wettbewerb ist das Mittel der **Preisdifferenzierung** zu einem **wichtigen Marketingelement** geworden.

Beispiel

Fluglinien unterbieten sich mit unterschiedlichsten Preis-Leistungs-Differenzierungen; die Preise für Flüge am Wochenende und an bestimmten Wochentagen, nachts, für Jugendliche, bei langer oder kurzer Vorausbuchung, bei einem längeren oder kürzeren Aufenthalt am Endpunkt variieren beträchtlich im Preis.

C Aktionspreise

Sie sind ein Mittel der Verkaufsförderung. Preise werden vorübergehend verbilligt, um den Verkauf kurzfristig anzukurbeln; Geschäfte bieten günstige Angebote an, um Kunden anzulocken.

> Der **Preis** ist eine **dynamische Grösse,** die sich den Veränderungen im Markt anpassen soll. Preisanpassungen sind möglich durch
>
> - **Konditionenpolitik,**
> - **Preisdifferenzierung** und
> - **verkaufsfördernde Aktionspreise.**
>
> Auf Unternehmensseite setzen diese Massnahmen voraus, dass **Kundensegmente** und **Märkte** mit ihrer unterschiedlichen Dynamik präzise erkannt und gezielt bearbeitet werden. Durch Preisdifferenzierung lassen sich interessante **Gewinnoptimierungen** erreichen.

15.4 Distributionspolitik

Die Distributionspolitik führt dazu, dass der Konsument die benötigten Güter jederzeit erhalten kann. Die Distribution ist ein **komplexes** System von Leistungen:

- Auf der **strategischen** Ebene ist zu entscheiden, über **welche Kanäle** die Produkte zum Kunden gelangen sollen.
- Diese Kanäle sind **einzurichten;** meist entsteht ein mehr oder weniger weitläufiges Netz von Beteiligten (Händlern usw.), die am Verkauf mitwirken.
- Auf der physischen Ebene sind **Transportleistungen, Lagerbewegungen** usw. zu planen und zu koordinieren.

15.4.1 Absatzkanäle

Die meisten Güter gelangen heute nicht mehr direkt vom Hersteller zum Verbraucher, sondern über Dritte, die **Absatzmittler** (z. B. den Handel). Alle Unternehmen und Personen, die dazu beitragen, ein Produkt vom Hersteller zum Kunden zu bringen, bilden zusammen einen **Absatzkanal.** Über die Absatzkanäle werden Güter verteilt und verkauft. Wie ein Hersteller seine Absatzwege organisiert, entscheidet wesentlich über seinen Markterfolg.

Man unterscheidet zwei Arten von Absatz- oder Distributionskanälen:

- direkte
- indirekte

Bei den **direkten Absatzkanälen** erfolgt die Warenverteilung direkt vom Hersteller zum Endverbraucher, z. B. beim Kauf von Gemüse am Bauernhof oder beim Verkauf einer EDV-Anlage durch den Hersteller an seinen Kunden.

Bei den **indirekten Absatzkanälen** sind eine oder mehrere Stufen dazwischengeschaltet. Man kauft zum Beispiel das Gemüse im Gemüsegeschäft oder im Supermarkt und den Computer im Fachgeschäft.

[15-5]   Direkte und indirekte Absatzkanäle

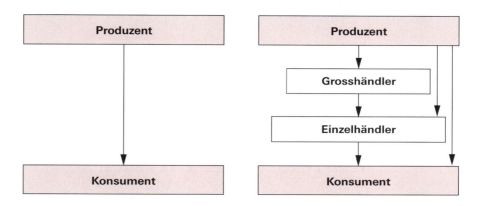

Es können auch mehr als in der Grafik abgebildete Stufen dazwischengeschaltet werden. Es werden nicht nur Produkte, sondern auch Dienstleistungen verteilt. Spitäler müssen z. B. ihren Standort kundenorientiert wählen. Auch Banken, Versicherungen und Reisebüros sorgen mit ihrem Filialnetz dafür, dass ihre Dienstleistungen in die Nähe des Kunden gebracht werden.

15.4.2   Absatzmittler

Die **Absatzmittler** sind wichtige Grössen im Marktgeschehen, weil sie sich nahe beim Kunden befinden und ihn unmittelbar beeinflussen können. Für den Hersteller ist es daher von grösster Bedeutung, Absatzmittler auszuwählen, die seine Produkte in **seinem** Sinn verkaufen. Oft lassen sich nicht einfach schon vorhandene Kanäle benutzen, sondern es müssen eigene, passende aufgebaut werden.

A   Aufgaben

Die Absatzmittler erfüllen dem **Hersteller** und dem **Kunden** gegenüber wichtige Aufgaben. Die Verbraucher können vom Angebot **vieler** Hersteller profitieren, ohne sich dafür anstrengen zu müssen. Der Absatzmittler wählt für sie das optimale Sortiment aus, bietet es in der richtigen Portionierung an und bringt es möglichst in ihre Nähe.

[15-6] Absatzmittler setzen die Güter in ein kundengerechtes Angebot um

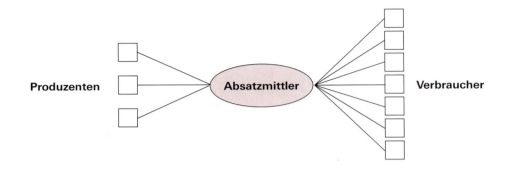

Gesamtwirtschaftlich besteht ihre Aufgabe darin, das Güterangebot der Hersteller in ein **kundengerechtes Marktangebot** umzusetzen. Hersteller befriedigen immer nur bestimmte Bedürfnisse. Ihr Produktionsprogramm ist beschränkt, sie sind auf bestimmte Produkte spezialisiert, die sie in grösseren Mengen herstellen. Die Verbraucher haben sehr vielfältige Bedürfnisse, sie benötigen verschiedenste Arten von Gütern. Die Mühe, selbst von Hersteller zu Hersteller zu gehen und nach dem Gewünschten zu suchen, wird ihnen von den Absatzmittlern abgenommen. Sie stellen die Leistungen mehrerer Anbieter zu einem breiten Sortiment zusammen und bieten es in kleinen Mengen an.

Beispiel
Das Warenhaus kauft bei vielen Herstellern ein und bietet seinen Kunden eine breite Produktpalette an – Lebensmittel, Textilien, Elektrogeräte usw.

Innerhalb des **Marketing** leisten die Absatzmittler folgende Aufgaben:

- Sie sorgen mit rationellen Lager-, Bestell-, Verkaufs- und Zahlungssystemen für die effektive Güterverteilung und den Verkauf.
- Sie **erforschen den Markt** oft selbständig, um die richtigen Angebote auf den Markt zu bringen.
- Sie bauen **Beziehungsnetze** zu Abnehmern auf (lokal, regional usw.).
- Häufig **informieren** sie die Kunden über Produkte und erbringen Serviceleistungen.
- Sie betreiben **Verkaufsförderung.**
- Sie führen die **physische Distribution** aus (Transporte, Lagerhaltung usw.).
- Sie stellen **Ressourcen** zur Verfügung und übernehmen einen Teil der unternehmerischen **Risiken,** die mit dem Absatz verbunden sind.

Sie erbringen damit Leistungen, die die Hersteller oft nicht in dieser Weise erbringen könnten.

Beispiel
General Motors verkauft ihre Autos über 20 000 Händler; selbst die mächtige GM könnte sich ein solches Verteilernetz nicht selbst leisten.

B Arten

Es gibt **selbständige** Absatzmittler und solche, die dem Hersteller gehören. Der Bertelsmann Verlag z. B. verkauft seine Bücher über eine eigene Tochter, die Europaringgeschäfte.

Die **wichtigsten** Akteure im (Zwischen-)Handel sind die Gross- und Einzelhändler (Detaillisten).

Einzelhandel

Dieser verkauft direkt an den Konsumenten. Man kann ihn nach verschiedenen Kriterien gruppieren:

- nach dem Umfang des angebotenen **Service:** Selbstbedienung (ohne Beratung), begrenzter Service, voller Service,
- nach dem Umfang des **Warenangebots:** Fachgeschäfte mit Spezialsortiment, Warenhäuser, Supermärkte, Einkaufszentren, Verbrauchergrossmärkte, Nachbarschaftsläden im Quartier mit kleinem Sortiment usw.,
- nach der **Preisgestaltung:** Discounthäuser, Ausstellungsräume usw.,
- nach der Art des **Geschäftslokals:** Automatenverkauf, Versandhandel, Haustürverkauf, Ladengeschäft usw., oder
- nach dem Grad der **Unabhängigkeit:** Filialunternehmen, freiwillige Ketten, Genossenschaften, Franchise-Organisationen.

Grosshandel

Seine Aufgabe ist der Verkauf von Waren an Weiterverkäufer und gewerbliche Verbraucher z. B. Gemüse an Restaurants. Er betreibt Verkauf, Einkauf, Sortimentsgestaltung, Lagerhaltung, organisiert Transporte usw. Es gibt Grosshändler, die einen umfassenden Service leisten wie Ausstellen der Ware, Beratung, Transport zum Abnehmer usw., und solche, die nur einen sehr beschränkten Service anbieten z. B. der Cash-and-carry-Grosshandel, bei dem der Einzelhändler in Selbstbedienung einkauft und die Ware selbst transportiert.

Makler und Agenten

Sie **vermitteln** gegen Provision Käufe und Verkäufe z. B. Grundstückmakler usw.

Die **Distribution** sorgt dafür, dass der Konsument die benötigten Güter rechtzeitig erhält.

Die meisten Güter werden heute über Dritte, die **Absatzmittler,** vertrieben. Sie sortieren das Leistungsangebot einer oder mehrerer Gruppen von Herstellern zu einem kundenorientierten Marktangebot.

15.4.3 Organisation

Während langer Zeit waren die Absatzmittler primär daran interessiert, ihre Gewinne zu optimieren. Sie betreiben **ihr** Unternehmen, ohne sich allzu sehr um vor- und nahe gelagerte Tätigkeiten zu kümmern. Dies hat sich in den letzten Jahren geändert. Eine wesentliche Neuentwicklung im Bereich der Warenverteilung sind die **vertikalen Marketingsysteme,** in denen Hersteller und Mittler sehr eng zusammenarbeiten, sich **gemeinsam** für ein Produkt einsetzen und sich in ihren Aktivitäten aufeinander abstimmen. Drei Varianten sind verbreitet:

A Distribution und Produktion gehören demselben Eigentümer

Fragen der Koordination, der Konfliktlösung und der Wirtschaftlichkeit werden unternehmensintern gelöst.

Beispiel
Migros produziert Lebensmittel und setzt ihre Produkte über ein Netz von über 550 eigenen Verkaufsläden ab.

B Hersteller und Verteiler sind unabhängige Unternehmen

Sie verpflichten sich **vertraglich** zur Zusammenarbeit. Dieses System hat sich in den letzten Jahren stark ausgebreitet.

Mögliche Formen:

- Grosshändler unterstützen die Bildung von **Ketten unabhängiger Einzelhändler,** indem sie ihnen Einkaufsvorteile verschaffen, den Verkauf standardisieren usw.
- **Einzelhändler-Genossenschaften,** die gemeinsam Güter herstellen oder einkaufen, gemeinsam werben und die Gewinne teilen
- **Franchise-Organisationen:** Meist ist ein Grosshändler Franchisegeber und unabhängige Einzelhändler sind die Franchisenehmer. Der Franchisegeber gibt ihnen seine Produkte exklusiv zum Verkauf, macht für sie die Werbung und stellt ihnen Know-how für die Auftragsabwicklung, den Verkauf usw. zur Verfügung. Sie können z. B. ein verbindendes Logo, ein bestimmtes Sortiment usw. haben; oft erledigt er auch ihre Buchführung. Der Franchisenehmer stellt sein Kapital zur Verfügung und führt die Verkaufsstelle auf eigenes Risiko. Das Lokal kann vom Franchisegeber zur Verfügung gestellt werden oder ist Sache des Franchisenehmers. Dieser lebt von der Marge.

Beispiele
Benetton, McDonald's, Burger King.

C Monopolistische, vertikale Marketingsysteme

Ein mächtiger Hersteller wie VW oder Opel oder ein einflussreicher Grosshändler lenkt die Zusammenarbeit im System. Weil die anderen Mitglieder vom Absatz seiner Produkte oder von seinem Image abhängig sind, folgen sie seiner Marketingpolitik.

Ein wichtiges Tätigkeitsfeld der Distribution ist auch die Organisation und Kontrolle der physischen **Verteillogistik:** die Optimierung von Transporten (Optimierung von Kosten und Lieferzeiten), die Organisation der Lagerhaltung (Wahl der Standorte, der technischen Ausstattung, Grösse usw.) und die Rationalisierung der Auftragsabwicklung vom Kundenauftrag bis zum Inkasso.

In der Distribution zeichnen sich folgende **Trends** ab:

- Intensivierung der **Zusammenarbeit** aller Beteiligten eines Kanals (engerer Zusammenschluss, gemeinsame Problem- und Konfliktlösungen), **vertikale Marketingsysteme**
- Einsatz **mehrerer Kanäle,** um mehr Kunden und Märkte zu erreichen
- **Rationalisierung** aller Tätigkeiten

15.5 Kommunikationspolitik

Wertvolle Leistungen zu attraktiven Preisen an den optimalen Standorten nützen dem Unternehmen nur, wenn die Kunden darüber informiert sind. Diese Aufgabe erfüllt die Kommunikationspolitik. **Information und Kommunikation** sind eine wichtige Marketing-Aufgabe, die für Anbieter und Verbraucher von eminenter Bedeutung ist.

Die Unternehmen haben einen breiten Fächer von Kommunikationsmethoden und -instrumenten entwickelt, mit dem sie ihre **Märkte** bearbeiten und die Beziehungen zu ihrem **weiteren Umfeld** (Öffentlichkeit) gestalten. Bei der Marktbearbeitung steht die Darstellung des **Leistungsangebots** und die Überzeugungsarbeit am Kunden im Zentrum, bei der Öffentlichkeitsarbeit die Selbstdarstellung mit dem Ziel der **Vertrauensbildung.**

Eine ehrliche Selbstdarstellung gewährt Aussenstehenden Einblick in die Absichten, die Philosophie oder Politik eines Unternehmens als Ganzes, also nicht nur in seine ökonomische Zielsetzung, sondern auch in seine Einstellung zu gesellschaftlichen und ökologischen Fragen, zu den Mitarbeitern und zum Staat.

Dem Marketing stehen **vier Kommunikationsinstrumente** zur Verfügung:

[15-7]   Die Kommunikationsinstrumente

Kommunikation und Information sind zwei wesentliche Aufgaben des Marketing. Sie haben zwei Zielrichtungen:

- Marktbearbeitung, d. h. Bekanntmachen und Unterscheiden des eigenen Leistungsangebots von anderen Angeboten
- Öffentlichkeitsarbeit – Vertrauensbildung dem Unternehmen gegenüber, Beziehungspflege mit dem weiteren Umfeld

Kommunikation und Information schaffen Transparenz (Sachebene) und Goodwill (Beziehungsebene). Die Instrumente dazu sind: persönlicher Verkauf, Verkaufsförderung, Werbung und Public Relations (Öffentlichkeitsarbeit).

15.5.1 Werbung

Darunter versteht man die **mittelbare** Beeinflussung von Menschen im Sinn der Absatzziele des Unternehmens. Sie ist mittelbar, weil sie über Medien, z. B. Zeitungsinserate, TV-Spots, nicht über den persönlichen Kontakt erfolgt. Werbung informiert potenzielle Käufer über den Nutzen eines Produkts oder einer Produktgruppe.

Werbung sollte von Spezialisten ausgeführt werden. Das Ausarbeiten wirkungsvoller Kampagnen erfordert Kreativität und ein ausgedehntes Know-how in der Gestaltung von Bild und Wort. Auch die Auswahl und Streuung von Werbebotschaften in den Medien ist ein Gebiet, das Spezialwissen erfordert.

Grosse Unternehmen beschäftigen oft Dutzende von eigenen Werbefachleuten und arbeiten zusätzlich mit externen Agenturen zusammen, um weiteres Know-how zu nutzen; **kleinere** Unternehmen machen ihre Werbung öfter selbst oder beauftragen externe Fachleute.

Die Werbung ist das am **besten sichtbare** und am **breitesten wirkende** Kommunikationsinstrument von Unternehmen und nimmt oft einen grossen Teil des Etats für Marktbearbeitung in Anspruch.

Werbung steht oft auch im Kreuzfeuer der **Kritik.** Die Kritiker werfen ihr vor, sie manipuliere die Kunden, Information sei nur ein Vorwand und sie schaffe ständig neue Konsumbedürfnisse. Die meisten Kunden sind kritisch genug, um fragliche Aspekte zu prüfen; zudem ist die Beschönigung echter Nachteile auf die Dauer nicht erfolgreich – der Konkurrenzkampf wirkt hier heilsam. Das schlechte Produkt wird an den Rand oder ganz aus dem Markt gedrängt. Bewusste **Irreführung** und die Verbreitung **falscher** Informationen sind aber nicht legitim. Auch diese werden aber meist sehr rasch richtiggestellt durch kritische Beobachter wie Konsumentenorganisationen, die Medien, z. B. das Fernsehen in seinen konsumentenorientierten und marktkritischen Sendungen, oder die Konkurrenz, so dass die Käufer eine faire Chance haben, sich zu informieren.

Wie geht man bei der **Durchführung der Werbung** vor? Folgende Tätigkeiten sind dabei notwendig:

- Erstellen des Werbekonzepts
- Festlegen der Ziele
- Bestimmung des Budgets
- Gestaltung der Werbebotschaft
- Wahl des Mediums
- Zeitplanung
- Kontrolle

Wir besprechen die einzelnen Punkte im Folgenden.

A Werbekonzept

Zunächst ist ein **Werbekonzept** auszuarbeiten, in dem die grossen Linien festgelegt werden: die Zielgruppe, die Werbeziele, die Botschaft (Inhalt und Form), die Medien und ein Zeitplan sowie ein Werbebudget.

B Ziele

Die Ziele, die man erreichen will, sind für die weitere Arbeit von besonderer Bedeutung. Werbefachleute unterscheiden drei Schwerpunkte:

- **Information:** Das Informieren steht im Vordergrund, wenn ein neues Produkt bekannt gemacht werden muss oder wenn neue Leistungen angeboten werden z. B. besondere Serviceleistungen, wenn ein Markenimage aufzubauen, Preisänderungen zu erklären, Befürchtungen zu zerstreuen, die Verwendung eines Produkts zu erklären ist usw.
- **Überzeugen:** Hier geht es darum, die Vorteile des eigenen Produkts herauszustellen, sich von der Konkurrenz zu differenzieren, Kunden zum Kauf zu ermuntern, Meinungen über Produkte zu verändern usw.
- **Erinnern:** Ein reifes Produkt muss immer wieder in Erinnerung gerufen werden z. B. Coca-Cola.

C Budget

Aufgrund der Ziele lässt sich das Budget abschätzen. Im Budget werden die Mittel festgelegt, die zum Erreichen der definierten Werbeideale notwendig sind. Die Berechnung erfolgt aufgrund des geschätzten Aufwands und nicht durch Vergleich mit den Werbebudgets der Konkurrenz oder durch Festlegung eines Prozentsatzes vom Umsatz.

D Gestaltung der Werbebotschaft

Sie ist Aufgabe der kreativen Fachleute (Texter, Grafiker, Filmfachleute usw.).

Zunächst bestimmt man den **Inhalt der Botschaft,** also **was** im Zentrum stehen soll. Sollen bestimmte Eigenschaften eines Produkts, die Bedürfnisse, die es abdeckt, oder sein Preis usw. im Vordergrund stehen?

Genauso wichtig ist die **Form der Botschaft,** wie sie gestaltet werden soll.

Wie trägt die Werbung ihre Botschaft an den Empfänger heran?

Drei Kriterien sind für den Erfolg besonders wichtig: Die Botschaft muss **ansprechend (spannend), leicht verständlich** und **glaubwürdig** sein. Es kommt auf den Stil und den Tonfall an; man sollte in einen Dialog mit dem Empfänger treten und ihn überzeugen.

Werbefachleute haben als Leitlinie eine Formel aufgestellt, die **AIDA-Formel:**

- A (attention): **Aufmerksamkeit** wecken (ohne Aufmerksamkeit ist Kommunikation unmöglich).
- I (interest): **Interesse** für den Inhalt der Botschaft aufbauen.
- D (desire): Den **Wunsch** wecken, das Produkt kennen zu lernen, auszuprobieren.
- A (action): Den Empfänger zum **Handeln** veranlassen.

Zuerst muss der Kontakt auf der **emotionalen** Ebene hergestellt und das Interesse geweckt werden, erst dann können die **rationalen** Argumente folgen. Emotionale Ansprache und Sachargumente sind der Zielgruppe und der Zielsetzung anzupassen. Der Käufer von Goldschmuck ist z. B. durch ganz andere Argumente zu überzeugen als der Käufer von Landwirtschaftsmaschinen.

Die Adressaten der Werbebotschaft können mit verschiedenen **Mitteln** angesprochen und überzeugt werden: mit nüchternen Argumenten (Zahlen, Fakten usw.), mit wissenschaftlichen Belegen, Empfehlungen von Fachleuten oder durch Zitieren zufriedener Produktverwender; man kann den Empfänger aber auch sehr persönlich in seiner Weltanschauung und Wertausrichtung, seinem Lebensstil ansprechen («verantwortungsbewusste Menschen achten auf ihre Ernährung»), man kann sein Interesse durch originelle Einfälle, Erotik oder Humor gewinnen. Die vielfältige Ansprache und Argumentation ist das eigentliche Know-how der Werbefachleute. Die Kunst der Werbung besteht darin, wirkliche Wünsche, Sehnsüchte, aber auch sachliche Anliegen der Zielkunden anzusprechen – und Lösungen dafür anzubieten.

Werbefachleute entwickeln meist mehrere Varianten für grössere Kampagnen und befragen dazu ausgewählte Adressaten, bevor die Kampagne gestartet wird. Sie bekommen damit Anhaltspunkte über positive Wirkungen und Störungen und können ihre Lösung optimieren.

E Medienwahl

Die gestaltete Botschaft kann nur über ein **Medium** zum Empfänger gelangen. Marketingfachleute unterscheiden dabei zwischen dem **Werbemittel** und den **Werbeträgern.** Unter Werbemittel versteht man die reale, sinnlich wahrnehmbare Erscheinungsform der Werbebotschaft. Beispiele sind TV-Spots, Inserate, Prospekte oder Tragtaschen. **Werbeträger** sind die Instrumente oder Informationskanäle, mit denen die Werbemittel zum Werbeadressaten gebracht werden können. Die wichtigsten Werbeträger sind: Zeitungen und Zeitschriften, Radio, Fernsehen, Plakatwände, der Postversand für Prospekte, das Telefon für den Telefonverkauf, der PC über Internet für das digitale Einkaufen zu Hause oder Kinos für Werbefilme.

Neue Werbemittel und Werbeträger entstehen laufend:

- Kundengeschenke mit Botschaften
- Etiketten, Kleber, Stickers in grosser Vielfalt usw.

Die Auswahl der Werbemedien richtet sich nach den **Zielgruppen,** die man erreichen will. Man muss festlegen, ob man sehr viele Empfänger oder nur ein eng definiertes Segment erreichen will. Die **Kosten** sind entscheidend; mit TV-Werbung erreicht man viele, aber sie ist teuer; die gleiche Botschaft kann vielleicht ebenso wirkungsvoll und glaubwürdig über Zeitungen und Zeitschriften verbreitet werden.

F Zeitplanung

Entscheidend für den Werbeerfolg ist schliesslich das **Timing:** Wie lange und mit welcher Intensität soll geworben werden z. B. intensiv im ersten Halbjahr, dann nur noch ab und zu zum Nachfassen oder kontinuierlich über einen langen Zeitraum?

G Werbekontrolle

Jede grössere Werbekampagne sollte in ihrer **Wirkung überprüft** werden. Man beurteilt den Erfolg der Werbekampagne und beschliesst, wie künftige Kampagnen durchgeführt werden sollen.

Eine **Erfolgskontrolle** ist schwierig. Dennoch lohnen sich Untersuchungen z. B. Tests oder Befragungen darüber, wie viele Empfänger die Botschaft wahrgenommen haben, sich daran erinnern oder sich dadurch zum Kauf motivieren liessen.

> **Werbung** ist das Kommunikationsmittel, mit dem sich **viele** Empfänger erreichen lassen. Sie eignet sich zum **Bekanntmachen** und **Positionieren neuer Leistungen,** zum Aufbau einer **langfristigen Marktpräsenz** und zur **kurzfristigen Marktstimulierung.** Ihr Erfolg hängt in erster Linie von der **gestalteten Botschaft,** aber auch von der **Medienwahl** und dem **Timing** ab.
>
> Jede Aktion muss **geplant** und in ihrer Wirkung **kontrolliert** werden.

15.5.2 Persönlicher Verkauf

Er beruht auf dem unmittelbaren, direkten Kontakt zwischen Verkäufer und Käufer. Im Vordergrund steht die **persönliche** Kommunikation über ein Produkt oder eine Dienstleistung mit dem Ziel eines Verkaufsabschlusses. Der persönliche Verkauf ist im Konsumgüter- und Investitionsgüter-Marketing weit verbreitet und kann im **Innen-** und im **Aussendienst** zum Einsatz kommen.

Das Verkaufspersonal des Unternehmens hat verschiedene Namen: Verkäufer, Kundenbetreuer, Verkaufsberater, Verkaufsingenieure, Aussendienstmitarbeiter usw. Der Verkaufs**aussendienst** ist von besonderer Bedeutung. Er sucht neue Kunden und knüpft Kontakte zu ihnen, er informiert Kunden und Händler, verkauft anspruchsvolle Leistungen, er erbringt Serviceleistungen **und** beobachtet den Markt. Ein wirklich marketingorientierter Aussendienst ist langfristig ein wesentlicher Erfolgsfaktor.

A Planung

Der Verkauf ist die Schnittstelle, an der der Kunde mit dem Unternehmen in direkten Kontakt tritt. Jedes Unternehmen muss diese Schnittstelle strategisch planen und organisieren. Dabei stellt es sich folgende Fragen:

- Welchen **Stellenwert** hat der Verkauf?
- Nach welcher **Methode** wird verkauft (durch fachmännische Beratung, langfristige Kontaktpflege oder durch Druck)?
- Wird der Aussendienst nach **Gebieten** (geografisch), nach **Produkten** (Pharmaprodukte/Babynahrung/Kosmetik) oder nach **Kunden** (Grosskunden/Normalabnehmer/Kunden mit einfachen und solche mit komplexen Bedürfnissen) gegliedert?
- **Wie viele** Mitarbeiter sind im Aussendienst tätig (Kostenfrage)?

B Verkäuferschulung

Wenn die strategischen Fragen geklärt sind, müssen die Verkäufer eingestellt und gezielt geschult werden. Die **Aus- und Weiterbildung** der Verkäufer ist von grösster Bedeutung. Ein erfolgreicher Verkäufer kennt die Produkte, den Markt und die Branche, er kann argumentieren, versteht die Strategien der Konkurrenz und die Kaufgewohnheiten der Kunden, kann Verkaufspräsentationen durchführen und verfügt über gute Kenntnisse in Marketing und Marktbeobachtung.

Kern der Verkäuferschulung ist die Gestaltung des **Verkaufsgesprächs:** Wie wird ein Kunde überzeugt? Verkaufsgespräche verlaufen erfolgreich,

- wenn zwischen Verkäufer und Kunde **Sympathie** entsteht. Sympathie entsteht durch die Vertrauenswürdigkeit und persönliche **Ausstrahlung** des Verkäufers,
- wenn der Verkäufer über genügend **Fachwissen** verfügt und die **Rollenerwartung** des Kunden nach einem kompetenten Berater, einem sensiblen Zuhörer oder einem hilfsbereiten und effizienten Problemlöser usw. erfüllt,
- wenn der Verkäufer sich **durchsetzen** kann, indem er klar und überzeugend argumentiert, bestimmt und zielstrebig verhandelt.

C Abwicklung

Der Verkauf vor allem von teuren und anspruchsvollen Gütern wickelt sich in **Phasen** ab:

1. Mögliche Käufer ausfindig machen und beurteilen (wer könnte zum Kunden werden?)
2. Informationen über sie sammeln (was brauchen sie, wie kann man sie am besten ansprechen?)
3. Eröffnen des Gesprächs (zuhören, Problem des Kunden erfassen, Fragen stellen)
4. Produkt präsentieren (Vorteile für den Kunden aufzeigen, Handhabung des Produkts, Serviceleistungen usw.)
5. Einwände beantworten (alle Einwände ernst nehmen, auf sie eingehen, Lösungen anbieten)
6. Vertrag

Zu einem gut funktionierenden Verkauf gehören auch gute **unterstützende** Funktionen:

- Ein rasches und flexibles Angebotswesen
- Demomaterial, Muster- und Zeigebücher usw.
- Beispiele von realisierten Lösungen, Referenzen von Kunden usw.

D Messen

Messen oder Ausstellungen sind ein wirksames Instrument der Verkaufsunterstützung. Sie bieten eine **Leistungsschau** und damit einen Überblick über den Markt.

Messen werden von einzelnen oder mehreren Branchen gemeinsam durchgeführt, meist in regelmässigem Turnus. Sie geben dem Verkauf die Gelegenheit, über eigene Produkte zu informieren und das Angebot der Konkurrenz kennen zu lernen, mit neuen Kunden in Kontakt zu treten, Marktüberblick zu gewinnen und die Aktivitäten der Konkurrenz zu beobachten. Messen sind auch ein Instrument der Public Relations, sie zeigen den Auftritt eines Unternehmens. Primär jedoch sind sie ein relativ kostengünstiges Forum der Kontaktaufnahme und damit ein Instrument der Marktbearbeitung.

E Direktverkauf

Viele Unternehmen versuchen heute, die hohen Kosten des persönlichen Verkaufs zumindest teilweise zu umgehen, indem sie **Direktwerbung** betreiben und Kunden Werbebriefe, Kataloge, Prospekte usw. zusenden und das Verkaufsgespräch **schriftlich** führen. Der Erfolg hängt davon ab, wie genau die Zielgruppen lokalisiert und angesprochen werden. Besteht ein Kundenstamm, kann dieser mit Direktwerbung sehr wirkungsvoll bearbeitet werden z. B. durch regelmässige Informationen über neue Produkte und Aktivitäten, durch Gründung von Kundenclubs, an die Nachrichten verschickt werden, durch Kundenzeitschriften usw.

Der **persönliche Verkauf** erfolgt über den Kontakt vom Verkäufer zum Käufer. Er ist das unmittelbare Bindeglied zum Kunden und unerlässlich für den Absatz anspruchsvoller, **erklärungsbedürftiger Güter.**

Der Verkauf muss **geplant** und systematisch **organisiert** werden. Der konkrete Erfolg hängt von der Persönlichkeit der Verkäufer und von ihren Fach-, Markt- und Kundenkenntnissen ab. Vor allem die Aussendienstmitarbeiter müssen mehr sein als gute Kundenberater und Verkäufer; sie sind für jedes Unternehmen auch wichtige Marktbeobachter, die Informationen im Sinn des Marketing verarbeiten und weiterleiten.

15.5.3 Verkaufsförderung

Sie umfasst eine reichhaltige Palette von Massnahmen, die den persönlichen Verkauf unterstützen, und von kurzfristigen Massnahmen, die zusätzliche Kaufanreize schaffen. Man unterscheidet

- **Merchandising,** d. h. Verkaufsunterstützung der Absatzmittler, und
- **Consumer Promotion,** Verkaufsförderung am Verkaufsort (Point of Sale) für den Konsumenten.

Zum Merchandising gehören: Händlerschulung, Demonstrationsmaterial wie Musterbücher, Dokumentationen, Wettbewerbe, Referenzen, Werbegeschenke, Muster usw.

Zur konsumentenorientierten Verkaufsförderung (Consumer Promotion) gehören: Gutscheine, Aktionen wie 3 für 2, Gratismuster, Treuerabatte, Vorführungen, Sonderangebote usw.

Die Verkaufsförderung muss in den übrigen Kommunikationsmix eingebettet und durch die längerfristig wirkende Werbung unterstützt werden. Lange war Verkaufsförderung auf die kurzfristige Ankurbelung des Umsatzes ausgerichtet; der Kunde sollte mehr oder **jetzt** kaufen. Heute wird sie mehr und mehr auch dazu eingesetzt, Kunden **langfristig** zu binden z. B. durch Muster, die mit Information gekoppelt sind und die Markentreue fördern.

Manche Massnahmen wurden exakt untersucht. So weiss man, dass Umsatzschwankungen bis zu 50 % möglich sind, je nachdem, **wo** eine Ware **im Laden** angeboten wird; ebenso bedeutsam ist ihre Anordnung in den **Gestellen;** Produkte in der Griff- und Sichtzone bringen bis zu 100 % höhere Umsätze als solche in der Reck- oder Bückzone; wichtig ist auch die richtige Nachbarschaft von Produkten.

Auch für die Verkaufsförderung ist ein **Konzept** aufzustellen, so dass die vielen zu treffenden Einzelentscheidungen in einen Rahmen passen und in dieselbe Stossrichtung gehen. Grundlage dieses Konzepts ist die Marketingstrategie, insbesondere die Marketingziele für die einzelnen Produkte oder Produktgruppen. Das Konzept bestimmt folgende Punkte:

- Ziele
- Verkaufsförderungsmassnahmen
- Programm
- Kontrolle

A   Ziele

Zunächst muss festgelegt werden, welche Ziele erreicht werden sollen. Sollen **Kunden** dazu veranlasst werden, mehr zu kaufen, oder sollen sie von Konkurrenzprodukten abgeworben werden? Oder: Sollen **Händler** dazu veranlasst werden, neue Produkte ins Sortiment aufzunehmen, Produkte besser zu präsentieren, grössere Lager anzulegen usw.?

B   Verkaufsförderungsmassnahmen

Sind die Ziele festgelegt, wird bestimmt, mit welchen **Verkaufsförderungsmassnahmen** sie erreicht werden sollen. Diese Entscheidung hängt von der Art der Zielkunden, des Wettbewerbs und vom Budget ab. Im Folgenden finden Sie die wichtigsten Verkaufsförderungsmassnahmen.

Verkaufsförderungsmassnahmen

1. Beim **Endverbraucher:**

- **Muster,** die im Geschäft z. B. in der Drogerie abgegeben, per Post zugestellt werden, als Zugabe zu einem gekauften Produkt mitgegeben oder durch Werbeanzeigen angeboten werden. Muster sind eine wirksame, aber teure Art, neue Produkte einzuführen.
- **Coupons und Gutscheine,** mit denen Produkte günstiger eingekauft werden können. Sie können einen reifen Markt beleben oder helfen, ein neues Produkt einzuführen.
- **Aktionen, Sonderangebote** zu einem reduzierten Preis, 3 für 2 usw. Sie sind sehr wirkungsvoll zur kurzfristigen Umsatzbelebung.
- **Werbegeschenke,** wenn man ein bestimmtes Produkt kauft oder einen Coupon einschickt. Schafft Markenbindung
- **Rabattmarken** und andere **Treuebonussysteme** von Hotels, Fluglinien usw., die Kundentreue belohnen
- Angebote, **gebrauchte Produkte** beim Kauf eines neuen in **Zahlung** zu nehmen
- Abgabe von sehr preiswerten **Zusatz**produkten (Walkman beim Kauf eines Sprachkurses)
- **Demonstrationen** am Ort des Verkaufs z. B. neue Gerichte zum Degustieren, **Displays** (Schilder, Plakate usw.) in den Läden, die die Aufmerksamkeit des Kunden auf sich ziehen

2. Beim **Händler:**

- **Promotionen,** die sorgfältig zu planen sind, damit der Händler sich mit ihnen identifiziert
- **Preisnachlässe** bei höherem Absatz oder Absatz in einer bestimmten Zeitperiode, Prämien- und Bonussysteme
- **Display-Material:** alles, was der Präsentation der Produkte nützt: Gestelle, Plakate
- **Hostessen** für Präsentationen und Degustationen
- **Schulung** der Mitarbeiter des Zwischenhandels, Zur-Verfügung-Stellen von Dokumentationsmaterial

3. Für beide: Wettbewerbe, Verlosungen, Gewinnspiele, Modeschauen. Auf Händlerebene gewinnt z. B. einen Preis, wer besonders hohe Umsätze oder andere Sonderleistungen erbracht hat.

Ein sehr erfolgreicher Trend ist die **Verkaufsförderung mit Erlebnisgehalt.** Der Kontakt mit Produkten oder Einkaufsarten wird gezielt mit **positiven** Erlebnissen und Gefühlen gekoppelt. Einkaufscenter halten laufend Attraktionen bereit wie Autogrammstunden mit Stars, Erlebnisausstellungen für Garten, Wohnen, Elektronik usw.

C Programm

Der nächste Schritt ist das Ausarbeiten eines Programms für Verkaufsförderungsaktionen. Die Teilnahmebedingungen und die Bekanntmachung der Aktion werden festgelegt. Schliesslich werden Budget und Zeitplan erstellt.

D Ergebniskontrolle

Wichtig ist die Ergebniskontrolle nach der Durchführung der Aktion. Man kontrolliert z. B., ob der Umsatz des betreffenden Produkts gestiegen ist und ob die Umsatzsteigerung nur kurzfristig oder längerfristig ist.

> **Verkaufsförderung** umfasst eine breite Palette von Massnahmen, die **Endverbraucher** und/oder **Händler** zum Kauf von Produkten stimulieren. Sie ist in den übrigen Marketing- und Kommunikationsmix einzubetten und in ihren **Wirkungen** zu überprüfen.

15.5.4 Public Relations (PR, Öffentlichkeitsarbeit)

A Was sind und bezwecken PR?

Die Public Relations (PR) sind – im Unterschied zu Verkauf und Werbung – **nicht** produkt- und absatzorientiert, sondern wenden sich an einen breiten Kreis von Personen, die sich für das Unternehmen interessieren – Lieferanten, Mitarbeiter, Verbraucher im weitesten Sinn, Schulen, Behörden, Bewohner einer Region, an eine noch grössere Öffentlichkeit oder an besondere gesellschaftliche Gruppen, denen sie das Unternehmen näher bringen wollen. Es geht darum, Goodwill und Vertrauen zu schaffen, indem das Unternehmen seine Politik transparent macht. Das kann über schriftliche Publikationen geschehen oder auch durch den Auftritt wichtiger Persönlichkeiten des Unternehmens in der Öffentlichkeit – durch Reden, Fernsehinterviews usw. Zur Öffentlichkeitsarbeit im weitesten Sinn gehören aber auch das **Sponsoring** und andere **indirekte Marketingmassnahmen,** z. B. Kundenzeitschriften, Kundenclubs, die Vita Parcours usw. Da es um vertrauensbildende Massnahmen für das Unternehmen insgesamt geht, sind PR-Aktionen durch die Unternehmensspitze zu beschliessen und zu konzipieren. Bei der Realisierung wird auf das Knowhow eigener oder externer Spezialisten zurückgegriffen.

Aufgabe des Marketing ist es, die Kommunikationsinstrumente in einem **optimalen Mix** auf die Zielsegmente abzustimmen und sie im Sinn der Gesamtstrategie zu nutzen.

Ein gelungener Kommunikationsmix vermittelt dem Kunden ein überzeugendes Bild des gesamten Leistungsangebots (Produkt, Sortiment, Preis, Verfügbarkeit), er erlebt es als unverwechselbar, interessant und ansprechend.

Wie dies geschieht – ob vorwiegend über gut ausgebildete und motivierte Verkäufer, über Werbung oder PR – liegt in der Entscheidung des Unternehmens. Es muss herausfinden, wo es seine Schwerpunkte setzt, auf welchen Botschaften es seine Kommunikation aufbaut und welche Mittel es dafür einsetzt.

B Instrumente der PR

Dazu gehören:

- **Geschäftsberichte** über den Geschäftsgang eines Jahres, über besondere Probleme, Erfolge, ihre Ursachen.
- **Inserate und Fachartikel:** Grosse Unternehmen lancieren oft PR-Kampagnen in der Presse. Sie wählen bestimmte Themen, zu denen sie Stellung nehmen und dadurch ihre Philosophie zum Ausdruck bringen. Oft entsteht so etwas wie ein weltanschaulicher Dialog mit dem Publikum.
Ein sehr wirksames PR-Instrument sind auch **Artikel.** In sachlicher Weise wird von Fachleuten z. B. vom Forschungsleiter des Unternehmens zu aktuellen Fragen Stellung genommen.
- **PR-Publikationen** wie Broschüren über das eigene Selbstverständnis usw., mit denen ein Unternehmen sich Bewerbern, Kunden, Absatzmittlern usw. vorstellt.
- **Firmenreportagen, Tage der offenen Tür, Betriebsbesichtigungen** (für Angehörige der Mitarbeiter, wichtige Kunden, Händler usw.), mit denen ein Unternehmen interessierten Personen des Umfelds einen konkreten Einblick in seine Tätigkeiten anbietet.
- **Anlässe,** die publikumswirksam sind wie Ballonfahrten, Sportfeste, Volksläufe, Ausflüge, Vorträge.
- **Pressekonferenzen, Presseinformationen, Vorträge, Interviews:** An **Pressekonferenzen** können neue Produkte, Projekte, Bauten, neue Engagements usw. vorgestellt werden. Die eingeladenen Journalisten berichten dann darüber und streuen die Information. **Presseberichte** machen besondere Erfolge, Grossaufträge, Jubiläen usw. publik. **Interviews** durch Journalisten in der Presse oder am Fernsehen geben Gelegenheit zu Stellungnahmen, zur Darstellung des Unternehmensstandpunkts usw. Auch **Vorträge** wichtiger Persönlichkeiten des Unternehmens oder die Teilnahme an Diskussionen haben PR-Wirkung. Ein enger Kontakt zur Presse ist aus zwei Gründen wichtig: erstens, weil die Medien die öffentlichen Meinungsmacher sind, und zweitens, weil PR-Publikationen vor allem über gute Beziehungen platziert werden; der Platz dafür ist im Unterschied zur Werbung kostenlos.
- **Symposien, wissenschaftliche Veranstaltungen, Kongresse,** an denen Fachleute über Themen sprechen, die das Unternehmen betreffen. Das von der Pharmaindustrie organisierte Ärztesymposium schafft ein Vertrauensverhältnis zu den Ärzten, indem es über neue Forschungsergebnisse usw. informiert.
- **Wettbewerbe, Ausstellungen, Konzerte, Feste** und viele andere Massnahmen können ebenfalls für PR-Zwecke genutzt werden.

Zu den Public Relations gehört auch die **visuelle Erscheinungsform** eines Unternehmens, eine bestimmte Gebäude-Architektur, Signete, Farben und Symbole, die sich von der Beschriftung der Firmenwagen bis zur Gestaltung des Briefpapiers durchziehen. Man nennt den visuellen Auftritt auch **Corporate Design** (CD). CD ist der visuelle Ausdruck der **Corporate Identity** (CI). Sie ist das Bild, das sich das Unternehmen von sich selbst macht. Nicht immer stimmt dieses innere Bild des Unternehmens mit dem **Image** überein, also mit dem Bild, das die Aussenwelt vom Unternehmen hat.

C Sponsoring

Das Sponsoring ist eine besondere Form der PR. Ein Unternehmen unterstützt Veranstaltungen; es tritt dadurch öffentlich in Erscheinung, und zwar in einem für die anvisierten Zielgruppen **positiven** Zusammenhang. Die Bank, die Sportanlässe sponsert, dokumentiert ihren sportbegeisterten Kunden, dass sie aufgeschlossen und dabei ist, wo etwas läuft. Sie ist da, wo ihre Kunden sind, und stellt dadurch Vertrautheit her. Verbreitet sind: das Sport-Sponsoring (Fussball, Tennis usw.), das Kultur-Sponsoring (Musik, Ballett, Film), das Sozio-Sponsoring (Gesundheit, Umwelt, Bildung usw.). Sponsoring wirkt **langfristig**. Ein Unternehmen muss sich daher gut überlegen, wo es sich engagieren will.

> Ziel der **Public Relations** ist es, Vertrauen ins Unternehmen, in seine Tätigkeit und seine Politik zu schaffen und damit ein positives Image in der Öffentlichkeit aufzubauen. Das Mittel sind **Public-Relations-Aktionen,** das **Sponsoring** und eine Vielfalt von Aktionen im Zwischenbereich zwischen Verkaufsförderung und PR.

Die folgende Grafik fasst den Stoff dieses Teils über Marketing zusammen: Die **Strategie** ist der Rahmen, in den der **Marketing-Mix** hineinzustellen ist; seine einzelnen Elemente sind, je nach Ausgangskonstellation und Zielsetzung, unterschiedlich gewichtet und zusammengefügt und alles ist abgestimmt auf den **Markt.**

[15-8] Marketing im Überblick

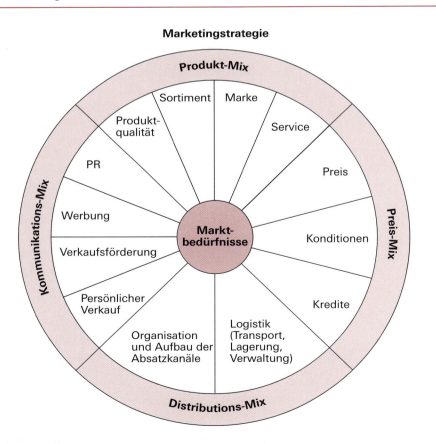

Repetitionsfragen

59

Welche der folgenden Aussagen über Produktqualität sind richtig?

A] Sie umfasst alle Eigenschaften eines Produktes, vom unter Umständen hoch komplexen technischen Aufbau bis zur äusseren Erscheinung (Farbe, Form).

B] Sie ist der Grundnutzen, den ein Produkt dem Verbraucher in seinem Kern bietet.

C] Die Qualität kann unter Umständen darin bestehen, dass ein Produkt technisch deutlich weniger anspruchsvoll ist als Konkurrenzprodukte. Seine besondere Qualität besteht dann paradoxerweise darin, qualitativ geringer, dafür z. B. billiger zu sein.

64

Erklären Sie in **einem** Satz, was Nutzen ist.

69

Welche der folgenden Grössen sind in jedem Fall mit Produktinnovationen verbunden:

A] Unsicherheit

B] Konfliktstoff

C] Höhere Umsätze und Gewinne

D] Risiko

E] Eigenes Profil

74

An die Verpackung eines Produkts werden heute hohe und vielfältige Anforderungen gestellt. Ordnen Sie die folgenden Verpackungsmerkmale den drei Anspruchsgruppen zu, indem Sie die zutreffenden Buchstaben in die freie Zeile eintragen:

A] kostengünstig und rationell in der Herstellung

B] stapelfähig und raumnutzend

C] leicht transportierbar und bequem im Handling

D] sicher

E] selbstbedienungstauglich

F] verkaufsfördernd

G] attraktiv

H] günstig im Gewicht

I] ökologisch

J] geeignet zur Produktdifferenzierung und als Informationsträger

K] informativ

L] leicht erkennbar

M] ansprechend, sympathisch

Wichtig für den Hersteller:

Wichtig für den Handel:

Wichtig für den Verbraucher:

Welche Vor- und Nachteile hat die Markendiversifikation?

Nivea war ursprünglich eine Einzelmarke für Hautcreme. Unter ihrem Dach bietet Nivea heute mit Erfolg auch Badeseifen, Kosmetikprodukte, Deodorants usw. an. Interessant ist, dass sich seit Einführung dieser neuen Produkte auch der Umsatz der «alten» Nivea-Creme um bis zu 40 % verbessert hat. Wie ist dies zu erklären?

Welche Vor- und Nachteile hat eine grosse Variantenvielfalt?

3M kam mit Scotch-Klebebändern auf den Markt und führte nach ihrem Anfangserfolg verschiedenste Arten von Klebebändern ein: breite, dicke, farbige, beidseitig klebende, danach Tape-Lösungen für die Chirurgie, für industrielle Verpackungsaufgaben, elektronische Tapes usw. Wie nennt man eine solche Produktpolitik?

Die Preisfestlegung hängt von mehreren Grössen ab. Welche drei erachten Sie als die zentralen?

Die japanischen Autohersteller verfolgten von Anfang an die Strategie, viele Extras, die von anderen Herstellern gesondert und teuer verrechnet wurden, in ihre Autos einzubauen und gratis mitzuliefern. Diese Strategie erwies sich als erfolgreich – warum?

Der Hauptkonkurrent von A senkt seine Preise. Wie soll A sich verhalten, genauer: Wie findet er heraus, was er am besten tut?

45

A] Was versteht man unter Distribution?

B] Was ist direkte, was indirekte Distribution?

C] Welche Vorteile haben Absatzmittler?

D] Welche Vor- und Nachteile haben eigene Absatzkanäle?

50

Welcher Distributionsform bzw. welchem Typ von Absatzmittler ordnen Sie die folgenden Tätigkeiten zu:

A] Eine Weberei verkauft Dekorationsstoffe im Fabrikladen.

B] Eine Boutique kauft exklusive Freizeitmode ein und bietet sie in ihren Geschäften in den Touristenzentren an.

C] Zwei Architekten haben sich darauf spezialisiert, deutschen Staatsbürgern Residenzen in Spanien anzubieten. Sie arbeiten mit einer Gruppe von örtlichen Bauunternehmen zusammen.

D] X ist Kenner des Teppichmarktes. Er vermittelt Lieferungen aus dem Nahen Osten an Teppichhändler in Europa.

55

Werbung wird von gewinnorientierten Unternehmen und von Institutionen eingesetzt, um eigene Ziele zu erreichen. Sie bringt aber auch dem Empfänger etwas – was gewinnt er?

60

Ist Werbung für gut eingeführte Produkte mit hohem Marktanteil sinnvoll?

65

Ein Unternehmen, das Sanitäranlagen herstellt, hat eine Produktlinie für Private und eine für Organisationen (Krankenhäuser, Schulen usw.). Wie kann es seinen Aussendienst sinnvoll organisieren?

70

Eine Versicherung sucht Berater für Hausrat- und Haftpflichtversicherungen. Welchen Typ Verkäufer wird sie bevorzugen: einfache, hochkarätige Versicherungsfachleute oder gute Mathematiker?

75

Ist Absatzförderung dasselbe wie Verkaufsförderung?

5

In welchen Situationen ist eher Werbung (W) bzw. Verkaufsförderung (V) angesagt?

A] Ein Weindiscount-Geschäft erwartet einen günstigen Posten Rotwein der gehobenen Preisklasse. Um Platz zu bekommen, soll ein bestehender Restposten rasch abgestossen werden.

B] Eine beliebte Weichkäsesorte mit guten Umsätzen wurde in der Gunst der Käufer durch den Import zweier ausländischer, vergleichbarer Sorten etwas zurückgedrängt. Wie kann die einheimische Marke wieder gefördert werden?

C] Ein neuer Sportschuh kommt auf den Markt.

13

Ergänzen Sie die folgende Grafik zum Unterschied von Werbung und PR:

	Werbung	**Public Relations (PR)**
Adressaten		Öffentlichkeit
Beabsichtigte Wirkung	Aufmerksamkeit Kaufentscheid	
Thema		Einblick in die Einstellung des Unternehmens, seine Ziele, Grundhaltung zu Wirtschaft, Umwelt etc.

18

Ein neu gegründeter Partyservice möchte sich in der regionalen Öffentlichkeit bekannt machen. Nennen Sie drei mögliche PR-Massnahmen.

Teil E   Präsentation

Einstieg, Leistungsziele, Schlüsselbegriffe

Zum Einstieg

Angelika Meier hat einen neuen Kugelschreiber entdeckt, mit dem man auch aufwärts und unter Wasser schreiben kann. Sie möchte ihn verkaufen und organisiert eine Tagung, zu der sie die Einkaufschefs der grössten Unternehmen des Landes einlädt. Bei der Tagung stellt sie den Kugelschreiber vor. Jeder Teilnehmer erhält ein Muster mit detaillierter Beschreibung und einem Bestellformular.

Was lernen Sie?

- Die Planung einer Präsentation besteht aus fünf Schritten.
- Die Zielgruppe der Präsentation muss bekannt sein. Danach werden die Ziele und Inhalte bestimmt.
- Der Inhalt einer Präsentation wird bestimmt, indem zuerst der Stoff gesammelt, ausgewählt und strukturiert wird.
- Die Präsentation besteht aus der Einführung, dem Haupt- und dem Schlussteil.
- Je nach Anlass, Inhalt und Zielgruppe muss die geeignete Präsentationsform gefunden werden.
- Die Medien erhöhen die Wirkung einer Präsentation.
- Bei der Organisation von grösseren Veranstaltungen müssen zusätzliche Punkte beachtet werden.

Welche Leistungsziele bearbeiten Sie?

	Leistungsziel	Lernschritte
☐	Kaufleute vertreten ihre Meinung, ihre Lösungsvorschläge usw. mündlich und schriftlich wirkungsvoll.	• Aufgaben bei der Planung und Durchführung der Präsentation • Die Bestimmung der Zielgruppe • Wie entwickelt man den Präsentationsinhalt? • Die 3 Phasen der Präsentation • Methoden zur Motivation der Teilnehmer • Vor- und Nachteile von Vorträgen und Diskussionen • Vor- und Nachteile von Tafeln, Flipcharts, Hellraumprojektoren, Pinnwänden und Hafttafeln • Präsentationen mit Hilfe des Computers • Arten von Diagrammen • Darstellung von Texten • Wie organisiert man eine Präsentation? • Die Wahl des Präsentationsorts • Die Wahl des Raums

Schlüsselbegriffe

Präsentation, Präsentationstechnik, Ausgangslage, Ziele, Zielgruppe, Präsentationsinhalte, Eröffnung der Präsentation, Haupt- und Schlussteil der Präsentation, Motivation, Präsentationsformen, Vortrag, Diskussion, Plenumsdiskussion, Podiumsdiskussion, Expertenbefragung, Medien, Schreibtafel, Flipchart, Hellraumprojektor, Pinnwand, Stecktafel, Hafttafel, Computereinsatz bei Präsentation, Datenprojektoren, LCD-Tablets, Smart Board, Diagramme, Kurvendiagramme, Säulendiagramme, Balkendiagramme, Kreisdiagramme, Textplakate, Textfolien, Tafeltext, Zeitplanung, Datum, Uhrzeit, Dauer, Pausen, Präsentationsort, Präsentationsraum

16 Präsentation

Eine **Präsentation** ist eine spezielle Form der unmittelbaren, persönlichen Kommunikation, bei der wechselseitig Informationen ausgetauscht werden. Dabei setzt der Präsentator gesprochene und geschriebene Worte, Bilder und andere Ausdrucksmittel ein, um den Teilnehmern seine eigenen Ideen nahe zu bringen oder andere Wirkungen zu erzielen.

Jeder Präsentator hat seine eigene **Präsentationstechnik.** Diese entwickelt er, indem er die für seine Persönlichkeit und die jeweilige Präsentationssituation geeigneten Einzeltechniken auswählt.

16.1 Aufgaben bei der Planung und Durchführung der Präsentation

Bei der Planung geht es im Wesentlichen um fünf Schritte:

A Ausgangslage

Sie sammeln Informationen über all das, was am Beginn Ihrer Planung bereits feststeht. Aus welchem Anlass soll die Präsentation stattfinden? Damit eng zusammenhängend: Was ist das Thema? Ist die Zielgruppe bereits vorgegeben? Wenn ja, um welche Zielgruppe handelt es sich? Sind schon äussere Rahmenbedingungen vorgegeben (Raum, Termin usw.)?

B Ziele

Was will ich erreichen? Die Ziele müssen auf die Ausgangsbedingungen (vor allem die Zielgruppe) abgestimmt und so formuliert werden, dass man sie später auch nachprüfen kann. Manchmal ist die Zielgruppe nicht vorgegeben: Dann legt man zunächst die Ziele fest und bestimmt dazu die passende Zielgruppe.

Bisher haben Sie die erforderlichen Grundlageninformationen für Ihre Planung gesammelt. Nun werden die ersten Entscheidungen getroffen: Sie legen die Ziele präzis fest. Sie müssen die wichtigsten Inhalte auswählen, um Ziele formulieren zu können. Ziel- und Inhaltsentscheidungen sind stark voneinander abhängig: Bei der konkreten Planung einer Präsentation legt man daher die Ziele und die Inhalte gleichzeitig fest.

[16-1] Praktische Tipps zur Zielformulierung

> - Stecken Sie Ihre Ziele nicht zu hoch! Versuchen Sie auch nicht, in einer «Mammutpräsentation» alles auf einmal zu erreichen. Wenn Sie Ihre Zielgruppe überfordern, erzielen Sie oft nur unbefriedigende Ergebnisse. Führen Sie lieber mehrere Kurzpräsentationen durch. Das ist zwar weniger spektakulär, dafür aber sicherer.
> - Stecken Sie Ihre Ziele nicht zu niedrig! Dann fehlt Ihnen und Ihrem Team der Anreiz, sich wirklich überzeugend einzusetzen.
> - Wenn Sie im Team an einem Projekt arbeiten oder eine einzelne Präsentation vorbereiten, müssen alle Teammitglieder ihre Arbeit auf dieselben Ziele ausrichten. Einigen Sie sich also möglichst früh auf gemeinsame Ziele.
> - Schreiben Sie die gemeinsamen Ziele auf und hängen Sie sie gut sichtbar an die Wand Ihres Sitzungsraums. So gehen Sie sicher, dass alle «am gleichen Strang ziehen». Zudem benötigen Sie die Ziele während der Auswertung der Präsentation, um sie den tatsächlich erreichten Ergebnissen gegenüberzustellen.

C Inhalt und Aufbau

Welche Inhalte sind geeignet für meine Zielgruppe und meine Ziele? Wie baue ich sie auf, damit die Teilnehmer leicht folgen können? Ganz wichtig auch: Welche Inhalte dienen nicht dem Ziel und sind daher überflüssig?

D Methoden

In welcher Präsentationsform vermittle und erarbeite ich die einzelnen inhaltlichen Schritte? Wie steigt man in eine Präsentation ein, welche Methoden gibt es, einen Stoff darzustellen (Vortrag, Gruppenarbeit, Informationsmarkt usw.)?

E Medien

Welche Medien setze ich zur Veranschaulichung der Inhalte ein?

Die folgende Grafik zeigt Ihnen auf einen Blick alle Aufgaben und die Reihenfolge, in der sie erledigt werden sollten:

[16-2] Überblick über die vor, während und nach der Präsentation zu erledigenden Aufgaben

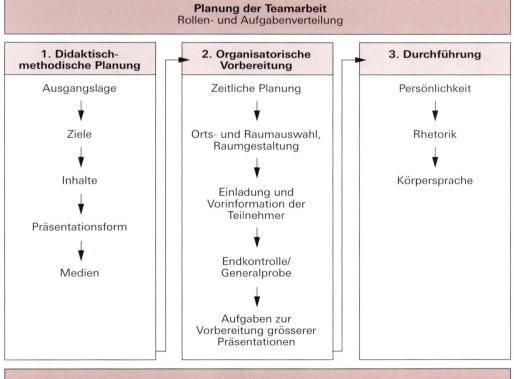

Die Präsentation ist eine unmittelbare, persönliche Kommunikation, bei der Informationen ausgetauscht werden. Der Präsentator verwendet gesprochene und geschriebene Worte und andere Bilder, um den Teilnehmern seine Ideen nahe zu bringen.

Die Planung der Präsentation besteht aus fünf Schritten:

- Ausgangslage
- Ziele
- Inhalte
- Präsentationsform
- Medien

16.2 Zielgruppe

Die Zielgruppe ist nicht immer vorgegeben: Manchmal legen Sie zunächst das Ziel fest und bestimmen dazu die passende Zielgruppe. Wir bringen dazu das folgende Beispiel.

Beispiel
Ein leidenschaftlicher Bastler erfindet einen neuen Verschluss für Milchpackungen und erwirbt dafür ein Patent. Nun möchte er seine Erfindung verkaufen. Sein Ziel ist vorgegeben: Er möchte einen hohen Preis für die Überlassung des Patents erzielen. Passend zu seinem Ziel sucht er sich seine Zielgruppe aus, also einen oder mehrere Verpackungshersteller, denen er seine Erfindung präsentiert.

16.2.1 Wie erkennt man die Zielgruppe?

Das **wechselseitige Abstimmen von Zielsetzungen und Zielgruppe** ist eine Grundvoraussetzung einer erfolgreichen Präsentation. Erforschen Sie dazu die Zielgruppe mit den folgenden Fragen:

- **Teilnehmer:** Wer nimmt teil? Wen will ich unbedingt einladen, wen auf keinen Fall? Wie gross ist die Gruppe oder wie gross sollte sie sein? Listen Sie die Namen oder die einzelnen Teilnehmergruppen mit Informationen zu ihrer Funktion und Stellung im Unternehmen auf.
- **Wichtige Einzelpersonen:** Wer sind wichtige Entscheidungsträger (Schlüsselfiguren der Präsentation)? Gibt es Leitfiguren unter den Teilnehmern, deren Leitfunktion mir nützen kann? Gibt es notorische Schwätzer, Unterbrecher, Ja-Sager?
- **Vorwissen:** Welchen Informationsstand haben die einzelnen Teilnehmer(-gruppen)? Die Frage nach dem fachlichen, sprachlichen und sozialen Vorwissen ist bei der Vorbereitung auf Schulungsveranstaltungen besonders wichtig. Denn Sie wollen erstens gerade die Kenntnisse und Fähigkeiten vermitteln, über die Ihre Zielgruppe noch nicht verfügt. Und zweitens wollen Sie sie nicht über- oder unterfordern. Eine weitere Frage zur Vorbereitung von Schulungen ist: Wie ist die intellektuelle Kapazität (Bildungsstand, Alter, Intelligenzniveau, Abstraktionsvermögen usw.)?
- **Einstellung/Betroffenheit:** Welche Einstellung zum Präsentationsthema, zum Präsentator und zueinander haben die Teilnehmer? Wie stark sind sie vom Thema betroffen? Diese Frage ist besonders wichtig für die Projektarbeit eines Organisationsmitarbeiters: Von Massnahmen zur Neuorganisation sind viele Mitarbeiter sehr persönlich betroffen: Sie müssen neue Aufgaben übernehmen und dafür neue Fähigkeiten erwerben, z. T. sind ihre Arbeitsplätze bedroht.
- **Interessen/Ziele:** An welchen Präsentationsinhalten sind die Teilnehmer interessiert? Gibt es desinteressierte Teilnehmer? Welche Eigeninteressen verfolgen die Teilnehmer?
Im **Schulungsbereich** ist die Frage nach den Teilnehmerinteressen und ihrer Motiva-

tion erheblich: Wenn die Teilnehmer kein oder ein gegenläufiges Interesse am Thema haben, muss ein Ausbilder sie zunächst zum Lernen motivieren.
Manchmal gibt es innerhalb einer Zielgruppe gegensätzliche Interessen: Mit welchen Interessenkonflikten muss ich rechnen? Gibt es Interessenkoalitionen und wer sind ihre Anführer?
- Welche **Reaktionen** der Teilnehmer sind zu erwarten?

Nicht alle Fragen sind in jeder Präsentationssituation wichtig. Wählen Sie bei der Planung Ihrer nächsten Präsentation die notwendigen Fragen aus. Die Antworten auf diese Fragen sind die wichtigste Grundlage für die weitere didaktische Planung. Denn von Ihrer jeweiligen Zielgruppe sollte es vor allem abhängen,

- welche Feinziele,
- welche Themenschwerpunkte, welchen Abstraktionsgrad, welche Argumentationskette und
- welche Technik des «Verkaufens» Sie auswählen.

16.2.2 Wie bekommt man die notwendigen Informationen über die Zielgruppe?

- Bei **unternehmensinternen Präsentationen** ist das gar nicht so schwer, denn man kennt viele der möglichen Präsentationsteilnehmer mit ihren Funktionen, ihren Interessen und Eigenarten, ihrem Vorwissen usw. Ist das nicht der Fall, können Sie versuchen, mit Hilfe der Personalabteilung nähere Informationen zu erhalten. Oft ist es auch ratsam, die Zielgruppe selbst zu befragen.
- Bei **öffentlichen Veranstaltungen** (Messen usw.) können Sie oft nur Teilnehmer**gruppen** mit verschiedenen Interessen und Vorwissen unterscheiden. Wichtig ist z. B. die Unterscheidung, ob es sich um eine Fach- oder eine Verbrauchermesse handelt. Die Messeveranstalter halten oft genaue Informationen über die Zusammensetzung der Messebesucher bereit.
- Im **Vertrieb** müssen Sie oft vor Ihnen unbekannten Entscheidungsträgern interessierter Unternehmen Produktpräsentationen halten. Informieren Sie sich vorher über das Unternehmen und die Entscheidungsträger, z. B. im Geschäftsbericht des Unternehmens oder bei Verbindungspersonen, die die Teilnehmer und das Unternehmen kennen. Fragen Sie aber auch in diesem Fall die Teilnehmer selbst, was sie von der Produktpräsentation erwarten.

Bei der **Erforschung der Zielgruppe** interessieren besonders die **Grösse der Zielgruppe,** die **wichtigsten Teilnehmer,** ihre Vorkenntnisse, **Einstellungen und Interessen** und **zu erwartenden Reaktionen** der Teilnehmer auf die Präsentation. Diese Informationen sind die wichtigste Grundlage für die teilnehmerorientierte Auswahl der Einzelziele, der Inhalte, der Methoden und Medien einer Präsentation.

16.3 Präsentationsinhalte

Wie gehen Sie nun vor, um die für Ihre Präsentation am besten geeigneten Inhalte zu finden und zielwirksam zu präsentieren?

- Zunächst sammeln Sie mögliche Inhalte, dann ordnen und gewichten Sie sie.
- Nur die geeigneten und notwendigen Inhalte sind auszuwählen: Alle Inhalte, die nur bedingt geeignet und nicht wirklich notwendig sind, fallen weg.
- Dann sind diese Inhalte zielwirksam aufzubauen: Welche gedankliche Struktur soll der Teilnehmer am Ende der Präsentation im Kopf haben?

- Nun legen Sie sich auf eine Vorgehensweise fest: Entwickle ich die thematische Struktur aus einem Einzelfall (induktives Vorgehen) oder beschreibe ich zunächst die allgemeine Struktur und mache sie dann an einem Einzelfall deutlich (deduktives Vorgehen)?
- Am Ende steht die dramaturgische Umsetzung der Inhalte in das dreiteilige Gliederungsschema Eröffnung – Hauptteil – Schluss.

16.3.1 Das Sammeln des Stoffs

Es gibt folgende Techniken zur Stoffsammlung:

- **Brainstorming,** v. a. in Teams: Alle Gedanken, die Ihnen zum Thema einfallen, werden unkommentiert aufgeschrieben.
- Lesen **schriftlicher Unterlagen:** unternehmensinterne und -externe Projekt- und Seminarunterlagen, Vorträge, Forschungsberichte oder Informationsbriefe sowie Artikel aus Tageszeitungen, Fachzeitschriften und Lehrbüchern usw.
- Erinnern **persönlicher Erfahrungen** und Erlebnisse, die zum Thema passen: Sie dienen als «Würze» Ihrer Präsentation.
- Spielen Sie den **«Advocatus Diaboli»,** den Anwalt des Teufels: Sammeln Sie Argumente, die gegen Ihren Vorschlag oder Ihr Konzept sprechen. So stellen Sie sich schon vor der Präsentation auf mögliche Gegenargumente ein.
- Sprechen Sie möglichst viel mit anderen über Ihr Thema. Viele neue, wertvolle Gedanken fallen Ihnen dann beim Sprechen ein.

Bei all diesen Techniken gehen Sie sachorientiert von Ihrem Thema aus. Ebenso wichtig ist es aber, von Ihren Teilnehmern auszugehen und sich die Notizen anzuschauen, die Sie sich bei der Analyse der Ausgangslage zu den Vorkenntnissen, Interessen, Einstellungen usw. der Zielgruppe gemacht haben.

Auf beiden Wegen finden Sie eine Fülle von Gedanken, Argumenten, Tatsachen, aber auch offenen Fragen. Ein praktischer Tipp: Notieren Sie jeden Gedanken auf ein eigenes Blatt Papier und schreiben Sie ein Stichwort darüber. Versuchen Sie dann, die offenen Fragen durch Lesen oder durch Gespräche mit Fachleuten zu beantworten.

> Zu Beginn der inhaltlichen Gestaltung einer Präsentation steht die sach- und teilnehmerorientierte Sammlung möglicher Inhalte. Der Stoffsammlung dienen Techniken wie Brainstorming, Lektüre, «Advocatus Diaboli», Gespräche und das Erinnern persönlicher Erfahrungen.

16.3.2 Die drei Phasen der Präsentation

Die einzelnen inhaltlichen Schritte können zu einem inhaltlichen Ablaufplan zusammengefügt werden. Eine Präsentation sollte wie eine Rede oder eine Ausbildungsstunde aus Eröffnung, Hauptteil und Schluss bestehen. Diese Phasen haben unterschiedliche Funktionen:

A Eröffnung: «Der erste Eindruck entscheidet …»

Obwohl die eigentlichen Inhalte erst im Hauptteil vermittelt werden, müssen Sie sich am Anfang besondere Mühe geben. Denn hier geht es darum, das zu behandelnde Thema, Problem usw. so vorzustellen, dass bei den Teilnehmern **Interesse** an Ihrer Präsentation geweckt wird:

- Die **Begrüssung** ist je nach Teilnehmerkreis persönlich oder sachlich.
- Nennen Sie dann kurz **Anlass, Thema** und **Ziel** der Präsentation und geben Sie einen Überblick über den Ablauf der Präsentation (inhaltliche Gliederung und Pausen). Sagen Sie schon hier, wann Sie Fragen beantworten wollen. Für den Teilnehmer ist es sehr hilfreich, wenn Sie diese Punkte zusätzlich auf zwei grossformatige Blätter schreiben und gut sichtbar aufhängen.
  Die Bekanntgabe dieser Punkte ist sehr wichtig, denn Ihre Teilnehmer wissen so, «wohin die Reise gehen soll». Ausserdem können sie durch den Blick auf die Gliederung schnell den roten Faden wieder aufnehmen, wenn sie ihn während der Präsentation einmal verloren haben. Als Präsentator können Sie dies noch unterstützen, indem Sie beim Reden immer wieder auf die Gliederung zeigen.
  Zur **Themenformulierung:** Nach der inhaltlichen Strukturierung sollten Sie Ihr Thema endgültig formulieren, und zwar möglichst kurz, aber nicht zu nüchtern und abstrakt.
- Die wichtigste **Funktion** der Eröffnung ist, die Teilnehmer positiv auf das Thema einzustimmen, d. h., sie in das Thema **einzuführen** und sie zu **motivieren:**
  Inhaltliche Einleitung/Betroffenheit: Welche Bedeutung hat dieses Thema für die Teilnehmer, warum ist es für sie interessant, aktuell, wichtig? Welchen Nutzen haben die Teilnehmer von diesem Thema? Holen Sie die Teilnehmer aus der «Mal-abwarten-Haltung», indem Sie provozierende Thesen aufstellen oder sie nach ihren Erwartungen fragen («Worauf legen Sie dabei besonderen Wert?» usw.).
  Sie erreichen dadurch drei Wirkungen:
    - Nicht nur Sie reden (am Anfang sind viele Präsentatoren nervös).
    - Sie kennen die Interessen Ihrer Teilnehmer.
    - Ihre Präsentation wird lebhaft.

Wenn Sie es so schaffen, Ihren Teilnehmern das Thema schmackhaft zu machen, haben Sie schon viel getan für die **Motivation der Teilnehmer:** Motivation ist grob gesagt gleich Interesse. Gerade in der Anfangsphase, aber auch während der Präsentation ist es wichtig, die Teilnehmer zu motivieren. Am wirksamsten geschieht dies durch eine sachorientierte Grundhaltung, gute Zusammenarbeit mit den Teilnehmern und die Fähigkeit, immer wieder neu für das Thema zu interessieren:

[16-3]   Möglichkeiten, die Motivation zu stärken

---

1. Eine **angenehme Umgebung** und ein positives **Klima** schaffen durch

- gute räumliche Bedingungen (z. B. kommunikationsfördernde Sitzordnung),
- entspanntes Klima. Es entsteht vor allem durch
  - freundliches, humorvolles, ehrliches Verhalten des Präsentators,
  - sozialen Kontakt mit den anderen Teilnehmern,
  - Methodenwechsel.

2. Sachbezogene Anreize schaffen:

- Ziele bekannt geben und Bedeutung des Themas klar machen
- Inhalt interessant darbieten
- An den Teilnehmerinteressen und -kenntnissen anknüpfen
- Beispiele und neue Gesichtspunkte einbringen
- Das Mitdenken herausfordern durch überraschende Feststellungen und provozierende Bemerkungen
- Die Teilnehmer aktivieren durch Fragen, Diskussion usw., denn so verschaffen Sie dem Teilnehmer Erfolgserlebnisse
- Den Teilnehmern Beteiligungsspielraum gewähren (Mitbestimmung bei der Schwerpunktsetzung usw.)

In der **Eröffnungsphase** gibt der Präsentator einen **Überblick über Thema, Ablauf und Ziele** der Präsentation und versucht, die Teilnehmer durch angenehme räumliche Verhältnisse, ein positives Klima und sachbezogene Anreize zu **motivieren.**

B Hauptteil

Der Hauptteil ist das inhaltliche Kernstück einer Präsentation. Hier werden die inhaltlichen Schwerpunkte der Präsentation behandelt: Sie entwickeln den Stoff, stellen seine Struktur dar und füllen sie mit Einzelinformationen.

Sie wissen sicher aus eigener Erfahrung, dass es kaum möglich ist, einem Vortrag oder einer Präsentation vom Anfang bis zum Ende mit gleicher Konzentration zuzuhören. Wie in der Eröffnungsphase müssen Sie als Präsentator auch hier die Teilnehmer immer wieder **motivieren,** ihr Interesse für das Thema neu entfachen.

Sie erreichen dies durch:

- einen logisch gut strukturierten Aufbau,
- die Beschränkung auf das Wesentliche und Aktuelle,
- das Hervorheben besonders wichtiger Stellen,
- belebende Elemente wie Beispiele, persönliche Erfahrungen und die Aktivierung der Teilnehmer durch Fragen und Diskussion: Erkundigen Sie sich z. B. nach jedem wichtigen inhaltlichen Schritt bei den Teilnehmern durch gezielte Fragen, ob sie den Inhalt verstanden haben, und kündigen Sie dann den nächsten inhaltlichen Schritt an. So spinnen Sie den roten Faden sichtbar durch die ganze Präsentation und merken frühzeitig, wenn Sie bestimmte Teile wiederholen müssen.

Der Hauptteil sollte am längsten dauern. Bei einem Vortrag z. B. sollte er ca. drei Viertel der verfügbaren Zeit umfassen.

> Der **Hauptteil** ist der **inhaltliche Kern** der Präsentation. Hier wird der sorgsam ausgewählte Stoff strukturiert dargeboten. Dabei müssen die Teilnehmer immer wieder neu motiviert werden.

C Schluss: «… der letzte Eindruck bleibt!»

Vielleicht haben Sie auch schon einmal einen Vortrag oder eine Präsentation besucht, in der am Ende das zentrale Anliegen in fruchtlosen Diskussionen über Randprobleme unterging. Selbst wenn der Hauptteil ausgezeichnet dargeboten wurde, fragt sich der Teilnehmer dann, ob sich der Zeitaufwand gelohnt hat.

Was «bleiben» soll, ist Ihr zentrales Anliegen: Fassen Sie daher Ihre Kernaussagen noch einmal kurz und bündig zusammen, z. B. in einer Aufzählung («erstens …, zweitens …, drittens …»), in einem anschaulichen Bild oder in einer einprägsamen Formel («Entweder wir senken unsere Kosten oder wir verlieren unsere Wettbewerbsfähigkeit!»). Ihre Teilnehmer haben so die Möglichkeit, die gesamte Präsentation an ihrem inneren Auge vorbeilaufen zu lassen und die inhaltliche Struktur zu festigen. Wenn einer Präsentation zur Meinungsbildung oder Entscheidung eine Diskussion gefolgt ist, fassen Sie zusammen, worüber Einigkeit besteht und welche Punkte noch weiter geklärt und besprochen werden müssen.

Viele Präsentationen haben das Ziel, die Teilnehmer zu einem konkreten Tun zu veranlassen:

- zur konstruktiven Mitarbeit bei der Planung eines Projekts oder der Einführung organisatorischer Neuerungen,
- zur Übernahme von weiteren Aufgaben im Rahmen eines Projekts: Wer bereitet mit wem Tagesordnungspunkte der nächsten Projektsitzung vor? Wer übernimmt Recherchen zu ungeklärten Problemen? usw.,

- zur Annahme eines Vorschlags,
- zur Beachtung von Unfallverhütungsvorschriften.

Beenden Sie eine solche Präsentation mit einem «Appell», d. h. einer deutlichen Handlungsaufforderung, und – wenn nötig – der Verteilung von weiteren Vorbereitungsaufgaben. Dann können Sie auf inhaltslose Schlussfloskeln verzichten.

> Im **Schlussteil** fasst der Präsentator die wesentlichen Aussagen und Zusammenhänge anschaulich zusammen und schliesst mit einem Appell zu Folgeaktivitäten oder auch mit der Verteilung von Aufträgen.

16.4 Präsentationsformen

Wir haben bisher über die didaktische Planung gesprochen: Wie man Ziele formuliert und den Stoff übersichtlich strukturiert. Nun beginnt die methodische Planung: Welche Veranstaltungsform und welche Medien sind geeignet?

Die Form der Präsentation sollte genauso gut vorbereitet werden wie ihr Inhalt. Ziel ist, dass die Informationen behalten, d. h. im Langzeitgedächtnis gespeichert werden. Wie viel die Teilnehmer behalten, hängt davon ab,

- wie abstrakt die Informationen vermittelt werden und
- wie motiviert die Teilnehmer sind.

16.4.1 Wie abstrakt ist die Darstellung?

Sie können Informationen durch verschiedene Medien vermitteln, die verschiedene Sinnesorgane ansteuern: durch Texte in schriftlicher und mündlicher Form, durch Bilder oder durch die Demonstration von Gegenständen. Die rein verbale Darstellung von Informationen, also in Form eines schriftlichen Textes oder eines Vortrags, ist die abstrakteste Form der Vermittlung von Informationen; denn der Teilnehmer muss im Gehirn die sprachlichen Symbole in einen konkreten Sinn umwandeln. Konkreter sind bildliche Darstellungen: Von grafischen Symbolen und Schemen über unbewegte Bilder hin zu bewegten, farbigen Bildern wird die Darstellung immer konkreter. Gegenstände, die man betrachten und anfassen kann, sind die konkreteste Form der Darstellung.

Was hat das mit der Speicherung im Langzeitgedächtnis zu tun? Je konkreter die Darstellung ist, desto mehr behält ein Zuhörer. Umgekehrt: Je abstrakter die Sinneseindrücke, desto geringer die Gedächtniswirkung. Die folgende Grafik zeigt, wie die Art der Informationsaufnahme den «Behaltenseffekt» beeinflusst:

[16-4] Der Informationsberg und wie man ihn am besten bewältigt

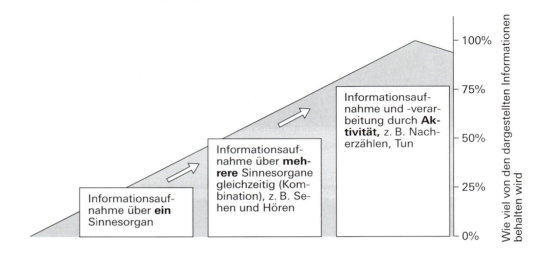

Aus der Grafik können folgende Erkenntnisse gewonnen werden:

- Nimmt ein Mensch die gleichen Informationen über mehrere Informationsaufnahmekanäle gleichzeitig auf, behält er deutlich mehr, als wenn nur ein Aufnahmekanal angesprochen wird.
- Er kann sich fast alle Informationen merken, wenn er sie nicht nur aufnimmt, sondern **aktiv weiterverarbeitet.**

Wie können diese Erkenntnisse bei der Planung einer Präsentation angewendet werden?

1. Setzen Sie mehrere Medien gleichzeitig ein, die den gleichen Inhalt über verschiedene Aufnahmekanäle zum Zuhörer transportieren **(Medienkombination):** Kombinieren Sie z. B. das Medium Ihrer Stimme mit Bildern, Grafiken, Modellen, Gegenständen. Die Kombination von abstrakten Worten und konkreten Bildern nennt man **Visualisierung.**
2. Wählen Sie eine Veranstaltungsform, bei der Ihre Teilnehmer die Informationen nicht nur aufnehmen, sondern auch weiterverarbeiten; **aktivieren** Sie also Ihre Teilnehmer:
   - Beim Vortrag: Stellen Sie ihnen Fragen zu eigenen Erfahrungen.
   - Lassen Sie Nachfragen zu.
   - Ermutigen Sie die Teilnehmer zu eigenen Problemlösungen.
   - Lassen Sie sie den Verlauf der Präsentation mitbestimmen.
   - Veranstalten Sie nach dem Vortrag eine Diskussion.

16.4.2 Die Motivation

Sie haben bereits in Abbildung 16-3, S. 159, Techniken zur Motivation der Teilnehmer kennen gelernt: Je aktiver ein Teilnehmer sich beteiligen kann, desto motivierter ist er. Je motivierter ein Teilnehmer aber ist, desto mehr behält er, und desto eher wird er bereit sein, ein gewünschtes Verhalten zu zeigen.

Die Motivation der Teilnehmer, ihre Fähigkeit, die dargebotenen Informationen zu behalten, und ihre Bereitschaft zur Verhaltensänderung sind gross, wenn

- die Darstellung nicht abstrakt ist,
- die Teilnehmer die Informationen über mehrere Informationskanäle aufnehmen und
- durch aktive Auseinandersetzung weiterverarbeiten.

Richtschnur für die Methoden- und Medienwahl sind vor allem die Teilnehmer, die Ziele und die Inhalte.

Im Folgenden stellen wir Ihnen die traditionellen Präsentationsformen Vortrag und Diskussion vor.

16.4.3 Vortrag

Im Vortrag oder Referat vermittelt ein Präsentator Wissen und Erkenntnisse durch Worte. Er ist die meistverwendete Präsentationsform, denn er hat unbestreitbare **Vorteile:** Man kann

- in kurzer Zeit neue und komplexe Sachverhalte darstellen,
- eine Übersicht über ein Thema vermitteln und
- viele Informationen an eine grosse Zahl von Teilnehmern weitergeben.

Ein Vortrag kann in höchstem Mass aktuell sein, indem er an neue Entwicklungen anknüpft.

Seine **Nachteile** kennen Sie z. T. schon aus den vorangehenden Kapiteln:

- Die Teilnehmer werden nicht aktiviert, sie sind passiv.
- Sie sind sozial isoliert, Kontakt wird nicht gefördert.
- Oft wird ein Teil der Teilnehmer überfordert: Der Präsentator kann seine Ausführungen nicht an das individuell unterschiedliche Aufnahmevermögen und Vorwissen der Teilnehmer anpassen.
- Seine Wirkung ist begrenzt: Die Informationen werden nur gehört, nicht aktiv verarbeitet. Daher behalten die Teilnehmer nur ca. 20 %.

Welche Konsequenzen ergeben sich daraus für seine **Eignung?**

Der Vortrag eignet sich für die Vermittlung **kognitiver** Inhalte z. B. für die Einführung, in ein Wissensgebiet und für das Verschaffen eines Gesamtüberblicks. Seine Nachteile können und müssen Sie aber mildern, indem Sie

- die verbalen Informationen veranschaulichen,
- nur ca. 15 bis 20 Minuten vortragen (Kurzreferat) und
- anschliessend den Teilnehmern die Möglichkeit geben, sich aktiv mit dem Stoff auseinander zu setzen (z. B. in Diskussionen).

> Ein Kurzvortrag ist gut geeignet zur Einführung auch grösserer Teilnehmergruppen in ein neues und komplexes Wissensgebiet. Seine Nachteile (Passivität, Überforderung, geringe Gedächtniswirkung) können durch aktivierende Methoden gemildert werden.

16.4.4 Diskussionen

Plenumsdiskussionen, Podiumsdiskussionen und Expertenbefragungen werden oft im Anschluss an einen Kurzvortrag zur Vertiefung kognitiver Inhalte eingesetzt. Sie sind alle Formen der wechselseitigen verbalen Kommunikation. Es gibt jedoch Unterschiede in der Funktion dieser Methoden und in der Aktivität der Teilnehmer.

A   Plenumsdiskussionen

Hier können alle Teilnehmer aktiv werden: Sie können Verständnisfragen und weiterführende Fragen an den Präsentator stellen. Sie können auch Gefühle ausdrücken, etwa in Form von Zustimmung, Einwänden und Befürchtungen. Das Ausdrücken von Gefühlen ist wichtig: Wenn z. B. Mitarbeiter von einer Umstrukturierung ihrer Abteilung durch die Einführung der EDV betroffen sind, sollten sie bei einer Präsentation ihre Ängste um ihre Arbeitsplätze vorbringen können. Denn dann kann das Präsentationsteam zumindest die **unbegründeten** Ängste und Widerstände gegen das Projekt abbauen. So weit die **Vorteile.**

Nachteile: In einer grösseren Gruppe braucht man Mut, um sich zu Wort zu melden. Deshalb beteiligen sich oft nur wenige aktive und selbstbewusste Teilnehmer an einer Diskussion in einer grossen Gruppe. Die «Stillen» trauen sich oft nicht.

Eignung: Plenumsdiskussionen eignen sich zur Vertiefung von dargebotenen Inhalten: Fragen, Verständnisschwierigkeiten und Widersprüche, die sich aus dem Vortrag ergeben, werden so geklärt. Je kleiner die Gruppe, desto mehr Teilnehmer können aktiviert werden. Der Diskussionsleiter sollte durch gezielte Fragen auch die «stillen» Teilnehmer zur Meinungsäusserung ermutigen.

B   Podiumsdiskussionen

Sie finden oft vor Wahlen statt: Sie eignen sich dazu, gegensätzliche Meinungen zu einem Thema aufeinander prallen zu lassen und so die **Unterschiede** zwischen den Meinungen deutlich zu machen.

Haben Sie schon einmal eine solche Wahlveranstaltung besucht? Dann kennen Sie auch die grossen **Nachteile** von Podiumsdiskussionen: Oft diskutieren nur die Experten, d. h. die auf dem Podium sitzenden Vertreter der verschiedenen Interessengruppen oder Parteien. Zwar können Fragen aus dem Kreis der Teilnehmer gestellt werden, doch nehmen nur wenige Teilnehmer diese Möglichkeit wahr. Viele bleiben passiv. Stellen Teilnehmer doch Fragen, führt dies oft nicht zu einem Gespräch mit den Teilnehmern, sondern nur zu weiteren Diskussionen unter den Experten. Insofern ähnelt eine Podiumsdiskussion eher einem Referat als einer echten Diskussion.

Dennoch gibt es innerbetriebliche Präsentationsanlässe, bei denen Podiumsdiskussionen didaktisch geeignet sind, z. B. Präsentationen zur Meinungsbildung, wenn es mehrere gleichwertige Möglichkeiten zur Lösung eines Problems gibt und unterschiedliche fachliche Positionen dazu deutlich gemacht werden sollen. Eine solche Präsentation könnte wie folgt ablaufen:

- Evtl. kurzes einleitendes Referat
- Diskussion der Experten auf dem Podium
- Echte Diskussion zwischen Teilnehmern und Experten

So können sich die Teilnehmer aus den Pro- und Kontra-Argumenten eine eigene Meinung bilden und zu einer persönlichen Entscheidung für eine der Möglichkeiten kommen.

C Expertenbefragungen

Sie werden oft von politischen Parteien angewendet: In Hearings werden anerkannte Fachleute vom Veranstalter und von den Teilnehmern zu einem Thema befragt.

Diese Methode ist z. B. für innerbetriebliche Präsentationen geeignet, wenn ein wichtiger Teilnehmer, der die allgemeine Meinung stark beeinflussen kann, gegen den Vorschlag des Präsentationsteams eingestellt ist. Die Argumente und die Autorität des Experten können den kritischen Teilnehmer vielleicht überzeugen.

Bei **Plenums- und Podiumsdiskussionen** sowie bei **Expertenbefragungen** können sich die Präsentationsteilnehmer im Anschluss an einen Vortrag aktiv mit dem Thema auseinander setzen. Bei grossen Zielgruppen bleiben jedoch viele Teilnehmer passiv.

16.5 Medien

Medien sind das Material bzw. der Kanal, über den dem Teilnehmer Informationen übermittelt werden. Beim Referat sind die Stimme und zum Teil der Körper die Medien. Im Fall des Lehrbuchs ist das Medium die Textseite usw.

Wichtig: Die Medien sind kein Selbstzweck, sie sind bewusst auszuwählen! Die Präsentationsziele und -teilnehmer sind das Entscheidende, die Medien haben nur **Hilfs-** und **Unterstützungsfunktion.** Welche Medien sind nun wann und wo einzusetzen? Wie für die Methodenwahl gilt auch hier, dass nicht immer nur ein Medium in Frage kommt, um einen bestimmten Prozess zu unterstützen, sondern aus einer Vielzahl auszuwählen ist.

Gezielt eingesetzte Medien erhöhen die Wirkung einer Präsentation: Sie beleben sie und erleichtern dem Teilnehmer die Aufnahme und Speicherung der Informationen.

16.5.1 Standardhilfsmittel zur Visualisierung

Der Mensch erfasst seine Umwelt vorwiegend mit dem Auge. Deshalb ist es sinnvoll, in einer Präsentation die wichtigen Aussagen und Zusammenhänge zu **visualisieren,** das heisst durch Bilder, Zeichen und Symbole und das geschriebene Wort sichtbar zu machen.

Medien, die nur das Auge ansprechen, nennt man **visuelle Medien.** Um sie anzufertigen und zu zeigen, benötigt man **Hilfsmittel** wie Wandtafel, Flipchart, Overheadprojektor,

Pinnwände und Hafttafeln, Plakate und Anschauungsmaterial. Diese Hilfsmittel sind heute weit verbreitet. Sie kosten nicht viel und sind wegen ihres relativ geringen technischen Aufwands vielseitig einsetzbar und einfach zu handhaben.

A Schreibtafel

Die Schreibtafel gibt es in **verschiedenen Ausführungen:**

- für die Beschriftung mit schwarzen und farbigen Filzstiften: meist weiss, fest montiert (als Wandtafel) oder beweglich, aus Kunststoff, zum Teil magnetisch,
- als klassische Schultafel: für die Beschriftung mit weisser und farbiger Kreide oder wasserlöslichen Wachsstiften; schwarz oder grün, fest montiert oder beweglich, aus Keramik oder Kunststoff.

Sie hat grosse **Vorteile:**

- Man kann auf ihr Ideen, Vorschläge, Ergebnisse visualisieren.
- Man kann zusammen mit den Teilnehmern und vor ihren Augen auch komplexe inhaltliche Strukturen Schritt für Schritt entwickeln.
- Sie ist vielseitig einzusetzen, immer wieder verwendbar, einfach zu beschriften, zu korrigieren und zu löschen.

Der **Nachteil:** Wenn das Tafelbild gelöscht wurde, ist es weg. Tafelbilder eignen sich also nicht für Darstellungen, die Sie immer wieder benötigen. Deshalb sollten Sie z. B. für die Ziel- und Ablaufdarstellung ein Flipchartblatt benutzen.

Noch ein Tipp zur Arbeit mit allen Arten von Tafeln und mit dem Flipchart: Sprechen Sie immer Ihr Publikum an, nie das Hilfsmittel.

> Schreibtafeln sind vielseitig einzusetzen: als Ideen- und Ergebnisspeicher, besonders aber zur Entwicklung komplexer inhaltlicher Strukturen vor den Augen der Teilnehmer und/oder mit ihnen.

B Flipchart

Es besteht aus einem transportablen Flipchartständer und einem grossformatigen Papierblock. Neben den Bodenmodellen gibt es auch kleinere Tischmodelle. Die einzelnen Flipchartblätter werden durch eine Ringbefestigung oder durch eine Klebebindung zusammengehalten. Man beschriftet Flipcharts mit dicken Filzstiften.

Was sind die **Vorteile** dieses Hilfsmittels?

- Man kann visuelle Darstellungen vorbereiten und bei Bedarf immer wieder verwenden (zurückblättern oder an der Wand befestigen).
- Man kann auf hinter- oder nebeneinander hängenden Blättern die Struktur eines Themas Schritt für Schritt erarbeiten.
- Man kann abwechselnd mit vorbereiteten und während der Präsentation erstellten visuellen Darstellungen arbeiten (Tipp: leere Zwischenblätter zwischen vorbereiteten Blättern freilassen).

Und die **Nachteile?**

- Geringere Arbeitsfläche und geringere Sichtdistanz als Wandtafel
- Korrektur nur durch Überkleben möglich
- Relativ teures Papier

Grundsätzlich können Sie ein Flipchart also ähnlich verwenden wie eine Wandtafel. Es eignet sich besonders für die Arbeit in kleineren Gruppen, als Ideenspeicher (z. B. beim Brainstorming) oder «Notizblock», aber auch zur Stoffentwicklung und Visualisierung von Ergebnissen.

> Flipcharts können ähnlich verwendet werden wie Schreibtafeln, wegen begrenzter Arbeitsfläche und Sichtdistanz allerdings nur in kleineren Gruppen. Man kann schon vor der Präsentation auf mehreren Flipchartblättern die inhaltliche Struktur visualisieren.

C Hellraumprojektor (Overheadprojektor)

Der Hellraumprojektor ist heute das Standardhilfsmittel bei Präsentationen. Er hat grosse Vorteile; wie bei allen Medien und Hilfsmitteln ist aber ein Zuviel des Guten in Form von «Folienschlachten» langweilig und ermüdend.

Der Hellraumprojektor ist ein elektrisches Gerät, das mit einer starken Lichtquelle über Spiegel und Linsen durchsichtige Vorlagen (Folien) auf eine Fläche (Leinwand usw.) projiziert.

Vorteile:

- Gute Sichtbarkeit in grossen Räumen
- Wiederholt zu verwenden
- Leicht zu transportieren
- Folien sind gut vorzubereiten und relativ einfach und günstig herzustellen.
- Man kann vorbereitete DIN-A4-Folien verwenden oder eine leere Endlos-Folie am Gerät während der Präsentation beschriften.
- Man kann beim Beschriften weiter in Richtung Publikum sprechen.
- Von wichtigen Folien (Grafiken, Arbeitsergebnissen usw.) kann man Fotokopien herstellen.
- Folien dienen als Dokumentation des Präsentationsverlaufs.
- Man kann Computerbilder projizieren, indem man ein mit einem Computer verbundenes LCD (Liquid Crystal Display) auf den eingeschalteten Hellraumprojektor legt.

Nachteile:

- Begrenzte Arbeitsfläche
- Elektrischer Anschluss und Projektionswand (notfalls weisse Wand) nötig
- Zum Teil Verdunklung erforderlich

> Hellraumprojektoren sind vielseitig einzusetzen. Man kann Folien vorbereiten, leicht herstellen und mehrfach verwenden. Zu viele Folien erzeugen Langeweile.

D Pinnwand

Eine Pinnwand (auch Stecktafel oder Metaplan) ist eine Stellwand (meist mobil, etwa 120 mal 150 cm) mit einer weiss kartonierten Hartschaumfläche. Weisse oder farbige Papierkärtchen werden mit Stecknadeln an die Wand geheftet (= gepinnt). Wenn man die gesamte Arbeitsfläche mit Papier (z. B. grossem Packpapier) abdeckt, kann man zwischen die angepinnten Karten Ergänzungen und Zeichnungen einfügen.

Man arbeitet ähnlich mit mobilen oder fest montierten Hafttafeln: Die Papierkarten werden hier durch kleine Magnete an der Tafel befestigt. Die Oberfläche vieler herkömmlicher Schreibtafeln ist metallisiert. Auch sie kann man als Hafttafeln verwenden.

Vorteile:
Pinnwände sind

- z. T. transportfähig (zusammenklappbar),
- immer wieder zu verwenden.
- Notfalls können sie selbst hergestellt werden, indem man Styroporplatten mit Papier überzieht.

Nachteile:

- brauchen viel Platz
- Ergebnisse können nicht dokumentiert werden

E Sonstige visuelle Medien

Plakate sind besonders **geeignet für schematische Übersichten,** z. B. eines komplexen Themas: Die Teilnehmer können sich durch einen Blick auf die Übersicht laufend über den Standort im Stoff informieren.

Demonstrationsobjekte (z. B. Formulare, Geräte, Modelle) sind dreidimensional und veranschaulichen die Präsentation.

> Pinnwände und Hafttafeln sind mobile, einfach zu verwendende visuelle Hilfsmittel. Auch Plakate und Demonstrationsobjekte eignen sich als Hilfsmittel bei einer Präsentation.

16.5.2 Der Einsatz von Computern

Computer sind als Arbeitsmittel aus dem heutigen Präsentationsalltag nicht mehr wegzudenken.

A Computer als Ersatz für herkömmliche Präsentationsmedien

Während einer Präsentation übernehmen Computer im einfachsten Fall die **Rolle eines Vorführgeräts,** mit dem Sie vorbereitete Bildschirmseiten zeigen können. Solche Präsentationen ähneln z. B. der Vorführung eines Foliensatzes auf dem Hellraumprojektor. **Multimedia-PCs** eignen sich auch zur Präsentation von Dias, animierten Grafiken oder Filmen (mit Ton). In allen diesen Fällen **ersetzt der Computer die herkömmlichen audiovisuellen Medien** (Hellraumprojektor, Dia- oder Tonbildschau, Tonfilm- oder Videovorführung).

Die Verwendung von Computern als Vorführgeräte bieten **Vorteile für den Präsentator.** Von der Herstellung und Bearbeitung der Medien bis hin zur Vorführung können Sie alle Arbeitsschritte einer Präsentation mit dem Computer erledigen. Dadurch können Sie den **Gesamtaufwand** für die Präsentation meist erheblich **reduzieren.** Zudem gehören Computer heute zur **Standard-Ausstattung** eines Unternehmens. Ausser den gegebenenfalls erforderlichen Ausgabegeräten (LCD-Tablet, Videobeamer) müssen daher keine weiteren Geräte für Präsentationen angeschafft werden.

B Computer als eigenständiges Präsentationsmedium

Der Computer kann aber auch zu einem **eigenständigen Präsentationsmedium** werden, wenn Sie mit seiner Hilfe die **aktuelle Herstellung der Präsentation mit dem Präsentieren** verbinden.

Folgende **Ausgabegeräte** können Sie zur Präsentation von Computerdaten nutzen:

1. Der **Computerbildschirm** (Monitor) ist während einer Präsentation als Ausgabegerät nur verwendbar, wenn Sie vor einer oder wenigen Personen präsentieren. Die Displays von Notebooks eignen sich für Präsentationen nur im Notfall, da man nur aus bestimmten Blickwinkeln überhaupt etwas erkennen kann. Sie können jedoch an fast alle Notebooks grössere Bildschirme direkt anschliessen.
2. **Datenprojektoren** («Videobeamer», Grossbildprojektoren) können Sie an den Bildschirmausgang des Computers anschliessen, wenn Sie vor grösserem Publikum präsentieren müssen. Vorteil lichtstarker Datenprojektoren: Sie erlauben **Präsentationen bei Tageslicht** (keine Verdunklung erforderlich). **Nachteil:** Lichtstarke Datenprojektoren sind relativ teuer und je nach verwendeter Technik ziemlich schwer; oft sind sie auch im Präsentationsraum fest installiert.
3. Als Alternative zu Datenprojektoren sind **LCD-Tablets oder LCD-Panels** (Liquid Crystal Display = Flüssigkristallanzeige) weit verbreitet. Man verbindet sie mit dem Computer und legt sie auf einen Hellraumprojektor. Ihr **Vorteil:** Sie können schnell vom Overheadprojektor entfernt werden, so dass der Projektor auch herkömmlich genutzt werden kann; daher können Sie verschiedene Präsentationstechniken kombinieren. Ausserdem sind LCD-Tablets preiswert und wegen ihrer geringen Grösse leicht zu transportieren.
4. Über **PC-to-TV-Weichen** kann man die Computer-Ausgabe auch auf einen **grossen Fernseher** übertragen. Dieser steht oft in Tagungsräumen für Videovorführungen be-

reit. Sie können nicht nur den Bildschirm, sondern auch gleich den Fernsehlautsprecher nutzen; für audiovisuelle Präsentationen bietet sich daher diese relativ einfache und kostengünstige technische Lösung an.

5. Das **Smart Board** funktioniert gleichzeitig als visuelles Ausgabemedium und als Eingabemedium. Es ist eine «intelligente Leinwand», die wie eine Wandtafel aussieht und mit Computer und Datenprojektor verbunden ist:
   - Sie können sie zur **Ausgabe** vorbereiteter Computerbilder nutzen.
   - Als **Eingabegerät** ersetzt sie zum einen konventionelle Hilfsmittel wie Wandtafel, Flipchart und Hellraumprojektor, aber auch die Tastatur des Computers. Während einer Präsentation können Sie mit elektronischen Stiften auf ihr schreiben und z. B. Brainstorming- und Arbeitsergebnisse einer Präsentation visualisieren.

Der **Vorteil gegenüber konventionellen Medien** wie der Wandtafel ist die **Kombination von Ein- und Ausgabefunktionen.** Das «Tafelbild» wird von der entsprechenden Board-Software als Datei erfasst und kann auf der Festplatte des Computers oder in einem Netzwerk abgespeichert werden. Das heisst, Sie können auf Knopfdruck die Tafel «abwischen», um z. B. ein neues «Tafelbild» zu erstellen, bei Bedarf aber alte «Tafelbilder» aus dem Computer wieder auf das Smart Board projizieren und weiterbearbeiten. Das Ergebnis können Sie ausdrucken, so dass die Teilnehmer nicht mehr mitschreiben müssen.

Computer können während einer Präsentation als **Ersatz für andere Präsentationsmedien** eingesetzt werden, in manchen Präsentationen sind sie auch **eigenständiges Präsentationsmedium.**

Als **visuelle Ausgabegeräte** dienen:

- vor wenigen Teilnehmern der **Computerbildschirm,**
- vor einem grösseren Publikum **Datenprojektoren** oder **LCD-Tablets** in Verbindung mit Hellraumprojektoren.

Über **Fernsehgeräte,** spezielle **3-D-Geräte** und **Lautsprecher** können Sie auch audiovisuelle Daten ausgeben.

Smart Boards wirken gleichzeitig als Ein- und Ausgabegerät.

16.5.3 Visuelle Darstellung von Zahlen: Diagramme

Mit Diagrammen kann man statistische Mengen (Zahlen, Werte und Grössenverhältnisse) visualisieren. Die wichtigsten Diagramme sind Kurven-, Säulen-, Balken- und Tortendiagramme.

Mit **Kurvendiagrammen** visualisiert man Entwicklungsverläufe (Entwicklung der Umsätze, Kosten, Marktanteile usw.), das heisst, es werden Mengen und Zeitpunkte in Beziehung gesetzt. Auf der waagrechten Achse werden die Messzeitpunkte eingetragen, auf der senkrechten die jeweils gemessenen Mengen. Beide Achsen werden beschriftet. Eine Überschrift nennt den Inhalt des Diagramms.

[16-5] Mit dem Kurvendiagramm kann man Entwicklungsverläufe darstellen

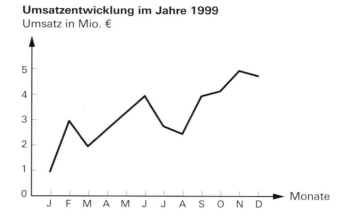

In einem Kurvendiagramm können Sie auch Entwicklungen **vergleichen,** z. B. die Umsatzentwicklung verschiedener Produkte (16-6, S. 171). Wir haben die Erlös- und Kostenentwicklung eines Unternehmens über mehrere Jahre gegenübergestellt. Die Kurven werden genau bezeichnet und durch unterschiedliche Linien (—, ...) gekennzeichnet. Der Bereich, in dem die Kosten die Erlöse übersteigen, ist durch Schraffierung hervorgehoben. So verstärkt man die Wirkung und lenkt die Aufmerksamkeit auf das Wesentliche (die bedenkliche Gewinnsituation im 7. und 8. Jahr).

[16-6] Mit dem Kurvendiagramm können Entwicklungen verglichen werden

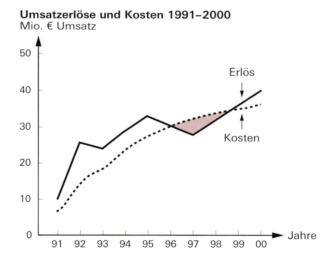

Auch mit **Säulendiagrammen** kann man zeitliche Entwicklungen darstellen und Entwicklungen verschiedener Objekte vergleichen. Die unterschiedlichen Werte schlagen sich lediglich in der Höhe der Säulen nieder, nicht in der Fläche. Daher müssen die Säulen gleich breit sein, um die Darstellung optisch nicht zu verfälschen. Betrachten Sie dazu die folgende Abbildung:

[16-7] Säulendiagramm

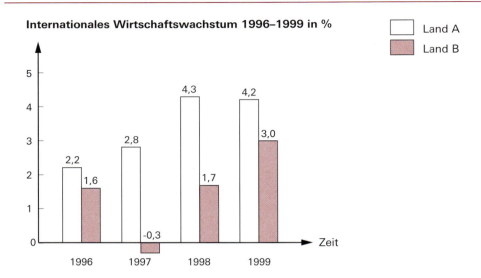

Balkendiagramme (nach ihrer Form um 90 Grad gedrehte Säulendiagramme) eignen sich im Allgemeinen für die gleichen Zwecke wie Säulendiagramme. Sie sind meist linksbündig, die Werte werden durch unterschiedlich lange Balken dargestellt.

[16-8] Einfaches Balkendiagramm

Angestellte pro Abteilung in Unternehmen A

2	Personalwesen
4	Materialwirtschaft
5	Rechnungswesen
11	Absatz

Bei allen drei bisher genannten Diagrammarten können sowohl **absolute Werte** (Stück, CHF, Meter usw.) als auch relative Werte (in %) dargestellt werden.

Kreis(sektoren)diagramme («Tortendiagramme») eignen sich besonders für die **Darstellung relativer Anteile** an einer Gesamtmenge. Die Teile der Gesamtmenge werden in Prozentwerte umgerechnet (100 % = 360 Grad) und der Kreis in entsprechend grosse Sektoren aufgeteilt. Der Übersichtlichkeit halber dürfen nicht zu viele kleine Teilmengen dargestellt werden; die einzelnen Sektoren sind ausserdem **unterschiedlich schraffiert.**

[16-9] Kreissektorendiagramm

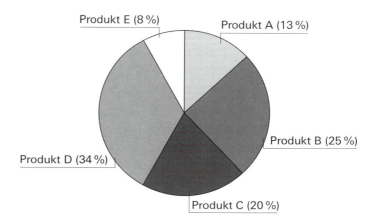

> **Diagramme** dienen der **visuellen Darstellung von Zahlen**. Kurven-, Säulen- und Balkendiagramme werden vor allem zur Darstellung von **zeitlichen Entwicklungen** benutzt. Mit ihnen kann man absolute und relative Werte darstellen. **Kreissektorendiagramme** werden zur Visualisierung von relativen **Anteilen an einer Gesamtmenge** benutzt.

16.5.4 Visuelle Darstellung von Texten

Visualisierte Texte werden bei Präsentationen in zwei Formen benutzt:

- in Form von **Textplakaten, Textfolien, Tafeltext zur Visualisierung** von wichtigen Stichpunkten, Diskussionsbeiträgen usw. durch den Präsentator,
- in Form von **Teilnehmerunterlagen** zur Vor- und Nachbereitung einer Präsentation durch die Teilnehmer.

A Textplakate, Textfolien, Tafeltext

Die einfachste und häufigste Form, Text zu visualisieren, besteht darin, ihn auf eine Folie, ein Flipchartblatt oder die Tafel zu schreiben. Das kann in Form einer spontanen Liste während der Präsentation geschehen, z. B. bei einer Diskussion oder bei der Erarbeitung von Strukturen (zur «Ideenspeicherung»), oder bei der Zusammenfassung des Präsentationsinhalts in Form der wichtigsten Merkpunkte. Sie können aber auch Folien oder Flipchartblätter mit Stichpunktlisten und Tabellen vor der Präsentation beschriften und damit Ihre verbalen Ausführungen visualisieren (Vortragsgliederung auf Flipchartblatt, die wichtigsten Argumente für einen Lösungsvorschlag auf Folie usw.). Beachten Sie bei der Gestaltung solcher spontaner oder vorbereiteter Textdarstellungen die folgenden **Tipps.**

[16-10] Tipps zur Gestaltung von Textdarstellungen

Inhaltlich:

- Schreiben Sie keine ganzen Sätze auf: Sie ermüden und lenken vom Zuhören ab. Verwenden Sie kurze Stichworte. Anfang und Ende fallen am stärksten ins Auge. Schreiben Sie dorthin – wenn möglich – das Wesentliche.
- Behandeln Sie pro Blatt nur einen abgeschlossenen Inhalt.

Sprachlich:

Benutzen Sie eine einfache Sprache: gebräuchliche Wörter, kurze Stichworte.

Äussere Form:

- Gliedern Sie durch Überschriften oder Blöcke: Die Teilnehmer sehen so schon an der Form, was zusammengehört.
- Lassen Sie Freiräume; sie erleichtern die Informationsaufnahme und bieten Platz für spontane Ergänzungen.
- Wichtiges können Sie durch Farben und grafische Gestaltung (siehe oben), aber auch durch Kursiv-, Fettschrift, Unterstreichen, Kapitälchen, eine andere Schriftart oder Schriftgrösse, bei Computerpräsentationen durch Animation (Laufschrift oder blinkende Textstellen) hervorheben.
- Der Text soll gut lesbar sein: Schreiben Sie sauber, entweder mit Schreibmaschine oder Personalcomputer oder besser mit Schönschreibstiften. Handgeschriebene Texte wirken oft wärmer, Perfektion dagegen kalt.
- Auch ein weit entfernt sitzender Teilnehmer muss den Text lesen können. (Schriftgrösse auf Raumgrösse ausrichten!)
- Schreiben Sie wenige Wörter pro Zeile und – wenn möglich – nicht mehr als zehn Zeilen pro Flipchartblatt oder Folie.

B Schriftliche Unterlagen für die Präsentationsteilnehmer

Wenn möglich, sollten Sie für jeden Präsentationsteilnehmer **Teilnehmerunterlagen** vorbereiten. So kann ein Teilnehmer jederzeit den Präsentationsinhalt wiederholen. Teilnehmerunterlagen lassen sich ausserdem für mehrere Präsentationen verwenden und sind mit geringem technischem Aufwand zu aktualisieren.

Diese Teilnehmerunterlagen sollten beinhalten:

- je eine **Liste der Teilnehmer und der Mitglieder des Präsentationsteams,** jeweils mit Name, Vorname, Titel (akademischem Grad) und – wenn nötig – Wohnsitz, Firma, Behörde, Abteilung usw.,
- die **wichtigsten Aussagen,** Fakten und Zusammenhänge des Präsentationsinhalts,
- die **wichtigsten Grafiken** und sonstigen visuellen Darstellungen.

Auch nach längerer Zeit sollen diese Unterlagen aus sich selbst heraus verständlich sein. Wie gestaltet man sie so, dass dieses Ziel erfüllt wird? Die folgende Checkliste gibt dazu einige **Tipps:**

[16-11] Checkliste zur Gestaltung von Teilnehmerunterlagen

Inhaltlich:
- ❏ Werden die wesentlichen Inhalte und Darstellungen aufgeführt?
- ❏ Stimmen die Unterlagen inhaltlich mit den Ausführungen während der Präsentation überein?
- ❏ Tauchen die Fakten und visuellen Darstellungen in derselben Reihenfolge wie in der Präsentation auf?

Sprachlich:
- ❏ Ist die Sprache **einfach**?
- ❏ Ist sie **anschaulich** und **abwechslungsreich**?
  - ❏ Schwierige Inhalte durch Beispiele oder Vergleiche aus der Alltagswelt verdeutlichen
  - ❏ Unvermeidliche Fachausdrücke und Fremdwörter erklären

Äussere Form/Übersichtlichkeit:
- ❏ Ist der Text durch Absätze gegliedert?
- ❏ Sind wichtige Wörter durch Kursivschrift, Fettschrift, Unterstreichen, Kapitälchen usw. optisch hervorgehoben?
- ❏ Ist am Rand Platz für persönliche Notizen?
- ❏ Wird jedes Einzelthema auf einem eigenen Blatt behandelt?
- ❏ Wenn Sie während der Präsentation grafische Symbole und Farben verwendet haben: Tauchen diese auch in den Teilnehmerunterlagen an derselben Stelle auf?
- ❏ Wenn Sie solche Unterlagen mehrmals verwenden: Ist das jeweils aktuelle Veranstaltungsdatum eingetragen?

C Weitere schriftliche Unterlagen

- **Arbeits- und Aufgabenblätter** dienen zur Arbeitsanleitung bei Gruppenarbeiten und bei Schulungen.
- **Originale von Mustern** (Verträge, Formulare, Konstruktionspläne) dienen der praktischen Darstellung.
- **Lehrbücher, Fachartikel, Lernprogramme, Lehrbriefe** dienen zur Vorbereitung oder zur Nachbereitung, manchmal auch als Arbeitstext während der Präsentation. Die Präsentation kann durch zusätzliche Informationen, Beispiele (bei Schulungen auch Übungen) unterstützt werden. **Vorteil:** prägnante Informationen zu einem Thema. **Nachteil:** Solche Texte setzen grosses Interesse der Teilnehmer am Thema voraus.

Teilnehmerunterlagen dienen den Teilnehmern vor allem dazu, den Präsentationsinhalt nachzuarbeiten oder aufzufrischen. Sie stellen das Wesentliche in derselben Reihenfolge wie bei der Präsentation in leicht verständlicher Sprache und in übersichtlicher Form dar. Bei komplexen Sachverhalten sollten sie dem Teilnehmer einige Tage vor der Präsentation übergeben werden, sonst wegen der Ablenkungsgefahr nach der Präsentation.

16.5.5 Die organisatorische Vorbereitung

Die organisatorische Vorbereitung ermöglicht den reibungslosen Ablauf der Präsentation oder Tagung. Sie besteht aus folgenden Elementen:

- Zeitplanung
- Datum
- Dauer
- Pausen
- Präsentationsort und -raum

A Datum

Schliessen Sie Termine aus, bei denen Sie befürchten müssen, dass viele oder wichtige Teilnehmer nicht kommen werden oder abgelenkt sind.

B Uhrzeit

Wenn Sie die Uhrzeit für die Präsentation bestimmen, beachten Sie die **Möglichkeit zur bequemen An- und Abreise** der Teilnehmer, vor allem aber den **Tagesrhythmus:** Präsentationen unmittelbar nach dem Mittagessen (13 Uhr) sind didaktisch unklug, denn «ein voller Bauch studiert nicht gern». Aber auch frühmorgens ist nicht jeder Mensch bei guter Laune und voller Leistungsfähigkeit («Morgenmuffel»). Am günstigsten sind Termine am Vor- und früheren Nachmittag (9–11 Uhr und 14.30–16 Uhr).

C Dauer

Die **optimale Dauer einer Präsentation** liegt je nach Thema und Aufgabenstellung zwischen einer und drei Stunden. Eine volle Stunde werden Sie wohl für fast jedes Thema benötigen; andererseits sind mehr als drei Stunden anstrengend und oft wenig effizient. Wenn es also möglich ist, veranstalten Sie bei komplizierten Themen lieber zwei Präsentationen.

D Pausen

Wenn Sie das didaktisch-methodische Konzept erstellt haben, planen Sie dazu passend **Pausen in ausreichender Länge** ein. Ein guter Zeitpunkt für eine Pause ist dann, wenn Sie gerade einen Gliederungspunkt abgeschlossen haben: Die Teilnehmer haben dann die Möglichkeit, das Gehörte zu überdenken und sich auf den neuen Inhalt einzustellen. Richtwerte: Eine etwa **zehnminütige Pause nach jeder Stunde,** bei ganztägigen Veranstaltungen eine **längere Mittagspause.**

Die organisatorische Vorbereitung einer Präsentation besteht aus folgenden Elementen:

Zeitplanung, Datum, Uhrzeit, Dauer, Pausen, Präsentationsort und Präsentationsraum

- Der Termin ist so zu planen, dass möglichst viele Teilnehmer kommen können; Termine mit gleichzeitig stattfindenden Konkurrenzveranstaltungen, vor oder während der Schulferien, vor Abschlussterminen oder an regionalen Feiertagen sind zu meiden.
- In der Regel sollte eine Präsentation am Vormittag oder früheren Nachmittag **(Uhrzeit)** stattfinden
- und zwischen einer und maximal drei Stunden **dauern.**
- Auf den Inhalt abgestimmte **Pausen** strukturieren die Präsentation auch äusserlich.

E Präsentationsort

Den Ort für die Präsentation sollten Sie besonders bei grösseren und längeren Präsentationen möglichst früh bestimmen, um z. B. Hotelzimmer und Verpflegung organisieren zu können. Im Folgenden stellen wir Ihnen die **Auswahlkriterien** vor, nach denen Sie den Ort für eine Präsentation bestimmen sollten.

Kurze Präsentationen im Rahmen von Projekten finden in der Regel im Betrieb statt. Mitunter machen es aber der Anlass, die Ziele oder die Teilnehmer der Präsentation erforderlich, die Präsentation ausserhalb des Betriebs durchzuführen.

Einige Beispiele

Für **Produktpräsentationen** mit werbendem Charakter wählt man mitunter gern einen anderen Ort, z. B. die Vorführung im Haus des Kunden, auf Messen oder an repräsentativen Orten.

Kommen die **Teilnehmer aus verschiedenen Städten,** so ist ein **zentraler Ort** am geeignetsten, der von allen bequem und in vertretbarer Zeit erreicht werden kann.

> Zur organisatorischen Vorbereitung einer Präsentation gehört die Aufgabe, **für die spezifischen Anforderungen der jeweiligen Präsentation den bestgeeigneten Ort** zu finden. Innerbetriebliche Präsentationen finden am besten im Unternehmen statt; bei grösseren Veranstaltungen wie Kongressen, mehrtägigen Schulungen und Produktpräsentationen empfiehlt es sich dagegen oft, die Veranstaltung auswärts durchzuführen.

F Raumwahl

Es muss der **für die spezifischen Anforderungen** der Präsentation am **besten geeignete Raum** gefunden werden.

Die folgende **Checkliste** zeigt Ihnen wichtige **Auswahlkriterien für die Raumwahl.** Nicht alle Fragen sind in jeder Situation gleich wichtig, verändern Sie deshalb die Checkliste je nach Bedarf.

[16-12] **Checkliste zur Auswahl eines geeigneten Präsentationsraums**

Lage
- ❏ Ist der Raum gut zu erreichen?
- ❏ Sind Zu- und Abgang unbehindert möglich?
- ❏ Ist der Raum hell (viel Tageslicht, Blickmöglichkeit nach draussen), aber nicht an der Südseite (wegen der starken Aufheizung durch die Sonne)?
- ❏ Ist der Raum ruhig (möglichst nicht an einer Hauptverkehrsstrasse)? Ist er schallisoliert? Hat er eine gute Akustik?
- ❏ Sind sonstige Störfaktoren weitgehend ausgeschlossen (Kantinennähe, Nähe zu Fabrikationshallen usw.)?

Grösse
- ❏ Ist der Raum für die zu erwartende Teilnehmerzahl weder zu gross noch zu klein, sondern gerade angemessen?
- ❏ Wenn Gruppenarbeit geplant ist: Gibt es Gruppenarbeitsräume in ausreichender Zahl?
- ❏ Gibt es ausreichend Platz für die einzusetzenden Hilfsmittel und Medien (Tafeln, Flipchart usw.)?
- ❏ Ist der Raum möglichst quadratisch? (Zu tiefe und zu breite Räume erschweren den Teilnehmern die Sicht- und Hörmöglichkeiten.)

Ausstattung

1. Möbel
- ❏ Sind die Stühle so bequem, dass man längere Zeit darauf sitzen kann? Sind sie zur Vorbeugung gegen Muskelverspannungen mit Armlehnen ausgestattet?
- ❏ Kann die Tisch- oder Sitzordnung variiert werden? (Schlecht sind festmontierte Sitzmöbel.)
- ❏ Ist der Raum mit geräuschdämpfendem Teppichboden ausgelegt?

2. Medien. Welche Hilfsmittel und Medien sind vorhanden?
- ❏ Schreibtafel
- ❏ Hafttafel oder Pinnwandtafel
- ❏ Flipchart
- ❏ Hellraumprojektor mit Projektionswand
- ❏ Sonstige Hilfsmittel und Medien (Videoanlage usw.)

3. Technik
- ❏ Reicht die Deckenbeleuchtung?
- ❏ Ist der Raum zu verdunkeln?
- ❏ Bei schlechter Akustik oder vor grossen Teilnehmergruppen: Verfügt der Raum über eine Lautsprecheranlage?
- ❏ Gibt es ausreichend Steckdosen für die elektrischen Hilfsmittel?
- ❏ Gibt es eine Klima- oder Lüftungsanlage? Wenn nein, kann man die Fenster öffnen, ohne dass es zu laut wird?
- ❏ Herrschen arbeitsfördernde Temperaturen (etwa 18–20° C)?

Der Präsentationsraum sollte hinsichtlich seiner **Lage, Grösse** und **Ausstattung** mit Möbeln, Hilfsmitteln, Medien und technischen Einrichtungen für die jeweilige Präsentation bestmöglich geeignet sein. Individuell gestaltete **Checklisten** mit den relevanten Auswahlkriterien helfen bei der Raumauswahl.

16.5.6 Die Organisation grösserer Präsentationsveranstaltungen

Die bisher besprochenen organisatorischen Vorbereitungsmassnahmen sind bei jeder Präsentation zu treffen. Bei grösseren Präsentationen werden weitere Massnahmen notwendig, die wir hier nur aufzählen können. Wenn Sie z. B. eine **ganz- oder mehrtägige Präsentationsserie** veranstalten, müssen Sie eine ein- bis zweistündige **Mittagspause mit Ver-**

pflegung einplanen und **Hotelzimmer** (möglichst Einzelzimmer) für die auswärtigen Teilnehmer **reservieren** lassen oder zumindest vermitteln. Bei mehrtägigen Kongressen und Tagungen werden je nach Art der Veranstaltung weitere Massnahmen notwendig, z. B.:

- **Werbemassnahmen** vor der Tagung: neben der persönlichen Einladung Annoncen in Tageszeitungen und Fachzeitschriften, in Rundfunk und Fernsehen (wenn nötig, Werbemassnahmen von Werbeprofis konzipieren lassen)
- **Tagungssekretariat**
- **Pressebüro:** Presseeinladungen und regelmässige Pressenotizen
- Bei internationalen Tagungen **Dolmetscherdienst:** Simultandolmetscher mit technischen Voraussetzungen
- Bei Fachtagungen **professionelle Stenografen** oder Aufzeichnung **der Referate und Diskussionen:** um nach der Tagung die Referate wörtlich und die Diskussion zusammenfassend im Tagungsbericht abdrucken zu können
- **Rahmenprogramm:** Vorträge, Bild- und Filmvorführungen, Ausstellungen, Besichtigungen, Exkursionen, künstlerische und gesellschaftliche Veranstaltungen
- **Transport der Teilnehmer** zwischen verschiedenen Tagungsgebäuden

Als Hilfe für die Praxis haben wir auf den folgenden beiden Seiten eine **Checkliste für die gesamte organisatorische Vorbereitung** zusammengestellt. Mit dieser Liste können Sie auch externe Präsentationen und Tagungen grösseren Umfangs organisieren. Daher fallen einige Punkte weg, wenn man im eigenen Unternehmen präsentiert oder wenn es sich nur um eine kurze Präsentation handelt. Stellen Sie sich nach diesem Muster eine individuelle Checkliste für Ihre nächste Präsentation zusammen.

[16-13] Checkliste «Organisatorische Vorbereitung»

Checkliste «Organisatorische Vorbereitung»	Termin	Wer?
Zeit		
❏ Terminabsprache mit den wichtigsten Teilnehmern		
❏ Präsentationstermin, Uhrzeit, Dauer und Pausen endgültig festlegen		
Räume		
❏ Präsentationsort und -räume endgültig festlegen		
❏ Präsentationsraum reservieren lassen oder anmieten		
❏ Sitzordnung festlegen		
❏ Plenarraum und Gruppenräume ausschildern		
❏ Dekoration		
❏ Tischkarten (Namensschilder)		
Externe Referenten		
❏ Auftragserteilung an Referenten		
❏ Hotelreservierung für Referenten		
❏ Anreise organisieren		
❏ Letzte Abklärungen mit den Referenten (zwei Tage vor der Präsentation)		
❏ Betreuung, Vorstellung während der Präsentation		
❏ Freizeitprogramm für Referenten und Ehegatten		
Unterlagen		
❏ Teilnehmerliste		
❏ Teilnehmerunterlagen		
❏ Schreibmappe		
❏ Anschauungsmaterial, Modelle		
❏ Teilnehmerprogramm		

Checkliste «Organisatorische Vorbereitung»	Termin	Wer?
Präsentationsteilnehmer		
❏ Einladung versenden		
❏ Prospekt des Präsentationsorts beifügen		
❏ Hinweise zur Anreise (Fahrplan, Taxidienst, Ortsplan)		
❏ Hinweise auf Sportmöglichkeiten		
❏ Hinweise auf Parkplätze		
❏ Hinweise auf öffentliche Verkehrsmittel		
❏ Hinweis auf Kleidung		
❏ Ansteckschilder		
Endkontrolle Raum		
❏ Lichtverhältnisse überprüfen		
❏ Verdunklung überprüfen		
❏ Stromanschlüsse überprüfen		
❏ Ersatzkabel mit Stecker bereitstellen		
❏ Belüftung und Temperatur überprüfen		
❏ Lärm (z. B. Küche) abschirmen		
❏ Sicherungen bereithalten		
❏ Ablagemöglichkeiten für Referenten		
❏ Ablageflächen für Präsentationsmaterial		
❏ Unterlagen für die Teilnehmer, Prospekte, Muster bereitlegen		
❏ Wegweiser zum Präsentationsraum, zu den Gruppenräumen zu den Sanitärräumen		
❏ Hinweisschilder		
❏ zum Rauchverbot im Präsentationsraum, zur Raucherzone		
❏ «Bitte nicht stören!» am Präsentationsraum		
❏ Lautsprecheranlage prüfen		
❏ Aufstellen eines Briefkastens für Fragen und Anregungen		
❏ Aschenbecher in Pausen leeren		
❏ Getränke bereitstellen		
Hilfsmittel: Beschaffung und Endkontrolle		
❏ Dias, Folien und sonstige Hilfsmittel vorbereiten		
❏ Hin- und Rücktransport der Hilfsmittel		
❏ Notizpapier, Schreibmaterial		
❏ Büromaterial: Filzschreiber, Klebeband, Scheren, Locher usw.		
❏ Flipchart mit Ersatzblock		
❏ Overheadprojektor mit Folienrolle, Leerfolien, Ersatzbirnen		
❏ Pinnwände mit Moderationsmaterial		
❏ Diaprojektor und Dias, Ersatzbirne		
❏ Tonbildschau		
❏ Filmprojektor, Filme, Ersatzbirne		
❏ Videogerät und Videobänder		
❏ Radiorecorder und Kassetten		
❏ Mikrofon und Lautsprecheranlage		
❏ Leinwand		
❏ Funktionskontrolle Geräte		
❏ Verlängerungskabel		
❏ Mehrfachsteckdose		
❏ Kopiergerät		
❏ Taschenrechner		
❏ Computer/LCD/Datenprojektor; Smart Board		

Betriebskunde

Checkliste «Organisatorische Vorbereitung»	Termin	Wer?
Telefon		
❑ Telefon aus Präsentationsraum entfernen		
❑ Regelung treffen für ein- und ausgehende Telefonate und Handybenutzung		
Unterkunft/Verpflegung usw.		
❑ Verfügbare Zimmer auflisten		
❑ mit Bad		
❑ mit Dusche		
❑ Einer		
❑ Zweier		
❑ Hotelprospekte einholen		
❑ Angebote von Hotels einholen		
❑ Feste Buchung eines Hotels		
❑ Klärung der Kostenübernahme		
❑ Teilnehmerliste an Hotel		
❑ Namen des für die Teilnehmer zuständigen Hotelangestellten bekannt geben		
❑ Parkplätze bestimmen		
❑ Hin- und Rücktransport der Teilnehmer		
❑ Essenszeiten festlegen		
❑ Menüs auswählen		
❑ Pausengetränke bestimmen		
❑ Abrechnung mit Hotel		
Rahmenprogramm		
❑ Kulturelles (Besichtigungen usw.)		
❑ Sport		
❑ Ausflüge		
❑ Freizeitmöglichkeiten		
❑ Öffnungszeiten von Freizeiteinrichtungen (Sauna, Schwimmbad usw.)		
Werbemassnahmen		
❑ Tageszeitung, Fachzeitschriften, Rundfunk, Fernsehen usw.		
❑ Eventuell Werbeagentur beauftragen		
Tagungssekretariat/Pressebüro		
❑ Bürodienste, Telefondienst		
❑ Presseeinladungen und regelmässige Pressenotizen		
Internationale Tagungen		
❑ (Simultan-)Dolmetscher/Übersetzer verpflichten		
❑ Simultandolmetscheranlage		
❑ Unterlagen übersetzen		

Repetitionsfragen

23

Bei der Planung einer Präsentation kommt es auf handwerkliches Können an, aber auch auf gute Ideen. Haben Sie eine Idee, welche Präsentationsform für die Vorstellung von neuen Haushaltsgeräten geeigneter wäre als ein Vortrag?

28

Warum ist die Zielgruppenanalyse wichtig?

33

Zur Abwechslung ein Beispiel aus dem familiären Bereich: Sie wohnen in einer Mietwohnung. Ihre Kinder wünschen sich einen Hund. Sie sind dagegen. Bei einer Familienkonferenz zu diesem Thema möchten Sie Ihren Standpunkt überzeugend darlegen.

A] In welchen Sachbereichen suchen Sie nach Argumenten? Nennen Sie pro Sachbereich ein Argument.

B] Welche Technik hilft Ihnen, sich auf Ihre Gegenseite einzustellen?

38

Welche Funktionen haben die Eröffnung, der Hauptteil und der Schluss einer Präsentation? Erstellen Sie eine stichwortartige Liste.

43

Welche Präsentationsformen setzen wenig Motivation voraus und fördern das Interesse am Thema?

48

Welche visuellen Medien benutzen Sie, um hoch komplexe Strukturen zu erarbeiten?

53

Bewerten Sie in der folgenden Übersicht die verschiedenen visuellen Medien bezüglich der aufgeführten Vergleichskriterien. Benutzen Sie dazu die folgenden Symbole:

++   sehr vorteilhaft

+   vorteilhaft

−   eher unvorteilhaft, Nachteile sind aber nicht so schwerwiegend und können eventuell gemildert werden (beim Kriterium Vervielfältigung etwa durch Fotografieren)

− −   unvorteilhaft

	Schreibtafel	Flipchart	Steck-/Hafttafel	Overheadprojektor
Sichtdistanz				
Arbeitsfläche				
Platzbedarf/Raumansprüche				
Transportfähigkeit				
Bedienungsfreundlichkeit (Übung und Erfahrung notwendig?)				
Sind visuelle Darstellungen vorzubereiten?				
Sind sie zu vervielfältigen?				
Dauerhafte Dokumentation möglich?				
Korrekturmöglichkeit				
Didaktische Vielseitigkeit				
Aktivierungsmöglichkeiten				

58

Stellen Sie sich eine Stecktafel vor, die voll beschriebener Kärtchen hängt. Welche Gefahr besteht, wenn man über alle Kärtchen spricht?

63

Aus einem Geschäftsbericht: «Im letzten Geschäftsjahr haben wir Waren im Gesamtwert von 90 Millionen Euro exportiert, und zwar für 40,5 Millionen Euro in EU-Länder, für 13,5 Millionen Euro in EFTA-Länder, für 9 Millionen Euro in Länder des ehemaligen Ostblocks und für 18 Millionen Euro nach Nordamerika.» Visualisieren Sie diese Aussage.

68

Erstellen Sie ein Balkendiagramm für das folgende stark vereinfachte, kurze Projekt, das innerhalb von 30 Tagen realisiert werden soll:

In der Vorstudie wird der Ist-Zustand in den Fachbereichen vollständig erhoben und analysiert (Ist-Aufnahme, 4 Tage). In der anschliessenden Hauptstudie werden Grobkonzepte entwickelt und bewertet sowie das geeignetste Konzept ausgewählt (Grob-Soll-Konzept, 6 Tage). Die darauf folgende Entwicklung des detaillierten Konzepts (Detail-Soll-Konzept, 10 Tage) bildet die Basis für den anschliessenden Systembau einschliesslich Programmierung (8 Tage), für das Ausarbeiten der Benutzerdokumentation (4 Tage) und für den Entwurf der benötigten Formulare (Formular-Entwicklung, 2 Tage).

Die Schulung (3 Tage) beginnt, sobald die Benutzerdokumentation und die benötigten Formulare fertig gestellt sind. Erst wenn die Beteiligten geschult sind und die Programmierung abgeschlossen ist, wird das neue Konzept eingeführt (Einführung, 2 Tage).

Tragen Sie die Balken in der folgenden Tabelle ein:

Aufgaben \ Zeit	Tage																													
	1	2	3	4	5	6	7	8	9	10	11	12	13	14	15	16	17	18	19	20	21	22	23	24	25	26	27	28	29	30
Ist-Aufnahme																														
Grob-Soll-Konzept																														
Detail-Soll-Konzept																														
Systembau einschliesslich Programmierung																														
Benutzerdokumentation																														
Formularentwicklung																														
Schulung																														
Einführung																														

73

Ein Vertriebsleiter lädt seine Mitarbeiter zu einer Besprechung ein; Thema: «Umsatzeinbruch im Auslandsgeschäft: Ursachen, Lösung». Zur Vorbereitung verteilt er Teilnehmerunterlagen. Darin findet sich der folgende Satz: «Im Zuge der Neuorganisation unseres Auslandsvertriebs im vorletzten Jahr und der anfangs nicht erfolgreichen Markteinführung von Produkt A bei gleichzeitigem Marktausscheiden unseres im Ausland gut verkauften Produkts B sowie durch die Abschwächung des Dollarwerts ergaben sich im letzten Geschäftsjahr starke Umsatzrückgänge, die durch die inländische Umsatzsteigerung nicht kompensiert werden konnten.»

A] Wodurch wird der Text unverständlich? Antworten Sie in Stichworten.

B] Formulieren Sie einen verständlichen Text.

3

Der Abteilungsleiter hat es sich anders überlegt: Er verteilt keine Teilnehmerunterlagen vor der Präsentation. Stattdessen hält er einen fünfminütigen Vortrag über die Gründe für den Umsatzeinbruch. Nun benötigt er ein Flipchartblatt, auf dem das Thema durch Stichworte visualisiert ist. Erstellen Sie es auf Din-A4-Papier.

8

An welchem Ort würden Sie die folgenden Präsentationen veranstalten, in Ihrem Unternehmen oder ausserhalb? Wenn ausserhalb, wo z. B.? Begründen Sie Ihre Meinung kurz.

A] Sie präsentieren vor Managern eines grossen Unternehmens ein Management-Informationssystem für den Personalcomputer.

B] Sie präsentieren vor Verlagsmanagern mehrere Druckmaschinen.

C] Sie präsentieren vor geladenen Fachjournalisten aus verschiedenen Städten eine neue Produktlinie.

D] Sie stellen Aussendienstvertretern Ihres Unternehmens ein neues Produkt vor.

E] Ein Versicherungsunternehmen schult drei Tage lang neue Vertreter aus verschiedenen Niederlassungen im Produktwissen.

F] Sie möchten die Teamfähigkeit von Führungskräften schulen.

G] Ein Versicherungsunternehmen schult neue Vertreter in der Gesprächsführung bei Verkaufsgesprächen.

H] Eine Projektgruppe präsentiert der Geschäftsleitung ein Konzept zur Neuorganisation einer Fachabteilung.

Teil F   Anhang

Antworten zu den Repetitionsfragen

1 Seite 15

Alle Helfer erfüllen ein Grundbedürfnis – sie ernähren sich. Die Art der Erfüllung des Grundbedürfnisses ist verschieden und hängt vom Kulturkreis ab, aus dem der Helfer stammt.

2 Seite 31

X den Rohstoffmarkt für Holz und den Papiermaschinenmarkt sowie den Markt für Papierabnehmer.

Y den Markt für zahntechnische Geräte, ein bestimmtes Segment des Arbeitsmarktes (für Zahntechniker) sowie den Markt für zahnärztliche Dienstleistungen (als Absatzmarkt).

3 Seite 184

4 Seite 91

Es handelt sich um eine Projektorganisation; die Zusammenarbeit mit den befreundeten Unternehmen soll von Mitarbeitern aus den verschiedenen Bereichen geprüft und vorbereitet werden.

5 Seite 150

A] ist ein typischer Fall für Verkaufsförderung, man könnte z. B. eine Aktion durchführen, die den Verkauf des Restpostens sofort aktiviert (z. B. zu einem Sonderpreis oder als Preishit der Woche).

B] Werbung oder/und Verkaufsförderung sind sinnvoll. Nur Verkaufsförderung ist billiger und sollte daher als Erstes eingesetzt werden.

C] W **und** V, aber Werbung dürfte wichtig sein, um die Informationen breit zu streuen.

6 Seite 15

Ein befriedigtes Bedürfnis gibt den Platz frei für ein neues. Die Freude am Auto als nützliches Transportmittel wird gewöhnlich. Dafür wird Autofahren als Sport attraktiv. Die Dynamik der Bedürfnisse ist individuell verschieden. Richtig ist auch, wenn Sie sagen, das befriedigte Grundbedürfnis entwickle sich in Richtung Luxusbedürfnis.

7 Seite 33

Steigende Löhne: Die Produktion der Unternehmen verteuert sich, die Preise für Waren und Dienstleistungen steigen. Das kann ihren Absatz erschweren und zu erhöhter Kreditnachfrage auf dem Finanzmarkt führen; der Staat nimmt mehr Steuern von den Haushalten ein, evtl. weniger von den Unternehmen.

Wachsende Arbeitslosigkeit: Die Haushalte haben weniger Geld zur Verfügung, der Konsum sinkt, die Unternehmen können weniger verkaufen, sie drosseln die Produktion und ihre Investitionen in Maschinen usw. Der Staat bezahlt den Haushalten Arbeitslosenunterstützung und nimmt weniger Steuern ein.

8 Seite 185

Geeignete Orte für bestimmte Präsentationen mit bestimmten Teilnehmern:

A] **Produktpräsentationen** werden oft **ausserhalb** (beim Kunden oder in repräsentativen Räumen) veranstaltet; entsprechend sollte in diesem Fall das Management-Informationssystem im Kundenunternehmen präsentiert werden, um den Kunden Fahrzeit zu ersparen. Die Präsentierenden bringen Computer und LCD/Datenprojektor mit.

B] Diese **Produktpräsentation** (mehrere grosse Druckmaschinen in Aktion) kann nur im unternehmenseigenen Demonstrationsraum (Verkaufsausstellung) stattfinden.

C] Die **Vorstellung einer neuen Produktlinie vor Fachjournalisten** erfolgt am besten an einem verkehrsgünstigen und repräsentativen Ort.

D] Vor Aussendienstmitarbeitern des eigenen Unternehmens präsentieren Sie die Eigenschaften eines neuen Produkts **(kognitive Inhalte)** am besten **in Ihrem Unternehmen.**

E] Diese **kognitive dreitägige Produktschulung für Vertreter aus verschiedenen Niederlassungen** sollte das Versicherungsunternehmen an einem **zentral gelegenen Ort** durchführen, in dem das Unternehmen eine Niederlassung hat, und zwar entweder in der Niederlassung selbst oder in dem Hotel, in dem die auswärtigen Mitarbeiter untergebracht sind.

F] Die Teamfähigkeit von Führungskräften **(affektives Lernziel)** können Sie am besten in einer störungsfreien, angenehmen Atmosphäre **ausserhalb der tagtäglichen Umgebung** schulen (z. B. in einem Hotel im Grünen).

G] Auch die Gesprächsführung bei Verkaufsgesprächen können Sie am besten **ausserhalb der tagtäglichen Umgebung** schulen.

H] Die Projektgruppe präsentiert der Geschäftsleitung das **Konzept zur Neuorganisation** einer Fachabteilung am besten **im eigenen Unternehmen** (z. B. im Planungsraum der Projektgruppe).

9 Seite 92

Weisungen fliessen von oben nach unten, z. B. von der Unternehmensleitung über die Leitung der Abteilung Produktion zum Anlagenbau. Die Stabsstelle Unternehmensleitung und -organisation unterstützt und berät die Unternehmensleitung. Die Stabsstelle Arbeitsvorbereitung und Konstruktion berät und unterstützt die Leitung der Produktion und die Stabsstelle Marktforschung berät den Marketingleiter.

10 Seite 148

Vorteile:

1. Neue Produkte lassen sich unter einem bekannten Namen und damit mit kleinerem Kostenaufwand einführen. Das Vertrauen des Kunden in die Marke wird auf das neue Produkt übertragen. Mit einer bewährten Marke kann man leichter in neue Märkte eindringen.
2. Der Lebenszyklus einer Marke kann durch Produktmodifikationen oft erheblich verlängert werden.

Nachteile:

Der Gehalt der Marke verdünnt sich, der Name verliert an Profil und Überzeugungskraft, vor allem wenn er für allzu unterschiedliche Leistungen verwendet wird.

11 Seite 22

Wirtschaftlich nicht interessante Güter	Begründung
Liebe und Zuneigung	Sie können nicht mit einem Gut befriedigt werden.
Frische Luft	Sie ist kein knappes Gut und wird uns von der Natur unentgeltlich zur Verfügung gestellt.
Luxusgüter in wirtschaftlich schlechten Zeiten	Wenn die Wirtschaft nicht gut läuft, fehlt die Kaufkraft für Luxusgüter.

12 Seite 36

A] Eine volkswirtschaftliche Fragestellung, weil staatliche Eingriffe in die Wirtschaft von gesamtökonomischer Bedeutung sind.

B] Spezielle BWL, Problem der Tourismusbranche.

C] Allgemeine BWL, es geht um eine Frage der Effizienz im Bereich Personal.

13 Seite 150

	Werbung	Public Relations (PR)
Adressaten	vorhandene und neu zu gewinnende Kunden	Öffentlichkeit
Beabsichtigte Wirkung	Aufmerksamkeit Kaufentscheid	Positive Einstellung zum Unternehmen schaffen
Thema	Angebotene Leistungen	Einblick in die Einstellung des Unternehmens, seine Ziele, Grundhaltung zu Wirtschaft, Umwelt etc.

14 Seite 110

Ein Marktsegment ist eine in einem oder einigen wichtigen Kriterien homogene Kundengruppe, die mit einem ähnlichen Marketing-Mix bearbeitet werden kann. Oder anders formuliert: Gruppen von Kunden, die in ihren Bedürfnissen und Einstellungen sowie in ihrem Kaufverhalten ähnlich sind und sich von anderen Gruppen merkbar unterscheiden.

15 Seite 148

Das Vertrauen in Nivea wurde multipliziert, d. h. auf mehrere Produkte übertragen, was Nivea noch bekannter machte und auch den Absatz des traditionellen Produktes förderte. Das Image wurde weiter gefestigt.

16 Seite 22

A] Dienstleistung

B] Verbrauchsgut

C] Dienstleistung

D] Dienstleistung

E] Konsumgut (Verbrauchsgut)

F] Gebrauchsgut für die Familie/Investitionsgut für das Unternehmen. Dasselbe Gut lässt sich manchmal verschiedenen Gruppen zuordnen, je nach Verwendungszweck.

17 Seite 47

Recycling ist der längere Verbleib von Rohstoffen im Wirtschaftskreislauf dank wiederholter Nutzung, Wiederverwertung oder Weiterverwendung. Recycling dämpft den Rohstoffverbrauch und die Abfallproduktion, aber es löst das ökologische Problem nicht grundlegend.

18 Seite 150

- Artikel und Berichte in der Presse über seine Ziele und Tätigkeiten, eventuell Interviews im Lokalradio.
- Die Lokaljournalisten zu einem Apéro einladen, an dem das Unternehmen vorgestellt wird; diese berichten dann über ihre Eindrücke.
- PR-Inserate in der regionalen Presse über Idee und Geschichte des Party-Service, um ein breites Publikum mit einer noch ungewohnten Dienstleistung vertraut zu machen.

19 Seite 110

A) ist zu breit, das Segment zu unspezifisch.

B) bis E) sind mögliche Segmente, die man speziell ansprechen kann. Die Frage ist, ob sie gross genug und nicht schon in der Hand der Konkurrenz sind.

C) und E) z. B. sind sehr ähnlich und könnten zu einem Segment zusammengefasst werden, z. B. wenn man sie mit einem Flugblatt ansprechen möchte.

20 Seite 148

Vorteile: individualisierte Kundenbedienung, feine Ausrichtung auf die Bedürfnisse des Marktes.

Nachteile: Allzu grosse Vielfalt kann den Kunden verwirren – er findet sich nur mehr schwer zurecht; die Kosten steigen und führen zu sinkender Rentabilität und interner Zersplitterung.

21 Seite 23

Gemüsefarm: Primärsektor. Gewinnen des Gemüses aus der Natur.

Konservenhersteller: Sekundärsektor. Die Fabrik verarbeitet die Produkte aus dem Primärsektor.

Handelsunternehmen: Tertiärsektor. Das Endprodukt wird an den Verbraucher gebracht. Die dazu erforderliche Lagerung, Organisation und Verteilung ist eine typische Dienstleistung.

22 Seite 47

Die längere Nutzungsdauer von Gütern ist eine der wirksamsten ökologischen Massnahmen. Es ist daher ökologisch, Gebrauchsgüter wie Waschmaschinen etc. öfter zu flicken, statt zu ersetzen, Möbel so einzukaufen, dass sie einem nicht nach fünf Jahren verleidet sind und nach Ersatz rufen usw.

23 Seite 182

Man könnte einen Informationsmarkt mit verschiedenen Ständen aufbauen, wo sich die Präsentationsteilnehmer selbständig über die für sie interessanten Produkte informieren. Hier finden auch Produktdemonstrationen statt: An den neuen Küchengeräten bereiten bekannte Köche feine Speisen zu, die als Imbiss gereicht werden usw. Eine kurze Begrüssungsrede leitet die Präsentation ein.

Zusätzlich könnte man auch eine Pressekonferenz veranstalten, in der einleitend die neuen Produkte vorgestellt und dann Fragen der Journalisten beantwortet werden. Als «Expertin» könnte man eine Hausfrau (oder einen Hausmann) einladen, die die neuen Produkte 14 Tage lang in ihrer Küche getestet hat und über ihre (positiven) Erfahrungen berichtet.

Hatten Sie eine andere Idee? Das ist gut, denn es gibt mehr als zwei Präsentationsformen. Bei Präsentationen ist Kreativität gefragt. Der Vortrag ist eben nicht die einzige Präsentationsform.

24 Seite 110

B baut sich einen nachhaltigen Wettbewerbsvorteil, eine strategische Erfolgsposition auf, die nicht leicht nachzuahmen ist und seinen Erfolg langfristig sichert. Ein Konkurrent kann z. B. nicht von einem Tag auf den andern qualitativ ähnlich hoch stehende Produzenten finden.

A dürfte langfristig in einer schwierigeren Position sein. Imitation kann zwar eine wirkungsvolle Strategie sein; man lässt z. B. einen Pionier mit einem neuen Produkt auf den Markt kommen, beobachtet ihn (auch die Fehler, die er macht) und zieht nach, wenn die Erfolgsaussichten gut sind und man aus Kinderkrankheiten lernen kann. Im Fall von A ist Imitation aber vermutlich nicht allzu erfolgreich, weil er sich kaum mehr von seinem Konkurrenten unterscheidet. Die beiden kämpfen um einen höheren Marktanteil im selben Markt und mit ähnlichen Mitteln. Wenn der Markt gross ist, können sie beide überleben, wenn er klein ist, verschlechtern sie sich unnötig.

25 Seite 148

Die Produktpolitik ist innovativ und expansiv, das Sortiment wird ständig erweitert, differenziert und verfeinert. Damit werden die Wettbewerbsvorteile der eigenen Stärken auf mehr und mehr Marktsegmente ausgedehnt.

26 Seite 23

Mitarbeiter: Designerin, Schneiderin, Näherin, Bürokraft für das Abrechnen

Betriebsmittel: Atelierräume, Nähmaschinen, Büromaschinen, Geld für den Stoffeinkauf usw.

Werkstoffe: Stoffe, Faden, Knöpfe, Nähzubehör usw.

Know-how: Schnittmuster, Entwürfe von Designern, eigene Entwürfe, Kundenbeziehungen usw.

27 Seite 47

A] Der sozialen Sphäre; der mit lebensnotwendigen Gütern gesättigte Konsument entwickelt Luxusbedürfnisse.

B] Der technologischen Sphäre; ein technisch neues Produkt verdrängt die Vorgängergeneration.

C] Der sozialen Sphäre, und zwar dem sozialen Umfeld. Zwei neue Werte oder Einstellungen werden in diesen Gruppen verhaltenswirksam: «Zurück zur Natur» und der Wunsch nach «mehr Freizeit, mehr Zeit für private Interessen».

D] Antwort wie C]

28 Seite 182

Im Zentrum jeder Präsentation stehen die Teilnehmer, die Sie vom Nutzen Ihres Produkts, Ihrer Idee, Ihres Vorschlags überzeugen wollen. Nur wenn man sie kennt, ihre Interessen, Neigungen, Ansichten, kann man direkt an ihren Interessen anknüpfen oder gegensätzliche Meinungen durch stichhaltige Argumente zu widerlegen versuchen. Besonders wichtig ist die Zielgruppenanalyse natürlich bei der Vorbereitung von Schulungsveranstaltungen: Erst wenn man das Vorwissen der Teilnehmer kennt, kann man die Ziele und Inhalte auswählen, die sie noch nicht beherrschen, aber lernen sollen.

29 Seite 110

Erfolgreich kann nur eine Positionierung sein, die sich von den bekannten Angeboten auf dem Markt **unterscheidet** und einem **Bedürfnis** der Kunden entgegenkommt. Möglichkeiten sind:

- **Gesunde** Schokolade – mit weniger Kalorien und mit Vitaminzusätzen
- **Gesunde** Schokolade speziell für **Kinder,** z. B. mit Lezithin, um besser zu lernen
- Eine **umweltbewusst** produzierte Schokolade, die etwas teurer ist, weil die Rohstoffe direkt bei den Produzenten in den Entwicklungsländern eingekauft und diese gezielt in umweltfreundlichen Anbaumethoden unterstützt werden («mit einem reinen Gewissen geniessen»)
- Schokolade im **Pocket**format, eine Positionierung aufgrund von Grösse und Verpackung, mit der z. B. die Schokoriegel Mars und Co. bereits Erfolg hatten («Schokolade für jede Lebenslage»)
- **Sport**schokolade, die aufgrund ihres besonderen Rezepts Höchstleistungen ermöglicht

Denkbar sind auch rein psychologische Positionierungen: die Schokolade für **Verliebte,** für **romantische** Geniesser, für **aktive** Menschen usw. Solche Positionierungen sind leichter nachahmbar und dadurch langfristig weniger wirkungsvoll.

30 Seite 148

Wichtige Grössen bei der Preisfestlegung sind Kosten, die Preiswahrnehmung der Kunden und die Preispolitik der Konkurrenz.

31 Seite 23

A] Arbeit und Know-how

B] Betriebsmittel und Know-how

C] Betriebsmittel und Know-how

D] Betriebsmittel (vor allem Boden) und Know-how

E] Betriebsmittel (vor allem Gebäude), Know-how und Arbeit

Know-how spielt in jedem Bereich eine überragende Rolle.

32 Seite 53

Anspruchsgruppe	Begründung
Lieferanten	Das Unternehmen benötigt Rohmaterial für die Produktion, das es von den Lieferanten erhält.
Kunden	Die Kunden sind die wichtigste Bezugsgruppe. Sie entscheiden über den Erfolg des Unternehmens.
Kapitalgeber	Fabrikationsunternehmer benötigen oft grosse finanzielle Mittel für die Anschaffung von Produktionsanlagen.
Arbeitgeber- und Arbeitnehmerorganisationen	Sie sorgen für den Arbeitsfrieden.

33 Seite 182

A] Rechtlich: laut Mietvertrag Haustierhaltung verboten. Biologisch: artgerechte Haltung nicht möglich. Wirtschaftlich: Hundehaltung teuer. Sozial: lärmempfindliche Nachbarn. Persönlich: Urlaub mit Hund nur in wenigen Ländern möglich; Gassi-Gehen; gleichzeitige Anschaffung eines Spiele-Computers nicht möglich. Haben Sie andere Sachbereiche gefunden? Wichtig ist, dass Sie das Thema aus verschiedenen Blickwinkeln betrachten.

B] Spielen Sie den Anwalt des Teufels: So können Sie Pro-Argumente der Kinder erahnen (Hund als Therapie gegen Ihre Gewichtsprobleme) und darauf antwortende Contra-Argumente finden (Alternative zum Hund: gemeinsames Jogging).

34 Seite 110

Es wäre falsch, nur an die Wachstumsstrategien zu denken. In allen Bereichen des Marketing gibt es Möglichkeiten der Expansion. Gehen wir sie durch:

- **Segmentierungsstrategien:** Er kann aus seiner Marktnische heraustreten und grössere Segmente ausfindig machen, z. B. alle deutschen Freunde der italienischen Küche oder alle, die es werden wollen; er kann auch Restaurants, Hotels usw. auf diese Weise ansprechen.
- **Positionierungsstrategien:** Er kann sein Angebot **horizontal** ausdehnen, indem er die importierten Delikatessen durch italienische Weine, Innendekorationsgegenstände usw. ergänzt. **Vertikal** dehnt er sein Angebot aus, wenn er nicht nur importiert, sondern auch den Gross- und eventuell den Einzelhandel beliefert oder selbst durchführt und z. B. in eigenen Läden verkauft, aber auch Gourmetgeschäfte, Restaurants und gehobene Warenhäuser beliefert, oder wenn er seiner Importorganisation und Ladenkette Produzenten in Italien angliedert oder eigene Restaurants gründet. Um wachsen zu können, muss er zudem ein Image aufbauen, das ihn entweder als besonders originell oder qualitativ besonders hoch stehend oder besonders kundenfreundlich usw. ausweist und ihm das Vertrauen der Kunden einbringt.
- **Wettbewerbsstrategien:** Gegenüber anderen Anbietern von Delikatessen muss er sich durch ein oder einige Merkmale profilieren, die besonders einzigartig sind. Sie können im Service, in der Qualität der Produkte, im Preis, in der Verteilung oder in Verkauf/Kommunikation liegen, z. B. in einer sehr originellen Werbung und einem besonders guten Preis/Leistungs-Verhältnis oder in äusserst hoher Kundenfreundlichkeit in allen Geschäften, die jede Woche Aktionen anbieten und besonders kreativ eingerichtet sind.
- **Wachstumsstrategien:** Er kann **Markterweiterung** betreiben und seine Produkte auch in anderen Segmenten anbieten, z. B. nicht nur Privathaushalten, sondern auch Restaurants, er kann sein **Sortiment erweitern** und ausser Lebensmitteln auch italienisches Tischzubehör einführen (Geschirr, Gläser, Tischtücher usw.) oder **diversifizie-**

ren und Spezialitäten auch aus anderen Regionen hinzunehmen oder Reisen nach Italien anbieten usw.
- **Konkurrenzstrategien:** Er kann die Marktführerschaft für italienische Spezialitäten anstreben, indem er die Stärken seiner Branche durch neue Ideen angreift, z. B. durch einen Versandhandel oder die Gründung von Kochschulen unter seinem Namen oder einer Restaurantkette mit spezieller Atmosphäre und speziellen Leistungen. Allerdings hat er als Einsteiger kaum die nötigen Mittel dazu. Aber er kann sich bei anhaltendem Erfolg vielleicht mit einem starken Lebensmittelunternehmen zusammenschliessen und dann Marktherausforderungsstrategien verfolgen.

Sie sehen, dass strategisches Handeln sehr vielfältig sein kann und dass Überschneidungen und Kombinationen möglich sind. Der Erfolg einer Strategie hängt davon ab, wie gut sie auf die Verhältnisse des Unternehmens und des Marktes ausgerichtet ist.

35 Seite 148

Die Produktion konnte stärker standardisiert werden, was zu tieferen **Kosten** führte.

Es kam zu einer klaren **Differenzierung** von der Konkurrenz, d. h., es wurde eine ausgeprägte relative **Stärkenposition,** ein nachhaltiger Wettbewerbsvorteil geschaffen. Die Kunden konnten feststellen, dass sie besser bedient wurden als von anderen Anbietern und dies, ohne wesentlich mehr zu zahlen.

36 Seite 23

A produziert wirtschaftlicher, weil er mit weniger Aufwand den gleichen Ertrag erzielt. Diese Antwort gilt nur, wenn die Umstände in beiden Fällen dieselben sind. Das heisst z. B., dass A und B gleich viel Arbeit (Arbeitszeit mal Stundenlohn) aufwenden (für das Backen der Brote, aber auch für das Einkaufen des Mehls und das Verkaufen des Brots). Auch die anderen Produktionsfaktoren (Investitionsgüter, Werkstoffe, Know-how) müssen sich entsprechen.

37 Seite 53

Forderungen der Anspruchsgruppe	Anspruchsgruppe
Eine grosse Auswahl an Produkten	D
Einhaltung der Gesetze	F
Gute Sozialleistungen	B
Faire Zusammenarbeit bei gemeinsamen Problemen	E
Hohe Gewinne	C
Regelmässige Bestellungen	A

38 Seite 182

Eröffnung:

- Begrüssung
- Thema, Ziel, Ablauf der Präsentation
- Inhaltliche Einleitung/Motivation

Hauptteil:

- Stoffentwicklung

Schluss:

- Zusammenfassung
- Appell

39 Seite 110

Die Unternehmensstrategie legt **grundsätzlich und langfristig** fest, in welchen Märkten und Branchen das Unternehmen tätig sein soll, wie es handeln will und welche Ressourcen es einsetzt. Sie macht Aussagen in **grossen Linien.** Die Marketingstrategie ist konkreter, sie definiert die Zielmärkte und Marktsegmente, die zu bearbeiten sind, die Schwerpunkte des Handelns usw. Sie steht aber **unter** dem Dach der Unternehmensstrategie, deren Ziele für sie der verbindliche Rahmen sind.

40 Seite 148

1. Als Erstes sollte er herausfinden, mit welchem Ziel der Preis gesenkt wurde. Wollte der Konkurrent Markteinfluss gewinnen, eigene Überkapazitäten nutzen oder haben sich die Kosten geändert?
2. Dann muss er überlegen, welche Wirkungen die Preissenkung hat – wie werden sich die eigenen Marktanteile und Gewinne verändern? Wie werden weitere Konkurrenten reagieren?
3. Welche Reaktionen sind möglich und wie werden sie sich auf den Markt und auf die Konkurrenz auswirken? Dazu ist der Produktlebenszyklus zu überprüfen, die Bedeutung der Leistung im gesamten Produkt-Mix, die Preissensibilität des Marktes usw. Da in solchen Fällen rasch reagiert werden muss, sind im Voraus Analysen und Reaktionsszenarien aufzubauen, so dass man im Bedarfsfall sofort auf sie zugreifen kann.

41 Seite 26

- Das Kind ist Konsument und Teil eines **privaten Haushalts.**
- Der Kaugummihersteller und der Kiosk sind **private Unternehmen** (sie produzieren und verteilen ein Gut).
- Wo ist die Fernsehwerbung einzuordnen? Die Werbeagentur, die den TV-Spot produzierte, ist ein produktionsorientiertes **Privatunternehmen** – sie bietet eine Dienstleistung an. Die Fernsehanstalt, die den Spot sendet, kann ein **öffentlicher, gemischtwirtschaftlicher** oder ein **privater Betrieb** sein.

42 Seite 72

Das RW ist ein Führungsinstrument, weil es anhand von Zahlen verlässliche Aussagen über das Unternehmen und seine Aktivitäten machen kann: wie erfolgreich das Unternehmen insgesamt in einer bestimmten Zeit war, wo und warum Verluste oder Gewinne entstanden, wo Schwachstellen sind und Gefahren lauern, wie ihnen zu begegnen ist usw.

43 Seite 182

Alle Methoden, die den Teilnehmer aktivieren und ihn selbständig Zusammenhänge und Einsichten entdecken lassen, z. B. Diskussionen.

44 Seite 110

Die **Marktdurchdringung,** weil sie das **kleinste Risiko** mit sich bringt. Mit den **bestehenden** Produkten wird in **bestehenden** Märkten gearbeitet, nur dass der Absatz intensiviert, eventuell Kunden von der Konkurrenz abgeworben und neue Verwendungsarten entdeckt werden, z. B. Teflonbeläge nicht nur in Pfannen, sondern auch auf Bügeleisen.

45 Seite 149

A] Alle Tätigkeiten der Güterverteilung zwischen Hersteller und Endverbraucher.

B] **Direkte** Distribution: Der Hersteller verkauft an den Endverbraucher. **Indirekte** Distribution: Es sind Dritte, Absatzmittler, eingeschoben.

C] Sie ermöglichen die **Feinverteilung** von Produkten **vieler** Hersteller an **viele** Verbraucher zu **tragbaren Kosten,** gewährleisten ein **breites Sortiment,** können auf **lokale Verhältnisse** eingehen und sind **neutrale** und daher für den Verbraucher oft vertrauenswürdigere Berater als die unmittelbar interessierten Hersteller.

D] **Vorteile:** Die Distanz zum Verbraucher ist klein; die eigene Strategie kann sicher realisiert werden (maximale Kontrolle); es gibt keine Produktverteuerung durch Margen für die Zwischenhändler.
Nachteile: Hoher Investitionsbedarf für eigene Läden, Lager, Transportflotte und entsprechendes finanzielles Risiko; setzt intime Marktkenntnisse voraus; darum setzen viele Unternehmen auf schon eingerichtete Absatzkanäle.

46 Seite 26

Die Konsumenten können kleine Mengen einer grossen Zahl (Auswahl) von Produkten zu günstigen Preisen an gut erreichbaren Orten kaufen. Sie müssen sich nicht zum Produzenten (z. B. Bauern) begeben.

Er schafft damit einen hohen Kundennutzen, ist aber auch in einer Machtposition den Produzenten **und** Kunden gegenüber.

47 Seite 72

A verfolgt eine **opportunistische** Politik, die auf gute Geschäfte und den eigenen Profit ausgerichtet ist. Sie ist primär **ökonomisch** und eher kurzfristig orientiert.

B verfolgt eine stärker **verpflichtete** Politik, die neben den ökonomischen auch gesellschaftlichen Werten Raum gibt und die längerfristigen Wirkungen mitberücksichtigt. Sie will zwar von ihrem Geschäft leben (ökonomische Zielsetzung), fühlt sich aber auch **gesellschaftlichen Werten** verpflichtet: Die indonesischen Partner sollen **ihre** Kreativität entfalten können, sie sollen eine bessere Existenz gewinnen und die Kunden hier sollen einen inneren Wert erhalten.

48 Seite 182

Hoch komplexe Strukturen erarbeitet man am besten an der **Schreib- oder Steck-/Hafttafel.** Am Flipchart oder am Overheadprojektor kann man komplexe Strukturen meist nur auf mehreren Blättern bzw. Folien entwickeln; beide Hilfsmittel sind besser zur Erarbeitung einfacherer Strukturen geeignet.

49 Seite 114

Befragungen gehen von subjektiven Begebenheiten, Beobachtungen von objektiven aus.

Bei der Befragung ist man von der Auskunftsbereitschaft der befragten Personen abhängig, bei der Beobachtung ist dies nicht notwendig.

50 Seite 149

A] Direktdistribution

B] Einzelhandel (Modefachgeschäft)

C] Makler, die Kaufgelegenheiten vermitteln

D] Agent, längerfristige Zusammenarbeit mit Grosshändlern

51 Seite 26

A] ist richtig.

B] In der Zukunft dürfte es neben grossen Unternehmen auch viele kleine und mittlere Unternehmen geben, die sich als flexible, innovative Einheiten, als Zulieferer der Grossen und als Dienstleister mit besonderer Kundenbindung behaupten können.

C] ist richtig.

52 Seite 72

A] Auch eine sehr erfolgreiche Unternehmenspolitik kann sich überleben. Das Management muss ihre Gültigkeit periodisch überprüfen und, wenn nötig, **Anpassungen** vornehmen.

B] ist richtig.

C] Die Aussenwirkung muss auf jeden Fall unterstützt werden durch weitere Öffentlichkeitsarbeit (PR), ein profiliertes optisches Erscheinungsbild (Corporate Design) usw. Die Unternehmenspolitik ist aber Ausgangspunkt für all diese Massnahmen.

D] Ziele und Leitsätze dürfen ungewohnt und kreativ, sie **müssen** aber auch umsetzbar sein. Der Impuls zu ihrer Umsetzung und die Überwachung der Zielerreichung ist Sache der Unternehmensleitung. Mit der Gedanken- und Formulierungsarbeit ist Unternehmensführung noch keineswegs erledigt.

53 Seite 183

Bewertende Übersicht über die **Standardhilfsmittel zur Visualisierung:**

	Schreibtafel	Flipchart	Steck-/Haft-tafel	Overhead-projektor
Sichtdistanz	+	–	–	++
Arbeitsfläche	++	–	++	–
Platzbedarf/Raumansprüche	–	+	–	– (wegen Entfernung zw. Projektor und Wand)
Transportfähigkeit	– –	+	–	+
Bedienungsfreundlichkeit (Übung und Erfahrung notwendig?)	++	++	– –	+
Sind visuelle Darstellungen vorzubereiten?	–	+	+	++
Sind sie zu vervielfältigen?	–	–	–	++
Dauerhafte Dokumentation möglich?	–	+	–	++
Korrekturmöglichkeit	++	–	++	–/+ (bei wasserlöslichen Stiften)
Didaktische Vielseitigkeit	+	+	+	++
Aktivierungsmöglichkeiten	+	+	++	+

Nun liegt Ihnen eine Beurteilungshilfe für die wichtigsten visuellen Hilfsmittel vor. Vielleicht haben Sie in Einzelfällen andere Bewertungen vorgenommen. Das mag auch an der vierteiligen Bewertungsskala liegen. Achtung: Die einzelnen Kriterien haben je nach Präsentationssituation unterschiedliches Gewicht. Sie dürfen deshalb nicht einfach die Pluszeichen addieren: Dann wäre der Overheadprojektor der eindeutige «Sieger»; doch gerade er wird von vielen Präsentatoren zum Verdruss der Präsentationsteilnehmer falsch genutzt. Jedes Hilfsmittel hat seine eigenen Stärken, kann aber auch falsch eingesetzt werden.

54 Seite 114

Benötigte Information	Erhebungsmethode
Das Unternehmen A möchte wissen, wie viel Stück von Artikel X im vergangenen Geschäftsjahr verkauft wurden.	Interne Verkaufsstatistik des Unternehmens, Sekundärmarktforschung
Das Dienstleistungsunternehmen Care hat eine völlig neue Dienstleistung entworfen und diese bei drei Personen getestet. Es möchte wissen, was die drei Personen davon halten.	Persönliche Befragung, Primärmarktforschung
Die Lebensmittel AG möchte wissen, wie viele ihrer Artikel die 4-Personenhaushalte im Gebiet Y während eines Monats kaufen.	Verbraucherpanel, Primärmarktforschung

55 Seite 149

- Sie trägt zur Markttransparenz bei. Die Abnehmer können sich über Existenz, Eigenschaften, Erhältlichkeit und den Preis von Produkten und Dienstleistungen informieren.
- Sie können dadurch herausfinden, welche Angebote ihrem Bedarf entsprechen, und können eine Vorauswahl treffen.
- Konkurrenzprodukte werden vergleichbar, der Wettbewerb wird verstärkt.

56 Seite 31

- (Mehrere) Anbieter und mehrere Nachfrager,
- die sich gegenseitig etwas (Werte in Form von Geld, Produkten, Gegenleistungen) anbieten können
- und diese Werte austauschen, wenn sie sich darüber einigen können.

Oder: Märkte sind Treffpunkte für Anbieter und Nachfrager. Ihre Austauschbeziehungen beruhen auf der freiwilligen Festlegung von Leistung und Gegenleistung. Der Kern ist die Austauschbeziehung – man trifft sich zu diesem Zweck.

57 Seite 77

A] Es wurde hier der Grundsatz der fairen Kundenpolitik verletzt. Der Pullover wurde vermutlich speziell für den Ausverkauf hergestellt oder ist Ausschussware.

B] Frau Dumm wird sich sicher über den unbrauchbaren Pullover ärgern und in Zukunft nicht mehr in diesem Laden einkaufen.

58 Seite 183

Wenn man bei einer Präsentation an einer Stecktafel viele der beschriebenen Kärtchen durchspricht, kann das Ziel, eine Wissensstruktur aufzubauen, leicht verfehlt werden. Denn man droht sich in Einzelheiten zu verzetteln und die Übersicht (den roten Faden) zu verlieren. Die Übersicht zu wahren und trotzdem die Teilnehmer den Inhalt auf einem selbst gewählten Weg erarbeiten zu lassen, ist eine der schwierigsten Aufgaben eines Moderators.

59 Seite 147

A] und C] sind richtig.

B] Der Grundnutzen ist nur ein Teil der Produktqualität, wenn auch ein wesentlicher.

60 Seite 149

Ja, in der Fülle der Angebote muss der Kunde immer wieder an das Produkt erinnert werden, auch wenn es hoch geschätzt wird.

61 Seite 31

Er hat dem Stoffhersteller einen bestimmten Preis bezahlt und möchte einen Gewinn erzielen. Da er nicht der einzige Verkäufer von Stoffen ist, muss er auf die Preise der anderen Anbieter – seiner Konkurrenz – Rücksicht nehmen. Ist sein Preis zu hoch, kaufen die Kunden bei der Konkurrenz. Ist sein Preis zu tief, verdient er nichts.

62 Seite 77

Massnahme des Unternehmens	Ethischer Grundsatz
Das Unternehmen geht keine Preisabsprachen ein.	Ethik im Umgang mit Partnern und Konkurrenten
In der Produktion werden nur Stoffe verwendet, die die Gesundheit nicht gefährden.	Ethische Produktpolitik
Einmal jährlich werden alle Maschinen auf ihre Sicherheit überprüft.	Ethik im Umgang mit Mitarbeitern
Es werden nur energiesparende Geräte verwendet.	Umweltschutz
Es gibt keine Lockvogelangebote.	Ethik im Umgang mit Kunden

63 Seite 183

Weil für die Leser des Geschäftsberichts wahrscheinlich die Visualisierung der relativen Anteile am Gesamtexport interessanter als die Visualisierung der absoluten Exportwerte ist, eignet sich ein **Kreissektorendiagramm** für eine Visualisierung dieser Zahlen am besten. So berechnen Sie die relativen Anteile:

1. absolute Zahlen in relative Anteile umrechnen:

$$\text{Anteil einer Exportregion (z. B. EU)} = \frac{\text{Exportwert EU}}{\text{Gesamtexportwert}}$$

$$\frac{40{,}5 \text{ Mio.}}{90 \text{ Mio.}} = 0{,}45 \ (= 45\,\%)$$

2. Relative Anteile in Grad umrechnen:

$$\text{Anteil der Exportregion} \cdot 60 \text{ Grad} = 0{,}45 \cdot 360° = 162°$$

3. Kreissektorendiagramm zeichnen, schraffieren, beschriften und mit Überschrift versehen.

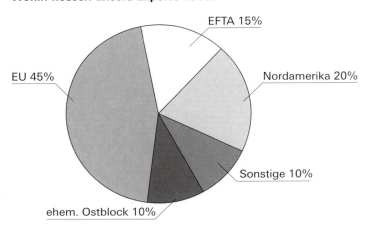

Wohin flossen unsere Exporte 1998?
EU 45%, EFTA 15%, Nordamerika 20%, Sonstige 10%, ehem. Ostblock 10%

64 Seite 147

Nutzen ist der Umfang der Bedürfnisbefriedigung durch eine Marktleistung.

65 Seite 149

Der Aussendienst kann **produktorientiert** (Gross- und Kleinanlagen) oder **gebietsorientiert** organisiert werden. Durch die Produktorientierung spezialisieren sich die Verkäufer auf eine Produkt- und in diesem Fall auch auf eine Kundengruppe; sie können sich ein fundiertes Fachwissen aneignen und spezifisch auf die Kunden eingehen.

66 Seite 31

Der Konsument ist Nutzenmaximierer. Er kauft Güter und Dienstleistungen, solange er glaubt, dass sein Nutzen (seine Bedürfnisbefriedigung) den Preis aufwiegt, den er für ein Gut bezahlen muss. Der höchste Nutzen wird erzielt, wenn das eingesetzte Geld keine Nutzensteigerung möglich macht.

67 Seite 92

Es fehlen die genauen Angaben über die Verantwortung der Stelleninhaberin. Sie werden im Punkt «Aufgaben» nur allgemein beschrieben.

Sie könnten lauten:

- Erledigung der Korrespondenz des Geschäftsleiters in deutscher und französischer Sprache
- Verwaltung und Bestellung des Büromaterials für den ganzen Betrieb
- Verantwortung für das Funktionieren der Bürogeräte wie Fax, Kopierer für den ganzen Betrieb, evtl. Veranlassung von Reparaturen
- Organisation von internen und externen Anlässen: Saalreservationen, Bestellung von Getränken
- Betreuung der Kaffeemaschine inkl. Kauf des Kaffees

68 Seite 183

Auftragsfortschrittsplan (Form des Balkendiagramms) zur Visualisierung von Projektschritten:

Aufgaben / Zeit (Tage)	1	2	3	4	5	6	7	8	9	10	11	12	13	14	15	16	17	18	19	20	21	22	23	24	25	26	27	28	29	30
Ist-Aufnahme	■	■	■	■																										
Grob-Soll-Konzept					■	■	■	■	■	■																				
Detail-Soll-Konzept										■	■	■	■	■	■															
Systembau einschliesslich Programmierung															■	■	■	■	■	■	■	■								
Benutzerdokumentation																				■	■	■	■	■						
Formularentwicklung																					■	■	■	■	■	■				
Schulung																									■	■	■	■		
Einführung																												■	■	■

69 Seite 147

A], B] und D] sind richtig. C] und E] treffen nur im Erfolgsfall zu.

70 Seite 149

Einfache Versicherungsfachleute, denn das zu beratende Zielpublikum ist eine breite Bevölkerungsschicht, die sich mit Verkäufern wie du und ich identifizieren kann. Dadurch entstehen Sympathie und Vertrauen, die Grundlagen des Verkaufserfolgs. Gegenüber hochkarätigen Fachleuten entsteht Sympathie wegen der grösseren Distanz und der geringeren Ähnlichkeit sehr viel schwerer.

71 Seite 31

Markt	Ausgetauschtes Gut	Preis
Arbeitsmarkt	Arbeit	Lohn/Gehalt
Finanzmarkt	Darlehen	Zins
Bodenmarkt	Boden, Liegenschaft	Miete, Pacht, Kaufpreis

72 Seite 91

Es handelt sich um eine typische **Spartenorganisation.** Jeder Produktebereich wird wie ein autonomes Unternehmen betreut, da die Kundengruppen ganz unterschiedlich sind; ausserdem gibt es zentrale Abteilungen für alle.

73 Seite 184

Der Autor dieses Beispielsatzes will zu viele Gedanken in einem Satz äussern; dadurch wird der Satz **zu lang** und unverständlich. **Substantivierte Verben** («Marktausscheiden», «Abschwächung», «Umsatzsteigerung»), **Fremdwörter** («kompensiert») und **mehrdeutige Ausdrücke** («im Zuge der») machen ihn noch unverständlicher.

Besser ist es, möglichst pro Satz einen Gedanken zu äussern:

«Im vergangenen Geschäftsjahr ist unser Umsatz im Auslandsgeschäft aus drei Gründen eingebrochen:

1. Wir haben unseren Auslandsvertrieb neu organisiert. Am Anfang gab es Anlaufschwierigkeiten.
2. Produkt A, das sich im Ausland gut verkaufte, haben wir aus dem Markt genommen. Produkt B, das an seine Stelle trat, konnte sich anfangs nicht durchsetzen.
3. Der Dollar verlor an Wert, dadurch wurden unsere Produkte für Käufer im Dollarraum teurer.

Zwar haben wir unseren Umsatz im Inland gesteigert, jedoch nicht in dem Masse wie der Auslandsumsatz zurückging. Der Gesamtumsatz ging also ebenfalls zurück.»

Der neue Text ist zwar länger, dafür aber schneller verständlich. Sie haben ihn vielleicht anders formuliert; wichtig ist, dass Sie dabei einfache Sätze, verständliche Wörter und möglichst viele und ausdrucksstarke Verben (bei uns: eingebrochen) und wenige Substantivierungen gebraucht haben.

74 Seite 147

Wichtig für den Hersteller: A, B, C, D, F, H, I, J.

Wichtig für den Handel: B, C, D, E, F, H, I.

Wichtig für den Verbraucher: C, D, G, H, I, J, K, L, M.

75 Seite 149

Nein, Absatzförderung umfasst **sämtliche** Marktbearbeitungsmassnahmen (Verkauf und Verkaufsförderung, Werbung, Public Relations); Verkaufsförderung ist nur ein Teil davon; sie umfasst primär jene Massnahmen, die den persönlichen Verkauf unterstützen; ferner werden oft auch verkaufsstimulierende Einzelaktionen dazugezählt.

Stichwortverzeichnis

A

Ablauforganisation	89
Absatz	59
Absatzkanäle	101, 132
• direkte	132
• indirekte	133
Absatzmärkte	31
Absatzmittler	101, 133
Absatzprognosen	113
Agenten	135
AIDA-Formel	139
allgemeine BWL	35
Allokation der Ressourcen	29
Angebot	17
Anspruchsgruppen im Unternehmensumfeld	48
Arbeitgeber- und Arbeitnehmerorganisationen	51
atomistische Struktur	128
Aufbauorganisation	82
Ausland	52
Ausverkaufsangebote	75

B

Balkendiagramme	172
Bedarf	14
Bedürfnisse	14
Befragung	112
Beobachtung	112
• Feldbeobachtung	112
• Laborbeobachtung	112
Beschaffungsmärkte	30
Betrieb	24
• gemischtwirtschaftlicher	24
• privatwirtschaftlicher	24
• staatlicher	24
Betriebsmittel	19
Betriebswirtschaftslehre	34
Bildungseinrichtungen	51
Branche	25
Business-Plan	67

C

Computer	169
Consumer Promotion	142

D

Dachmarken	123
Datenprojektoren	169
Design	120
Desinvestitionsstrategien	107
Diagramme	170
Dienstleistungen	17
Differenzierungsstrategie	106
Direktverkauf	142
Diskussionen	164
Distributionspolitik	132
Diversifikation	107, 119
divisionale Organisation	85

E

Eigenfinanzierung	55
Einlinienorganisation	83
Einteilung nach der Grösse	24
Einzelhandel	25, 135
Einzelmarken	123
Entsorgung	42
Ethik	73
• im Umgang mit den Mitarbeitenden	74
• im Umgang mit Partnern und Konkurrenten	74
• in der Kommunikationspolitik	76
• in der Kundenpolitik	75
• in der Preispolitik	75
• in der Produktpolitik	75
Expertenbefragung	165

F

Finanzierung	55
Flipchart	166
Flussdiagramm	90
Formulierung von Unternehmenspolitik und Leitbild	65
Franchise-Organisationen	136
Fremdfinanzierung	55
funktionale Organisation	84
Funktionsbereiche des Unternehmens	54

G

Gebrauchsgüter	17
Geldströme	33
gesamtwirtschaftliche Einflüsse	45
Gesetz von Angebot und Nachfrage	27
goldene Regel der Ethik	73
Grossbetriebe	25
Grosshandel	25, 135
Grundnutzen	117
Güter- und Geldströme	30, 32

H

Haushalte	24
• öffentliche	24
• private	24
Hellraumprojektor	167
Horizontalisierungsstrategie	106

I

Image	106
immaterielle Güter	17
Interessengruppen	51
Investition	55
Investitionsgüter	17

K

Kapitalgeber	50
Kaufentscheid	101
Kaufkraft	16, 128
Kirchen	52
Klein- und Mittelbetriebe	25
Know-how	20
Kommunikation	137
Konditionenpolitik	130
Konkretisierung der Unternehmenspolitik	67
Konkurrenz	50
Konkurrenzanalyse	98
Konkurrenzsituation	99
Konkurrenzstrategie	108
Konsumgüter	17
Kontrollspanne	82
Kreis(sektoren)diagramme	173
kritische Erfolgsfaktoren	102
kulturelles Umfeld	43
Kunden	50
Kundenanalyse	100
Kundendienst	124
Kundentyp	103
Kurvendiagramme	171

L

langfristige Ziele	63
LCD-Tablets	169
Leitbild	65
Leitungsspanne	82
Lieferanten	49
Lockvogelangebote	75

M

Makler	135
Mangel	14
Marke	122
Markenarten	123
Markenfamilien	123
Markenname	123
Marketing	59
Marketinginstrumente	115
Marketing-Mix	115
Marketingstrategie	97
Markt	27
Markt- oder Preismechanismus	27
Markt und Konkurrenz	46
Marktabschöpfung	129
Marktanalyse	98
Marktanteil	99
Marktdurchdringung	107, 129
Markterweiterung	107
Marktforschung	111
Marktführer	108
Marktherausforderer	108
Marktmitläufer	108
Marktpotenzial	99
Marktsättigung	128
Marktsegmente	99, 102

Marktvolumen	99
Marktziele	97
Materialwirtschaft	58
materielle Güter	17
Matrixorganisation	86
Maximumprinzip	22
Medien	51, 165
Medienwahl	140
Mehrlinienorganisation	84
Melkstrategien	107
Merchandising	142
Messen	142
Minimumprinzip	22
Mitarbeiter	49
Monopol	128
Monopolsituation	75
Motivation	159, 162

N

Nachfrage	16
Nebennutzen	117
nicht-wirtschaftliche Ziele	64
Nischenstrategie	105
No Names	123
Nutzenmaximierer	28

O

öffentliche Veranstaltung	157
ökologische Sphäre	41
ökonomische Sphäre	45
ökonomisches Prinzip	21
Oligopol	128
oligopolistischer Markt	75
Optimumprinzip	22
Organigramm	83
Organisation	58, 81
Organisation grösserer Präsentationsveranstaltungen	178

P

Panel	112
Personalwesen	57
persönlicher Verkauf	140
Pinnwand	168
Plenumsdiskussion	164
Podiumsdiskussion	164
politisches Umfeld	43
Positionierung	104
Positionierungsstrategie	106
Präsentation	154
• drei Phasen	158
• Zielformulierung	154
Präsentationsformen	161
Präsentationsinhalte	157
Präsentationsort	176
Präsentationsraum	177
Präsentationstechnik	154
Preisanpassungsstrategie	130
Preisdifferenzierung	101, 131
• horizontal	131
• vertikal	131
Preisfestlegung	126
Preispolitik	126
Preissensitivität	101
Primärmarktforschung	111
Primärsektor	18
Produktehaftpflicht	75
Produktelimination	119
Produktinnovation	119
Produktion	59
Produktionsfaktoren	19
Produktkern	117
Produktlebenszyklus	118, 129
• Degeneration	119
• Einführung	119
• Reife	119
• Sättigung	119
• Wachstum	119
Produktmodifikation	119
Produktpersistenz	120
Produktpolitik	116
Produktqualität	117
Produktziele	97
Projektorganisation	87
Public Relations	144

R

Rechnungswesen	55
Rechte	17
rechtliche Sphäre	47
Recycling	42
relative Stärkeposition	104

S

Sachgüter	17
Sammeln des Stoffs	158
Säulendiagramme	172
Schreibtafel	166
Segmentierungsstrategie	105
Sekundärmarktforschung	111
Sekundärsektor	18
Smart Board	170
Sortimentsbreite	125
Sortimentserweiterung	107
Sortimentsgestaltung	125
Sortimentspolitik	116, 125
Sortimentstiefe	125
soziale Sphäre	43
soziales Umfeld	44
Spannungsfeld Ökonomie und Ökologie	42
Spartenorganisation	85
spezielle BWL	36
Sphären der Unternehmens-Umwelt	41
Sponsoring	146
Staat	51
Stab-Linien-Organisation	83
Standort	70
Standortfaktoren	71
Standortwahl	70
Stellenbeschreibung	88
Stellenbildung	83
Strategiepapier	98
strategische Erfolgsposition	102
Styling	120
Substituierbarkeit des Produkts	128

T

Tafeltext	173
Teamorganisation	87
technologische Sphäre	45
Teilnehmerunterlagen	175
Tertiärsektor	18
Test	112
Textdarstellungen	174
Textfolien	173
Textplakate	173
Themenformulierung	159

U

Umsatz	99
Umweltschutz	76
Unternehmensführung	60
unternehmensinterne Präsentation	157
Unternehmenskultur	69
Unternehmensphilosophie	69
Unternehmenspolitik	61, 65

V

Verbrauchsgüter	17
Verbundangebote	75
Vereine	52
Verkäuferschulung	141
Verkaufsförderung	142
Verkaufsförderungsmassnahmen	143
Verpackung	121
Vertikalisierungsstrategie	106
Vision	66
Visualisierung	162
visuelle Darstellung von Texten	173
Volkswirtschaftslehre	35
Vortrag	163

W

wachstumsorientierte Strategie	107
Warenhandel	25
Weiterverwendung	42
Werbebotschaft	139
Werbekontrolle	140

Werbekonzept	138
Werbung	137
Werkstoffe	20
Wettbewerbsstrategie	106
Wiederverwertung	42
wirtschaftliche Ziele	64
Wirtschaftsgüter	17
Wirtschaftsindikatoren	46
Wirtschaftskreislauf	32
Wirtschaftssektoren	18

Z

Zeitplanung	140
Zielentscheidungen	64
Zielgruppe	156
Zielkonflikt	64
Zusatznutzen	117

Lernwelt «Wirtschaft & Gesellschaft»

Im Rahmen der Lernwelt «Wirtschaft & Gesellschaft» sind bei Compendio Bildungsmedien folgende weitere Titel erschienen:

Rechnungswesen

Rechnungswesen 1

Grundlagen (Theorie und Beispiele) und Repetitionsfragen mit Lösungen

Aus dem Inhalt: Buchhaltung und Rechnungswesen: Warum? Wozu?; Inventar und Inventur; Die Bilanz; Veränderung der Bilanz durch Geschäftsfälle; Bilanzkonten; Die Erfolgsrechnung; Erfolgskonten; Das System der doppelten Buchhaltung; Kontenplan und Kontenrahmen; Der Zahlungsverkehr; Der Kreditverkehr; Die Offenposten-Buchhaltung; Die Verbuchung des Warenverkehrs; Analyse der Warenkonten; Allgemeines zur Mehrwertsteuer (MWST); Die Mehrwertsteuer in der Buchhaltung

216 Seiten, A4, broschiert; 1. Auflage 2002; ISBN 3-7155-9033-5; Preis CHF 45.00

Rechnungswesen 1 (Toolbox)

Kurztheorie, Aufgabensammlung mit kommentierten Lösungen und Glossar

Aus dem Inhalt: Buchhaltung und Rechnungswesen: Warum? Wozu?; Inventar und Inventur; Die Bilanz; Veränderung der Bilanz durch Geschäftsfälle; Bilanzkonten; Die Erfolgsrechnung; Erfolgskonten; Das System der doppelten Buchhaltung; Kontenplan und Kontenrahmen; Der Zahlungsverkehr; Der Kreditverkehr; Die Offenposten-Buchhaltung; Die Verbuchung des Warenverkehrs; Analyse der Warenkonten; Allgemeines zur Mehrwertsteuer (MWST); Die Mehrwertsteuer in der Buchhaltung

188 Seiten, A4, broschiert; 1. Auflage 2002; ISBN 3-7155-9034-3; Preis CHF 39.00

Rechnungswesen 2

Grundlagen (Theorie und Beispiele) und Repetitionsfragen mit Lösungen

Aus dem Inhalt: Personalaufwand; Wertschriftenverkehr; Fremdwährungen; Mobile Sachanlagen und Abschreibungen; Debitorenverluste und Delkredere; Rechnungsabgrenzungen mit transitorischen Posten; Bewertung; Stille Reserven; Rückstellungen; Abschluss der Einzelunternehmung; Abschluss der Aktiengesellschaft; Bilanz- und Erfolgsanalyse; Nutzschwellen-Analyse (Break-even-Analyse) im Warenhandel; Vorräte im Industrieunternehmen; Kostenrechnung; Kalkulation

ca. 250 Seiten, A4, broschiert; 1. Auflage 2002; ISBN 3-7155-9035-1; Preis CHF 45.00

Rechnungswesen 2 (Toolbox)

Kurztheorie, Aufgabensammlung mit kommentierten Lösungen und Glossar

Aus dem Inhalt: Personalaufwand; Wertschriftenverkehr; Fremdwährungen; Mobile Sachanlagen und Abschreibungen; Debitorenverluste und Delkredere; Rechnungsabgrenzungen mit transitorischen Posten; Bewertung; Stille Reserven; Rückstellungen; Abschluss der Einzelunternehmung; Bilanz- und Erfolgsanalyse; Nutzschwellen-Analyse (Break-even-Analyse) im Warenhandel; Vorräte im Industrieunternehmen; Kostenrechnung; Kalkulation

ca. 200 Seiten, A4, broschiert; 1. Auflage 2002; ISBN 3-7155-9036-X; Preis CHF 39.00

Rechtskunde

Grundlagen (Theorie und Beispiele) und Repetitionsfragen mit Lösungen

Aus dem Inhalt: Was ist Recht?; Verträge; Unerlaubte Handlungen und ungerechtfertigte Bereicherungen lassen Obligationen entstehen; Von der Entstehung von Verträgen; Die Erfüllung von Verträgen; Der Allgemeine und der Besondere Teil des OR – Ein Überblick; Der Kaufvertrag; Der Mietvertrag; Der Arbeitsvertrag; Das Gesellschaftsrecht; Recht haben und Recht bekommen – Das Verfahrensrecht

ca. 250 Seiten, A4, broschiert; 1. Auflage 2002; ISBN 3-7155-9031-9; Preis CHF 39.00
Toolbox: ca. 125 Seiten, A4, broschiert; 1. Auflage 2002; ISBN 3-7155-9032-7; Preis CHF 29.00

Volkswirtschaftslehre

Grundlagen (Theorie und Beispiele) und Repetitionsfragen mit Lösungen

Aus dem Inhalt: Wirtschaften heisst Knappheit überwinden; Märkte; Steuern; Geld; Gesamtwirtschaftliche Daten; Konjunkturschwankungen; Antizyklische Konjunkturpolitik; Externe Effekte – Umweltpolitik und öffentliche Güter; Sozialpolitik; Die Staatstätigkeit im Überblick; Globalisierung und internationaler Handel; Wechselkurse; Internationale Organisationen

ca. 175 Seiten, A4, broschiert; 1. Auflage 2002; ISBN 3-7155-9037-8; Preis CHF 34.00
Toolbox: ca. 80 Seiten, A4, broschiert; 1. Auflage 2002; ISBN 3-7155-9038-6; Preis CHF 22.00

Neutrale Branchenkunde

Prüfungsvorbereitung zum Modelllehrgang für die erweiterte kaufmännische Grundausbildung: Kurztheorie mit zahlreichen Beispielen, Aufgaben und Fallstudien mit kommentierten Lösungen

Aus dem Inhalt: Einstellung des Lehrbetriebs gegenüber Staat und Gesellschaft; Einstellung des Lehrbetriebs gegenüber Mitarbeitern und Führung; Soziale Ziele kennen; Ökologische Ziele kennen; Betriebliches Vorschlagswesen kennen; Ziele erreichen; Organigramme interpretieren; Arbeitsabläufe verbessern; Ergonomie des Arbeitsplatzes; Markt analysieren; Finanzwirtschaftliche Ziele kennen; Einen Liquiditätsplan erstellen können; Möglichkeiten zur Finanzierung des Umlaufvermögens kennen; Die Schritte zur Kreditgewährung kennen; Kreditangebote rechnerisch prüfen; Kostenveränderungen interpretieren; Kalkulationssätze anwenden; Kundenbedürfnisse erfragen; Ziele für das Teamverhalten festlegen; Beschwerdewesen; Mit Kunden in bestimmten Situationen angemessen umgehen; Die goldene Regel der Ethik anwenden; Stellenbeschreibung verfassen; Stelleninserat verfassen; Personal suchen; Verkaufsvorschlag unterbreiten; Anlegen und Beurteilen einer Kundenkartei; Servicequalität kommunizieren; Techniken für den Verkaufsabschluss einsetzen; Verkaufsformen kennen; Allgemeine Einwände beantworten

248 Seiten, A4, broschiert; 1. Auflage 2002; ISBN 3-7155-9039-4; Preis CHF 39.00

Fachwörterbuch «Wirtschaft & Gesellschaft»

Schlüsselbegriffe zu Recht, Betriebswirtschaftslehre, Volkswirtschaftslehre und Rechnungswesen

Dieses Fachwörterbuch gibt Ihnen einen Überblick über das grundlegende Fachvokabular in den Bereichen Recht, Betriebswirtschaft, Volkswirtschaft und Rechnungswesen.

ca. 100 Seiten, 170 x 240 mm, broschiert; 1. Auflage 2002; ISBN 3-7155-9030-0; Preis CHF 29.00

Bestellung

Alle hier aufgeführten Lehrmittel können Sie per Post, E-Mail, Fax oder Telefon direkt bei uns bestellen:

Compendio Bildungsmedien AG, Hotzestrasse 33, Postfach, 8042 Zürich
Telefon ++41 (0)1 368 21 14, Fax ++41 (0)1 368 21 70
E-Mail: bestellungen@compendio.ch, www.compendio.ch